Christoph Antweiler

Heimat Mensch
Was UNS ALLE verbindet

MURMANN

Dieses Buch wurde klimaneutral produziert:

Die Deutsche Bibliothek – CIP-Einheitsaufnahme
Ein Titelsatz für diese Publikation ist bei
der Deutschen Bibliothek erhältlich.
ISBN 978-3-86774-067-8

Das Werk einschließlich aller seiner Teile ist urheberrechtlich geschützt.
Jede Verwertung ist ohne Zustimmung des Verlages unzulässig.
Das gilt insbesondere für Vervielfältigungen, Übersetzungen,
Mikroverfilmungen und die Einspeicherung und Verarbeitung
in elektronischen Systemen.

1. Auflage, August 2009

Copyright © 2009 by Murmann Verlag GmbH, Hamburg

Lektorat: Christian Weller, Hamburg
Umschlaggestaltung: Rothfos & Gabler, Hamburg
Herstellung und Gestaltung: Eberhard Delius, Berlin
Satz: Reihs Satzstudio, Lohmar
Gesetzt aus der Minion und Triplex
Druck und Bindung: Freiburger Graphische Betriebe, Freiburg
Printed in Germany

Besuchen Sie uns im Internet: www.murmann-verlag.de
Ihre Meinung zu diesem Buch interessiert uns!
Zuschriften bitte an **info@murmann-verlag.de**

Den Newsletter des Murmann Verlages können Sie anfordern unter
newsletter@murmann-verlag.de

Inhalt

Tote Eindringlinge und lebendiger Austausch
Jede Kultur ist einzigartig — und wie alle anderen
7

Oben und unten
Macht, Sitzordnung und Körpersprache
19

Nackte Tatsachen
Sex und Moral
32

Wir hier und die dort
Heimat, Gruppe und Scheuklappen
47

Da guckst du!
Überall verständliche Emotionen
62

Kathedralen, Schweine, Totempfähle
Kunst quer durch die Kulturen
83

Krieg und Frieden
Gewaltverherrlichung und Konfliktvermeidung
101

Was gilt jetzt?
Spiel und Sport als eigene Welten
113

Die Scharia-Barbie
Globalisierung macht gleich und ungleich – zugleich
128

Andere Länder – andere Zeiten?
Sonne und Mond, Kreis und Pfeil
143

Riskante Rituale
Initiationsriten bei uns und überall
164

Brücken in Babylon
Anders sprechen und doch gleich denken
182

Romeo in der Südsee
Romanzen weltweit
208

Bilder der Menschheit in unseren Köpfen
Entdeckungslust und Ethno-Pop
220

Anhang
Abenteuer am Schreibtisch
243

Weiterlesen und Surfen
246

Tote Eindringlinge und lebendiger Austausch
Jede Kultur ist einzigartig – und wie alle anderen

James Cook ist der bedeutendste Seefahrer seiner Zeit. Auf drei langen Reisen erforscht er neben vielen anderen Gebieten fast die ganze Südsee. Wie Vasco da Gama den Indischen Ozean für die Portugiesen erobert hat, so erobert Cook den Pazifik für England. Nach diesen Fahrten wird es kaum mehr weiße Flecken im Stillen Ozean geben, der fast die Hälfte der Erdoberfläche einnimmt. Auf seiner ersten Weltumseglung 1768 bis 1771 hat Cook auf Tahiti den Durchgang der Venus vor der Sonne beobachtet und große Teile des Pazifiks kartiert. Seine zweite Reise von 1772 bis 1775 führt ihn nach Neuseeland, und er entdeckt Neukaledonien. 1779, auf seiner dritten Fahrt, hat er bei der Suche nach einer nördlichen Passage vom Pazifik zum Atlantik die Inselgruppe von Hawaii entdeckt. Am 14. Februar, 8 Uhr morgens, liegt Kapitän Cook am Strand der Pazifikinsel. Er ist tot, erschlagen von Einheimischen, Gefolgsleuten des Königs. Noch bis vor kurzem hatten ihn die Insulaner wie einen Gott verehrt, jetzt wissen sie endgültig, dass er ein normaler Sterblicher war. Der friedliche Kontakt zweier Kulturen endet in einer Tragödie. Was ist geschehen?

Cook ist ein Abenteurer, aber alles andere als ein Haudegen. Er stammt aus einfachen Verhältnissen, hat sich aber durch Selbststudium zu einem gebildeten und aufgeklärten Mann gemacht. Seine Expeditionen haben es nicht auf die Reichtümer der Südsee abgesehen, anders als die frühen holländischen Fahrten zu den Gewürzinseln im heutigen Indonesien. Es geht ihm um die Erforschung unbekannter Regionen und Kulturen. Deshalb sind neben den Seemännern auch Zeichner, Kartografen und Wissenschaftler wie Astronomen und Botaniker mit an Bord. Sie kommen aus vielen Ländern, ein multikulturelles Team im 18. Jahrhundert! Auf der zweiten Reise begleiten ihn die Deutschen Johann Reinhold Forster und sein Sohn Georg, beide Humanisten durch und durch. Georg Forster zeichnet detaillierte Beschreibungen der Lebensweise der Insulaner auf. Offen, aufmerksam und interessiert, ist er seiner Zeit voraus und gilt als einer der ersten Ethnografen. Die Ethnologie als Wissenschaft der kleinen fremden Völker wird erst Mitte des 19. Jahrhunderts entstehen.

Cook geht es aber nicht nur um Forschung, sondern auch um kulturelle Begegnung auf Augenhöhe. Deshalb gehören Zivilisten aus der englischen Elite zu den Expeditionen, die von der *Royal Society* in London finanziert werden. Es soll Kontakt zu den stolzen Herrschern im Stillen Ozean aufgenommen werden. Dafür hat Cook von der Admiralität genaueste Anweisungen erhalten. Seine Männer sollen nach Möglichkeit kein Blut vergießen. Wo sie Land in Besitz nehmen, soll die Zustimmung der örtlichen Herrscher eingeholt werden: »denn es handelt sich um menschliche Wesen aus der Hand desselben allmächtigen Schöpfers und dessen Obhut ebenso sehr anheimgestellt wie die geschliffensten Europäer, dabei vielleicht noch weniger kriegerisch und der göttlichen Gunst würdiger«.

Cook hat ein echtes Interesse an anderen Kulturen. Schon bei Tasmaniern und Australiern fasziniert ihn die Selbstgenügsamkeit der Menschen. Die Gesellschaften Polynesiens fesseln ihn besonders. Er bewundert ihre Schiffsbautechniken, ihre komplizierten Verwandtschaftsbegriffe und ihr rätselhaftes System sozialer Ränge. Das hier ist ganz gewiss keine primitive Kultur! Cook hat sich sorgsam überlegt, wie er mit den pazifischen Potentaten umgehen wird, denn er weiß genau: Etikette ist wichtig, in der Südsee wie im heimischen London.

Aufeinandertreffen der Kulturen

Schon bei den ersten beiden Fahrten gibt es Probleme. Die Seeleute holen sich von den Insulanerinnen Geschlechtskrankheiten, die Franzosen früher hierher »importiert« haben. Immer wieder werden Cooks Männer bestohlen. Die Inselbewohner nehmen alles, was nicht niet- und nagelfest ist. Privatbesitz scheint ihnen unbekannt. In Tahiti dann der erste Tote: Ein Seemann hat die Einheimischen beeindruckt, als er mit einem Schuss drei Tauben vom Himmel holt. Einige Minuten später hört man weitere Schüsse. Ein junger Tahitianer ballert mit einer gestohlenen Muskete herum. Sofort ergeht der Befehl, auf ihn zu schießen. Der Mann ist auf der Stelle tot, weitere werden verwundet, eine Massenpanik bricht aus. Cook und sein Botaniker Sir Joseph Banks bekommen die Situation nur mit Mühe unter Kontrolle.

Bei seiner dritten und letzten Reise hat Cook genaue Regeln für den Handel zwischen Einheimischen und seiner Crew ausgehängt. Die Insulaner sollen nicht übervorteilt werden. Auch die Kontakte zwischen seinen sexhungrigen Männern und den Frauen sind genau geregelt. Der Arzt untersucht jeden Seemann auf Geschlechtskrankheiten. Cook ist sich völlig im Klaren darüber, wie prekär die erste Begegnung zweier so fremder Kulturen ist. Er ist aber auch Kind seiner Zeit und hat das Bild des »edlen Wilden« im Kopf. Deshalb macht ihm vor allem die

Tote Eindringlinge und lebendiger Austausch

Störung der friedlichen Naturmenschen Sorgen. Er will kaum wahrhaben, dass die Insulaner auch eine kriegerische Seite haben, so wie Rousseau nicht glauben will, dass es bei den Maori auf Neuseeland Kannibalismus gibt.

Zugleich ist Cook vorsichtig. Er verbringt fast sechs Wochen vor der Küste von Hawaii, ohne zu landen. Erst einmal fährt er hin und her und treibt mit den Hawaiianern nur Tauschhandel. Er will ihr Verhalten erkunden und schiebt die Landung heraus, bis er endlich am 17. Januar 1779 in der Bucht von Kealakekua an der Westküste vor Anker geht. König Paria und der einheimische Adel wissen, wie man einen hohen Mann ehrenvoll begrüßt. Die Crew wird von tausend Kanus empfangen. Hunderte von Menschen kommen zu den Schiffen geschwommen, »wie ein Fischschwarm«, staunen seine vereinsamten Männer. Oberpriester Koah führt Cook und einige seiner Leute zu einem Schrein. Der verblüffte Kapitän wird in ein rotes Tuch gehüllt und gesalbt. Er hört mehrmals »*Lono*«-Rufe und weiß damit nichts anzufangen. Wo immer er auftaucht, werfen sich Hunderte von Insulanern feierlich vor ihm auf die Erde.

Die Menschen glauben, dass ihr Ahnengott *Lono* die Insel vor langer Zeit verlassen hat, aber eines Tages wiederkommt und ihnen wunderbare Gaben bringt. Cook hat Nägel und Beile aus Eisen dabei, die keiner ihrer vielen bisherigen Kontaktpartner anzubieten hatte. Im Tausch gegen Lebensmittel geben die Seeleute den Insulanern Messer. Der Zufall will es, dass er und seine Männer sich so verhalten, wie es die Hawaiianer von ihrem Gott erwarten. Für sie ist Cook der fleischgewordene *Lono*.

Die hohen Gäste werden von morgens bis abends mit Darbietungen unterhalten und mit Speisen verwöhnt. Getreu ihrer Überlieferung denken die Hawaiianer allerdings, dass der Ahnengott nur einen kurzen Besuch abstattet. Nach zwei Wochen fragen sie Cook dezent, wie lange er bleibt. Er bemerkt, dass ihre Gastfreundschaft nachlässt. Nach den Erfahrungen mit ihm und seinen Männern fragen sie sich wohl langsam, ob er tatsächlich ein Gott ist. Der Kapitän spürt, dass die Situation brenzlig wird, und sticht am 4. Februar Richtung Maui in See. Das Schicksal will es, dass sie die Nachbarinsel nicht erreichen, sondern nach wenigen Meilen umkehren müssen. Ein starker Sturm kommt auf. Außerdem bricht der Fockmast der *Resolution* und muss repariert werden. Nach der Rückkehr merkt Cook, dass der heilige Respekt vor den Engländern verflogen ist. Diebstähle häufen sich. Die Hawaiianer machen sich auch noch lustig, wenn sie erwischt werden. Die Seeleute tragen jetzt immer Musketen bei sich. Schließlich fehlt am Morgen des 13. Februar eine Schaluppe. Cook ist außer sich vor Wut und beschließt, den Häuptling so lange als Geisel zu nehmen, bis das Boot wieder herausgegeben wird. Die Ereignisse überschlagen sich. Kurze Zeit danach ist er tot.

James Cook hat sein letztlich unzureichendes Verstehen der Kultur Hawaiis mit dem Leben bezahlt. Über die genauen Ursachen seines Todes können wir nur spekulieren. Waren die Hawaiianer tatsächlich bitter enttäuscht, statt ihres Gottes einen einfachen Menschen vor sich zu haben? Vielleicht hat Cook lediglich ihre materiellen Erwartungen nicht erfüllt. Oder hat er die Etikette missachtet, was in jeder rangbewussten Gesellschaft lebensgefährlich sein kann? Ganz sicher haben seine Leute zu wenig Respekt vor den Einheimischen gezeigt. Einige seiner Männer vergewaltigten einheimische Frauen. Und in der polynesischen Kultur Hawaiis waren Ehre, Rang und Respekt entscheidende Größen. Wir können Cook nicht mehr fragen, und die Menschen im heutigen Hawaii sind sich nicht einig, was genau geschah. Historiker und Ethnologen streiten immer noch darüber.

In der Regel verlaufen kulturelle Begegnungen nicht derart dramatisch. Kulturen treffen nicht als Blöcke aufeinander. Spätestens seit den 1970er Jahren gibt es keine unentdeckten Völker, also auch keinen »Erstkontakt« mehr. Heute treffen in der Regel nicht mehr Schiffsladungen von Eroberern oder ganze Armeen auf überraschte Völker. Kulturbegegnung findet in erster Linie im Alltagsleben statt, und hier begegnen sich Personen, nicht ganze Völker oder Religionen. Nur noch selten sind die Unterschiede zwischen den Gesellschaften, die sich treffen, so krass. Kulturelle Grenzen sind da, aber oft nicht in scharfer Form. Menschen kommen zwar aus verschiedenen Kulturen, die sie trennen, und sie fühlen sich oft vom anderen befremdet. Es gibt aber auch vieles, was die Kulturen gemeinsam haben, vieles, was uns alle vereint. Der Kampf der Kulturen tobt heute vor allem in den Medien.

Der globale Kultur-Kult

Unsere Gesellschaft ist eine Gesellschaft der Vielfalt, und wir feiern diese Vielfalt. Kultur begegnet uns im Plural. Wir alle tragen eine davon in uns. In der multikulturellen Gesellschaft haben immer mehr Menschen auch mehrere Kulturen im Gepäck. Die Kontraste um uns und das Fremde in uns wirken anziehend. Kulturen werden als Exotik konsumiert. Zen in der Sauna, Buddha bei der Wellness. Kultur macht aber nicht nur unterschiedlich, sie macht auch Unterschiede. Kultur ist politisch, Kultur ist Macht! Im Kampf um Anerkennung und Profil präsentieren sich die Kulturen selbst als hermetisch verschlossen: *No entry. Members only!* Das Gemeinsame kommt gar nicht in den Blick.

Es gilt mittlerweile als Gemeinplatz, dass die Welt global vernetzt und kulturelle Vielfalt zum Normalfall auf diesem Planeten geworden ist. Wo gibt es denn neben Norwegen und Bangladesch noch einen kulturell einheitlichen Staat? Von heute 200 Ländern ist nur eine Handvoll nicht klar multikulturell geprägt. Vielfalt ist der Normalfall, nicht nur in Staaten, sondern auch in Verwaltungen und Schulen. Selbst viele Familien sind heute kulturell gemischt. Wo findet man in dieser bunten und verwirrenden Vielfalt das Einigende? Besteht eine Einheit zwischen Menschen, die über Triviales hinausgeht? Gibt es Verbindendes zwischen Kulturen jenseits des Internets?

Der alte Rassismus sagte: »Wir sind verschiedene Arten von Menschen und leben in einer Welt.« Er war im 19. Jahrhundert das dominante Weltbild. In seiner Sicht zerfällt die Menschengattung in einige große Typen, die klar auseinandergehalten, verglichen und mit einer einheitlichen Naturwissenschaft erforscht werden können. Der heutige Multikulturalismus hält das für Unsinn und für politisch gefährlich. Er setzt dem die zentrale Bedeutung kultureller Differenz entgegen und sagt: »Wir sind eine Menschheit, aber wir leben in verschiedenen Welten.«

Für die Unterschiede kultureller Lebenswelten ist es unwichtig, ob jemand glattes oder krauses Haar hat, dunkle oder helle Haut. Körperliche Unterschiede sind für den Multikulturalisten unbedeutend, sie werden überbetont oder schlicht erfunden, um andere zu beherrschen. Der politisch korrekte Bürger ist der Überzeugung, dass kulturelle Unterschiede mit biologischen nichts zu tun haben. Die Einheit der Menschheit liegt in unserer Biologie, aber die ist inhaltlich trivial. Wir müssen alle essen und ein Dach über dem Kopf haben. Ansonsten ist unsere Biologie in einer Welt kulturellen Austauschs irrelevant. Kulturelle Vielfalt und biologische Vielfalt sind zwei Paar Schuhe.

Unsere biologische Ausstattung wird von beiden Lagern in ihrer Wertigkeit vollkommen verschieden gesehen. Beide sind aber geradezu manisch auf Unterschiede fixiert. Und beide Lager teilen die Ansicht, dass die Einheit der Menschheit nur im Biologischen liegen könne. Ich dagegen sage: »Wir sind eine Menschheit, *und* wir leben in einer Welt.« Die ist für uns immer kulturell geprägt, aber egal, ob wir Deutsche oder Japaner sind, ob wir aus Nepal kommen oder von den Fidschi-Inseln, trotz der Besonderheit jeder einzelnen Kultur leben wir alle als Menschen auf diesem Planeten. Die Kulturen, in denen wir jeweils zu Hause sind, bringen in ihrer Gesamtheit eine bunte und schwer überschaubare Vielfalt hervor, sie führen zu Missverständnissen und Konflikten, aber sie haben fundamentale Gemeinsamkeiten. Man muss nur genau hinschauen. Denn diese Gemeinsamkeiten liegen auf vielerlei Ebenen: dem Biologischen, dem Kulturellen und allem dazwischen.

Jede Kultur ist wie alle, wie einige, wie keine einzige andere Kultur

Die Gleichheit der Kulturen ist mehr als ein frommer Wunsch von der Kanzel. Uns verbindet viel, weil alle Gesellschaften ähnliche Probleme lösen müssen und weil jeder von uns ein ganz besonderes Tier ist: *Homo sapiens*. Wir bilden eine Menschheit, und wir leben in einer Welt – trotz der Besonderheit jeder einzelnen Lebensform. Kulturen sind hochgradig komplex, und jede Gesellschaft ist einzigartig. Das befremdet und verstört uns immer wieder. Als Gesamtkunstwerke erscheinen Kulturen für einander schwer verständlich. Trotz aller Unterschiede können wir uns aber erstaunlich leicht mit Menschen aus wildfremden Kulturen verständigen. Über manche Witze wird überall gelacht. Bei Menschen unterschiedlichster Herkunft finden wir die gleichen Überzeugungen.

Jede Kultur ist einzigartig – und wie alle anderen

In der Ethnologie wird um einige Hundert Universalien heftig gestritten. Welche Phänomene sind bloß weit verbreitet, welche gibt es wirklich überall? Die klassische Liste, die George Peter Murdock 1945 veröffentlichte, gibt einen guten Eindruck, um was es geht. Sie enthielt 73 Universalien, die er alphabetisch anordnete, um ihre Vielfalt zu zeigen. In deutscher Übersetzung (und damit anderer Reihenfolge) lauten sie:

Abstillen, Alter als Organisationsprinzip, Arbeitsteilung, Begräbnisrituale, Behausungen, Besitz- und Eigentumsrechte, Besuche machen, dekorative Kunst, Demografie, Divination, Erbschaftsregeln, Erziehung, Eschatologie (religiöse Vollendungsvorstellungen), Essenszeiten, Ethik, Pflanzenkunde, Etikette, Familie, Feste und Feiern, Feuer machen, Folklore, Gastfreundschaft, Geburtshilfe, gemeinsame Arbeit, gesellschaftliche Ordnung, Gesetze, Gesten, Glaube an übernatürliche Wesen, Glücksvorstellungen, Grußformen, Haarstil, Handel, Heiratsformen, Hygiene, Inzesttabu, Kalender, Kochen, Körperschmuck, Körperscham, Kosmologie, Liebespartnerwerbung, Magie, Medizin, Musik, Mythologie, nachgeburtliche Versorgung, Nahrungstabus, operative Eingriffe, Personennamen, politische Führung, Pubertätsbräuche, religiöse Rituale, Sauberkeitserziehung, Schenken, Schwangerschaftsregeln, Seelenvorstellungen, sexuelle Beschränkungen, Spiele, Sport, Sprache, Standesunterschiede, Strafen, Tanz, Trauern, Traumdeutung, Verwandtschaftsbegriffe, Verwandtschaftsgruppen, Werkzeugherstellung, Wetterbeeinflussung, Witze, Wunderheilglaube und Zahlen.

Murdocks Liste mag endlos erscheinen, nach heutigem Stand ist sie noch lange nicht vollständig. Der bodenständige, auf harte Fakten setzende amerikanische Ethnologe hatte 1937 die Kulturdatenbank *Human Relations Area Files* aus der Taufe gehoben, in der heute Daten zu 888 großen Themen für Hunderte von Kulturen zu finden sind. Detaillierte Register erschließen den Weg zu den zugrunde liegenden Forschungsberichten. Ursprünglich ging es Murdock darum, die kulturelle Vielfalt zuverlässig zu dokumentieren, erst nach und nach fielen ihm die vielen Gemeinsamkeiten auf. Und die sind alles andere als trivial. Ausgerechnet der Ödipuskomplex findet sich überall. Andere Phänomene, die man intuitiv für universal hält, sind es dagegen nicht. So kümmern sich Mütter nicht in allen Gesellschaften intensiv um ihre kleinen Kinder, auch nicht in allen »traditionellen« Kulturen.

In diesem Buch lade ich Sie ein, einen ethnologischen Blick auf Kulturen weltweit zu werfen, auch auf unsere eigene(n). Aus Murdocks verwirrendem Strauß von Gemeinsamkeiten habe ich einige ausgewählt und zu einem guten Dutzend alltagsnaher Themen zusammengefasst. In den Kapiteln werden Ihnen so unterschiedliche Menschen begegnen wie die Hochlandbewohner im fernen Neuguinea, städtische Beamte in Indonesien, Könige in der Südsee und Jugendliche in Köln. Beim Vergleich auf Augenhöhe wird eine immense kulturelle Bandbreite zum Vorschein kommen und – faszinierender als jede Exotik – das Gemeinsame gerade da, wo man es nicht erwartet. Daraus lässt sich eine Menge für Politik und Wirtschaft lernen und nicht zuletzt für das eigene Leben. Der eigentliche Reichtum kultureller Unterschiede wird erst klar, wenn man das Gemeinsame sieht. Erst der weltweit vergleichende Blick zeigt neben der uferlosen Vielfalt die großen gemeinsamen Linien: die menschliche Einheit im Meer kultureller Unterschiede.

Der Vergleich von Kulturen prägt dieses Buch. Üblicherweise wird dabei der Kontrast zwischen Kulturen verstärkt. Ich versuche, den Vergleich offener zu gestalten. So wird er auch offen für Gemeinsamkeiten. Vergleichen heißt aber nicht gleichmachen. Das wäre, als bloßer Gegenpart, ebenso verfehlt wie die Fixierung auf Unterschiede. Ich bin in diesem Buch ganz

Jede Kultur ist einzigartig – und wie alle anderen

bewusst zurückhaltend mit dem platten Paarvergleich zwischen »unserer Kultur« und »anderen Kulturen«. Die geraten sonst schnell zur einheitlichen Restkategorie. Kollegen aus anderen Ländern nennen diese Sicht etwas verbittert *the West versus the Rest*.

Gerade am fremden Beispiel wird die Problematik schnell anschaulich: Ist die japanische Kultur asiatisch oder westlich? Das hängt von sozialen Situationen und auch von der Perspektive ab. Für Deutsche sind Japaner Asiaten. Für Menschen in Indonesien sind die Japaner »Westmenschen«. Die meisten Japaner halten sich selbst nicht für westlich, aber auch nicht für asiatisch! Sie sehen sich als etwas ganz Besonderes. Das hilft ihnen beim Urlaub in Hawaii gar nicht. Da werden sie als Asiaten behandelt. Und was ist »unsere Kultur«? Ist es die westliche oder die europäische, die deutsche, die unseres Bundeslandes oder doch nur die rund um unseren Wohnort? Ist es womöglich gar keine regional bestimmte Kultur, sondern etwa die der Universität, und ich bin eher Angehöriger des ganz besonderen Stamms der Ethnologen? Statt solcher binärer Gegenüberstellungen bevorzuge ich Vergleiche in mehrere Richtungen. Ich stelle dem modernen deutschen oder amerikanischen *way of life* die Lebensweise mehrerer Kulturen quer über den Globus zur Seite.

Einheit und Vielfalt sind keineswegs einfach zwei austauschbare Perspektiven. Es ist nicht so, dass ich nach Belieben das eine oder das andere betonen kann. Selbstverständlich gibt es Unterschiede zwischen Kulturen. Oft sind sie sogar gravierend. Menschen anderer Kulturen befremden einen, und diese Fremdheit sollte man nicht wegdiskutieren. Die vermeintlich »ganz anderen« Kulturen sind bei genauem Hinsehen aber oft verblüffend gleich. Und diese Gemeinsamkeiten zwischen den Kulturen sind viel fundamentaler. Die Kulturen der Welt bilden eine Familie. Das bedeutet, wie wir wissen, nicht automatisch Harmonie. Sie sind aber miteinander verflochten wie die Mitglieder einer weitläufigen Verwandtschaft. Die Kulturen dieser Welt sind zunächst durch die gemeinsame biologische Herkunft ihrer Mitglieder verbunden. Wir sind alle Menschen, weil wir von Menschen abstammen. Das ist das erste Band. Und als sehr besondere Tiere sind wir Menschen in vielem prinzipiell gleich. Außerdem sind Kulturen durch gemeinsame Probleme verknüpft. Sie kämpfen oft mit den gleichen Fragen. Alle Gesellschaften müssen mit den Anforderungen des Überlebens und mit unterschiedlichen Interessen zwischen Generationen fertig werden. Überall sind politische Führer sterblich und müssen ersetzt werden. Die Ungleichheit der Geschlechter ist ein Dauerbrenner durch alle Zeiten und Räume. Jede Gesellschaft muss sich den unterschiedlichen Talenten ihrer Mitglieder stellen.

Kein Wunder, dass ähnliche Probleme von den Kulturen oft ganz ähnlich gelöst werden. Diese unabhängig voneinander gefundenen Lösungen sind das dritte Band, das uns miteinander verknüpft. Schließlich bringt die weltweite Vernetzung die Gesellschaften zueinander, und zwar nicht erst seit gestern. Die Globalisierung macht die Kulturen zwar nicht gleich. Entgegen sozialromantischen Wunschbildern sitzen wir nicht alle in einem Boot. Das wäre auch ein Boot ohne Steuermann, denn eine Weltregierung gibt es nicht. Die globale Vernetzung ist aber eine starke Kraft, die heute alle Kulturen verbindet.

Erst wenn wir beide Seiten zusammendenken – die Vielfalt und das Einigende –, statt nur auf kulturelle Kontraste zu starren, erhalten wir ein vollständiges und scharfes Bild. Und das zeigt neben faktischen Kulturunterschieden und oft oberflächlichen Kontrasten eine weltweite Basis prinzipieller Gleichheiten.

Oben und unten
Macht, Sitzordnung und Körpersprache

Donald Brown ist 1970 in Brunei in Südostasien. Er macht dort gerade seine erste längere Feldforschung und sammelt Daten für seine Doktorarbeit. Es soll um die Sozialstruktur der Malaien gehen. Brunei ist weltbekannt für seinen Reichtum, und der enorme Palast des Sultans thront über dem sonst schläfrigen Kleinstaat an der Küste der Insel Borneo. Brown interessiert sich weniger für den Scheich, seine vielen Frauen und seine märchenhaften Schätze, sondern für die ganz normale Bevölkerung: Fischer, Händler und Büroangestellte. Mit seiner Frau bewohnt er ein kleines, einfaches Häuschen in einem Viertel am Rand der Hauptstadt. Dort ist er im Zentrum des Lebens und bekommt viel vom Alltag mit.

Eines Tages sitzt Brown auf der Holzbank vor dem Haus. Er ist ganz am Anfang seiner Forschung und verarbeitet die vielen Erlebnisse mit den noch unvertrauten Menschen. Er fühlt sich ausgelaugt und lässt seine Gedanken baumeln beim Blick auf das schlammige Wasser des Flusses, der hier in die Malaiische See mündet. Nach einiger Zeit kommen zwei junge Malaien vorbeigeschlendert, etwas schüchtern, und setzen sich zu ihm. Er kennt die beiden, und eine zwanglose Unterhaltung beginnt. Sie reden, schweigen auch mal und rauchen eine *kretek*, die typische Nelkenzigarette, deren süßer Duft sie einhüllt. Das lockert auf und ist Standard im ganzen malaiischen Raum. Ein dritter junger Mann kommt dazu und setzt sich einige Schritte entfernt auf eine Leiter.

Respekt zeigen

Die Zeit fließt träge dahin an diesem tropischen Nachmittag. Es ist Siesta und der Weg wie ausgestorben. Brown wird es auf der harten Bank ungemütlich, und er setzt sich auf den Boden am Bürgersteig. Wie von Geisterhand folgen ihm seine drei Gäste auf dem Fuß. Sie haben das aber wohl kaum aus Bequemlichkeit getan. Brown kennt sich in der malaiischen Kultur schon etwas aus. Er weiß, dass es hier als unhöflich gilt, höher als eine andere Person zu sitzen, es sei denn, man hat einen deutlich höheren Rang.

Als Ethnologe will Brown eine Beziehung auf Augenhöhe mit den Menschen. Er fordert die Jungen auf, doch bitte oben auf der Bank sitzen zu bleiben. Aber die wollen nicht: »Ach nein, das sieht nicht gut aus.« Brown versteht nicht: »Aber warum? Hier sieht uns doch niemand.« Es geht hin und her. Schließlich beendet einer der Jungen die Diskussion mit dem Argument: »Es könnten doch Leute jenseits des Flusses sehen, was hier abläuft.« Brown gibt sich geschlagen. Ihm wird klar, dass die Burschen nicht bloß störrisch sind. Sie wollen einfach nicht, dass er und sie dabei ertappt werden, wie sie eine Regel der lokalen Etikette verletzen.

Mir kommt das sehr bekannt vor. Ich bin jedes Jahr in Indonesien, das auch zum malaiischen Kulturraum gehört. Wenn mich jemand in Deutschland nach der dortigen Etikette fragt, ist mein Standardbeispiel: »Du musst gebeugt gehen, wenn du nah an Leuten vorbeikommst, die sitzen.« Sonst fühlen sie sich nämlich schlecht. Das war eine der ersten Regeln, die ich in Indonesien gelernt habe, und sie gilt im Alltag genauso wie bei Festen und Feiern. Da will man zum Buffet, aber muss an anderen vorbei, die auf Stühlen oder am Boden sitzen und essen. Ich habe das so stark verinnerlicht, dass ich in solchen Situationen manchmal sogar in Deutschland »in die Knie gehe«. Genauso, wie es mir auch in Deutschland immer schwerfällt, anderen Leuten etwas mit der linken Hand zu übergeben. Das tut man in Indonesien, Malaysia und Brunei nicht, wie überall in islamischen Gegenden. Mit der linken Hand macht man etwas anderes...

Wieder zu Hause in Kalifornien, darf Brown nach erfolgreicher Doktorarbeit an seiner Uni unterrichten. Aus seinem eigenen Studium weiß er, dass kulturelle Unterschiede als solche interessant sind. Der Vietnamkrieg ist gerade vorbei, und seine Studenten kritisieren vieles an der eigenen Gesellschaft. Viele haben die Geschichten von Carlos Castaneda über die ganz andere Lebenswelt der Indianer gelesen, mancher ist so zur Ethnologie gekommen. Clifford Geertz, der vor kurzem verstorbene Großmeister des Fachs, hat die Ethnologen einmal dazu aufgerufen, »mit der Exotik Handel zu treiben«. Tatsächlich ist die Darstellung kultureller Kontraste das Geheimnis der wenigen Bücher von Ethnologen, die das breite Publikum erreicht haben. Margaret Mead hat es so gemacht und Nigel Barley auch.

Ein echter Bestseller ist bis heute Ruth Benedicts *Patterns of Culture* aus dem Jahr 1934. Benedict arbeitet die Kontraste zwischen Gesellschaften scharf heraus, indem sie männliche harte Kulturen und weibliche sanfte Kulturen einander gegenüberstellt. Wie ich selbst ist auch Donald Brown als Relativist in einer Ethnologie groß geworden, in der es als besondere wissenschaftliche Leistung galt, nachzuweisen, dass irgendetwas, das wir für selbstverständlich halten, *nicht* beim Volk der Bongo Bongo vorkommt. In Fachkreisen nennt man das »Bongo-Bongoismus«.

Wenn Brown seinen Studenten kulturelle Unterschiede klarmachen will, erzählt er gern sein Erlebnis mit den drei Jungen in Brunei. Er ergänzt das mit ähnlichen Erfahrungen, die er während seines Jahres dort erlebt hat. Dann kann er seinen interessierten Studenten erklären, dass eben dies typisch für die Kultur der Malaien ist. Schon bei anderen Gruppen in der Nähe, auf den Philippinen oder in Indien, sieht das ganz anders aus. Im Unterschied zu vielen anderen Gesellschaften legen die Malaien im Alltag großen Wert auf Rang und Hierarchie. Ganz anders als in den Vereinigten Staaten, vor allem zu Zeiten der Studentenrevolution, sehe man Ungleichheit und Statusunterschiede bei den Malaien positiv. Entsprechend beachten sie sozialen Rang und die Etikette im sozialen Umgang aufs genaueste.

Demutsgesten

Brown möchte seinen Studenten klarmachen, dass die meisten Gesellschaften überhaupt nicht auf soziale Gleichheit aus sind, ganz anders, als es die Hippie- und Studentenbewegung will, die sie alle gerade erleben. Gerade in dieser alternativen Strömung werden immer wieder »einfache« Kulturen ausgegraben, in denen »alle gleich« sind. Tatsächlich gibt es egalitäre Kulturen, wenn auch nur sehr wenige. Aber in diesen wird zumindest zwischen Frauen und Männern klar unterschieden. Meist haben die Männer das Sagen, und die Alten werden in besonderer Weise respektiert. Ein harter Brocken für die jungen Rebellen!

Bei Gesellschaften, in denen es Schichten, Klassen oder

einen Adel gibt, finden wir oft extreme Formen von Unterwerfung. In der Südsee berührten die Menschen immer wieder mit dem Mund den Boden, um Cook und seine Männer zu ehren. Demut wird in den Kulturen der Welt ganz verschieden ausgedrückt, oben und unten spielen aber immer die entscheidende Rolle. Zulu-Untertanen in Südafrika knien sich auf die Erde. Ihr Häuptling thront über ihnen. Er sitzt hoch, in aufrechter Haltung und in vollem Ornat, komplett mit Pelzumhang, Krone und Zepter. In China hebt man beide Hände über den Kopf und neigt den Oberkörper nach vorn. In Dahomey in Westafrika kniet man sich vor die höhergestellte Person und berührt mit den Händen den Boden. Auf Fidschi und Tahiti kauert man sich hin und umfasst die Knie des Höhergestellten. So verschieden die Formen sind, überall erniedrigt man sich förmlich und buchstäblich.

In westlichen Gesellschaften neigen wir heute dazu, Statusunterschiede herunterzuspielen – um sie letztlich subtil doch zu zeigen. Leute, die dienen, arbeiten »im Servicesegment«. Den Adligen, die es durchaus bei uns gibt, ist es eher peinlich, wenn jemand wegen ihres Namens den Adelsstatus herausposaunt. Bei Prominenten gilt es als größte Tugend, »natürlich« geblieben zu sein. In den meisten anderen Gesellschaften werden soziale Unterschiede glasklar benannt, und zwar in räumlichen Begriffen – auch von denen, die »ganz unten« stehen. In Indonesien erlebe ich immer wieder, wie Menschen ehrerbietig von »denen da oben« reden. Sie meinen damit die Reichen oder die Mächtigen. Die da oben sind *orang besar*, »große Menschen«, während sie selbst nur *seorang kecil* sind, »ein kleiner Mensch«. Das schließt nicht aus, dass sie über die Einflussreichen und Höhergestellten auch kräftig schimpfen.

Verstehen über Grenzen hinweg

Auf diese Vielfalt der Auffassungen weist Don Brown seine Studenten mit Nachdruck hin. Nach einigen Jahren erfolgreicher Lehrtätigkeit kommen ihm aber Zweifel an der gängigen Praxis der Kontrastverstärkung. Gut, einiges ist besonders bei den Menschen in Brunei. Aber machen die Malaien nicht doch vieles genauso wie die Amerikaner? Ist nicht manches bei ihnen ganz ähnlich wie in vielen anderen Kulturen? Gibt es im Verhalten seiner drei Gäste vielleicht Aspekte, die wir in allen Kulturen dieser Welt finden? Den jungen Männern am Fluss war es offensichtlich erst einmal sehr wichtig, was andere über sie denken. Es kam ihnen darauf an, obwohl sie diese anderen persönlich vermutlich gar nicht kannten. Allgemein waren ihnen Regeln wichtig. Es ging ihnen um soziale Etikette, vor allem um Höflichkeit. Brown erkennt Themen, die ihm aus Berichten über unterschiedlichste Völker vertraut sind. Selbst die Konzentration der Jungen auf sozialen Rang war nur im Grad unterschiedlich zu anderen Gesellschaften. Auch wenn soziale Unterschiede in manchen Kulturen stark und in anderen gering sind, weltweit wird auf Rang, Status und Ansehen geachtet. Prestige geht alle an.

Unter dem Eindruck der neuen Perspektive fallen ihm weitere Details ein, die eigentlich überraschend sind. Wie locker er sich mit den Menschen in seinem Viertel verständigen konnte, lange bevor er das Malaiische beherrschte. Obwohl sein Malaiisch bestenfalls bruchstückhaft war, hatten die drei Jungen begriffen, dass er die Situation als informell ansah. Sie hatten ohne Worte verstanden, dass er von ihnen so behandelt werden wollte, als seien sie unter sich. Auch er selbst hatte sich überhaupt nicht darüber gewundert, dass die Sitzhöhe etwas mit sozialem

Status zu tun hat. Es war ihm ganz selbstverständlich erschienen. Er war sich auch gleich darüber im Klaren, dass den Jungen ihr soziales Ansehen wichtig war, dass es, trotz des menschenleeren Weges, um Verhalten in der Öffentlichkeit ging. Und das alles hatte er nicht in Büchern über die Kultur der Malaien gelesen. Er hatte es als Gepäck in seinem Rucksack als Mensch.

Brown ist elektrisiert, er ist auf eine vielversprechende Spur gestoßen. Je länger er über die Situation nachdenkt, desto stärker kommt ihm deren Unkompliziertheit und Vertrautheit zu Bewusstsein. Die Abfolge von Fragen und Antworten, der Tonfall ihrer Stimmen, als sie erklärten, dass es ihnen peinlich sei, über ihm zu sitzen, die Mimik der jungen Malaien, all das erinnert ihn an seine Zuhörer im Hörsaal. Und er ist sich sicher, dass seine Studenten in Kalifornien fast alle Gesten der jungen Leute aus Brunei verstehen würden – nicht nur bei Witzen über Sex.

Es ist verblüffend, wie einfach sich Menschen verständigen können, auch wenn sie verschiedene Sprachen sprechen. Das ist selbst dann so, wenn sie aus kulturell einander völlig fremden Kosmen kommen. Es gibt zwar jede Menge Missverständnisse, aber dennoch kann man miteinander umgehen. Diese Erfahrung haben Goldsucher in den 1930er Jahren mit den Papua und Verhaltensforscher in den 1960er Jahren mit den Eipo in Neuguinea gemacht, den letzten bis dahin »unentdeckten« Völkern.

Brown fragt sich, warum er all die Jahre in seinen Seminaren einen eigentlich nur graduellen Unterschied zwischen Kulturen derart betont und dabei den verbindenden, allgemein menschlichen Aspekt der Situation völlig aus dem Blick verloren hat. Er beschließt, dem Gemeinsamen der Kulturen auf den Grund zu gehen. Ist es zum Beispiel überall so, dass Sitzhöhe sozialen Rang zeigt? Er beginnt, systematisch Informationen zu sammeln. Nach Jahren der Recherche bringt er 1991 sein Buch *Human Universals* heraus, bis heute weltweit eines der ganz wenigen Bücher über Kulturuniversalien.

Sitzordnungen, Raumverhalten und Familienfeiern

Raum ist eine Grundkategorie sozialen Umgangs. Wenn wir in einem ethnologischen Buch über eine Kultur blättern, begegnet uns mit einiger Wahrscheinlichkeit ein Hausgrundriss oder eine schematische Karte. Da sieht man, wer wo arbeitet und schläft oder wer bei einem Ritual wo sitzt. Es ist üblich, durch Sitzordnung anzuzeigen, wo jemand in der sozialen Ordnung steht. Wer sitzt vorne, wer hinten? Wer sitzt nahe am Geschehen und wer am Rand? Welche Leute sitzen eng beieinander und welche weit voneinander entfernt? Wo gehen die Frauen hinein, und welchen Eingang benutzen die Männer?

Hierzu gibt es in fast allen Kulturen Regeln. Die Regeln sind oft sehr genau, auch wenn sich die Menschen dessen gar nicht bewusst sind. Klare Spielregeln gibt es in vielen Gesellschaften vor allem zum Raumverhalten der beiden Geschlechter. Menschen in muslimischen Ländern denken nicht viel darüber nach, dass Frauen und Männer getrennt sitzen. Das ist einfach so, in Moscheen wie bei privaten Feiern. Es ist so »natürlich«, dass es normalerweise keinem auffällt. Bei allen Hochzeitsfesten oder Beschneidungsfeiern, die ich in Indonesien erlebt habe, saßen Frauen und Männer getrennt. Das wird befolgt, ohne dass irgendjemand Anweisungen gibt. Es wird höchstens ein Wort darüber verloren, wenn der Ethnologe es einmal vergisst. In indischen Bussen habe ich oft gesehen, dass sich vorne hinter dem Fahrer eine eigene Abteilung für Frauen bildet. Männer würden sich nie dort hinsetzen, auch wenn der Bus brechend voll ist. Und in Indien sind die Busse immer brechend voll. Manche westliche Frau mit unangenehmen Grabsch-Erfahrungen würde das vermutlich als Modell für deutsche Busse und überfüllte Bahnen begrüßen.

Wir brauchen uns aber gar nicht auf die andere Seite der Erdkugel zu begeben. Touristen können diese Geschlechtertrennung beim Urlaub überall am Mittelmeer erleben, egal ob in katholischen Dörfern Italiens, der orthodoxen Provinz Griechenlands oder an der islamischen Küste Nordafrikas. Rund ums Mittelmeer werden Geschlechter getrennt, wie in vielen Kulturen, in denen die Ehre der Familie ein zentraler kultureller Wert ist. Öffentlichkeit und Privatsphäre sind nach Geschlechtern getrennt. Die Ehre erfordert die Zurückhaltung der Frau in der Öffentlichkeit. In einer traditionellen Stadt am Mittelmeer kann man genau sagen, wo Frauen und wo Männer sich bewegen. Die Frauen gehen zwischen den Häuserblocks und durch die kleinen Gassen. Die Männer stolzieren auf Hauptstraßen und beherrschen die große zentrale *Piazza*. Auch hierzulande galten bis vor kurzem ähnliche Regeln. Meine Frau kann sich noch gut erinnern, dass in ihrer Kindheit Männer und Frauen in der Kirche säuberlich getrennt saßen. Wenn wir genau hinschauen, sehen wir vermeintlich Fremdes mitten in der eigenen Kultur.

Den meisten Menschen dieser Welt sind diese Spielregeln der Sitzordnung oder des Raumverhaltens so sehr in Fleisch und Blut übergegangen, dass sie sie gar nicht bemerken. Deshalb beobachten Ethnologen so etwas eher, als dass sie danach fragen. Wie streng die Regeln sind, wird einem erst klar, wenn man als Tourist ins Fettnäpfchen tritt oder als Ethnologe am Anfang einer Feldforschung immer wieder Fehler macht. Dann kommt zutage, welche Kategorien von Personen unterschieden werden und welche Plätze ihnen zustehen. Setzt man sich in einer Südseekultur zum feierlichen Mahl zusammen, richtet sich die Sitzposition danach, ob man Häuptling, Clanchef, verheirateter Mann, junger Mann, »ganz junger« Mann, Frau des Häuptlings, ältere Frau, verheiratete Frau oder Mädchen ist. Nur die ganz Kleinen wuseln überall herum. Wer an diese Regeln nicht gewöhnt ist, für den scheinen sie das Leben unnötig kompliziert zu machen, aber für die Menschen vor Ort sind sie ganz selbstverständlich.

Auch in unserer eigenen Kultur folgen wir Spielregeln der Raumnutzung, die so vertraut sind, dass wir sie gar nicht bemerken. Oft kommen hier spezielle kulturelle Regeln mit allgemeinmenschlichen Neigungen zusammen, zum Beispiel beim Körperabstand zu Menschen, die wir nicht kennen. Wie präzise der Abstand geregelt ist, wird einem erst klar, wenn man im Gedränge der U-Bahn einem anderen ganz nah auf die Pelle rücken muss. Mit einem Mal spüren wir den Stress der Nähe, sei es durch Berührung oder den Körperschweiß der anderen Person. Dann können wir an uns selbst die vergeblichen Fluchtversuche beobachten: Wir schauen gebannt irgendwohin, obwohl dort gar nichts zu sehen ist, oder schirmen uns mit der Zeitung ab.

Auch bei uns gibt es Demutsgesten. Sie erscheinen uns nur deshalb nicht so exotisch wie bei den Zulu und Hawaiianern, weil sie uns so vertraut sind. In Europa hält man eine Hand zum anderen hin, beugt sich leicht und zieht den Kopf ein. Man »gibt die Hand«. In übertriebener Form ist das ein typisch unterwürfiges Verhalten, man »macht einen Diener«. Schauspieler treten nach der Aufführung auf die Bühne und verbeugen sich vor dem applaudierenden Publikum bis fast zum Boden. Der junge Soldat steht stramm und schaut dem höhergestellten Offizier nicht in die Augen. Der gläubige Katholik geht in die Knie und küsst den Ring des Bischofs.

Wir wissen es nicht ganz sicher, aber vermutlich haben alle Kulturen Gesten, Raum- und Sitzordnungen, die Hierarchien spiegeln. In fast allen Gesellschaften sagt die Sitzhöhe etwas über den Status einer Person aus. Natürlich sitzt die höhergestellte Person immer auf der erhobenen Position. Oben ist oben, unten ist unten. Aber warum ist das eigentlich so? Es wäre doch auch denkbar, dass die höhergestellte Person tiefer sitzt. Immerhin soll es Kulturen geben, wo die Hohepriesterin tiefer sitzt als alle anderen, weil sie damit der Göttin in der Erdmitte näher ist. Es geht also. Eine Kultur kann sich so verhalten. Wir haben kein »Hierarchisch-oben-gleich-oben-sitzen-Gen« in uns. Warum halten wir diese Variante jedoch als allgemeine Regel für unwahrscheinlich? Warum gibt es keine Kultur, in der die Mächtigen üblicherweise unten oder hinten sitzen?

Nun könnte man dazu Verhaltensforscher fragen – die berichten, dass auch bei anderen Primaten die höherrangigen höher sitzen – oder komplexe Spekulationen psychoanalytischer Natur anstellen. Man kann das Phänomen aber auch ganz praktisch erklären. Höher Platzierte werden einfach von allen besser wahrgenommen. Da die Mächtigen »etwas zu sagen haben«, ist es gut, dass man sie besser hört.

Oben und unten sind in allen Gesellschaften wichtig, trotz aller Unterschiede, die auf den ersten Blick ins Auge fallen. Ein Freund erzählte mir von einer Kurzeinführung in die japanische Sprache, an der er vor einigen Jahren teilnahm. Der Crashkurs war auf das Allernotwendigste beschränkt, und der japanische Lehrer konzentrierte sich auf sechs Wörter, drei zur Natur und drei zur Kultur. Zur Natur waren es »Bambus«, »Berg« und »Fluss«. Zur Kultur erläuterte er die Wörter »oben«, »Mitte« und »unten«. Das sagt viel, nicht nur über Japan, sondern generell über menschliche Kulturen. In Japan mag das Statusdenken besonders ausgeprägt sein, aber bedeutsam ist es in allen Kulturen. Weltweit wird sehr genau geschaut, wer in der sozialen Pyramide oben und wer unten steht. Das soziale Oben und Unten wird nicht nur wichtig genommen, sondern auch symbolisch dargestellt. In der Regel wird es sogar für alle sichtbar gezeigt. Sitzordnungen eignen sich dafür hervorragend. Wer sitzt wo oben auf dem Podest, wer schwingt unten Fähnchen? Das war nicht nur so bei der Verehrung von Kapitän Cook im Hawaii des 18. Jahrhunderts, das ist auch heute noch so bei großen Events, ob in der Wall Street, in Ulan-Bator oder am Brandenburger Tor.

Auch der Alltag in der vermeintlich egalitären modernen Gesellschaft ist alles andere als hierarchiefrei. In der Arbeitswelt und in der Werbung spielen Sitzhöhe und Körpergröße eine wichtigere Rolle, als wir wahrhaben wollen. Wie dick musste das Telefonbuch sein, auf dem Rainer Barzel bei den Werbeaufnahmen stand, damit er auf dem Wahlplakat an den gewaltigen Helmut Kohl heranreichte? In welchem Winkel muss der Kameramann beim Parteitag Angela Merkel aufnehmen, damit aus der kleinen Person die bedeutende Kanzlerin wird? In der Wirtschaft mögen die Hierarchien »flacher« werden. Die Körperpositionen werden es nicht. Wer höher sitzt, ist weiter oben. Groß gewachsene Personen können das recht locker sehen, denn sie sitzen per se höher. Wir sollen und wollen immer von Äußerlichkeiten absehen. Aber Psychologen sagen uns, dass große Personen allgemein für sympathischer und erfolgreicher gehalten werden als kleinere. Und sie haben tatsächlich mehr Erfolg. Ökonomen haben nachgewiesen, dass man das Gehalt amerikanischer Manager allein aufgrund ihrer Körpergröße recht gut einschätzen kann.

Hierarchien und ihre räumlichen Folgen lassen sich besonders schön bei Festen beobachten. Kommunionsfeiern und Hochzeiten sind für mich ohnehin immer Übungen in der Ethnografie der eigenen Kultur. Da kann man zuschauen, wie der linke Sozialutopist mit einem Mal zum devoten Traditionsträger mutiert. Der alte Vater hat in der Familie zwar nichts mehr zu melden, beim festlichen Anlass darf er aber noch einmal eine Rede halten. Er erhebt sich, und alle anderen ducken sich, wenn auch nur für Minuten. Jede Nachrichtensendung zeigt uns, wie das Oben und Unten im Raum ausgespielt wird. Die Empfänge der Potentaten sind bis in die Kleinigkeiten genauestens orchestriert. Raumverhalten ist der Mittelpunkt der Etiketteausbildung, bei Knigge und im auswärtigen Dienst. Wo soll Präsident Obama stehen, wenn er und die Queen sich begrüßen? Was tun angesichts der Tatsache, dass Michelle Obama so groß ist und Elizabeth II. so klein? Und darf sie die *Queen* berühren? Wie hoch sitzt die britische Königin? Höher als der amerikanische Präsident?

Nackte Tatsachen
Sex und Moral

Es ist Januar 1990. Ich bin seit wenigen Tagen in Ujung Pandang, einer Stadt auf der Insel Sulawesi in Indonesien. Hier, kurz unter dem Äquator, werde ich für ein Jahr meine Feldforschung betreiben: Der Wissenschaftler lebt unter den Menschen, über deren Kultur er etwas herausfinden will. Als die Feldforschung vor knapp 100 Jahren entstand, untersuchte man einen kleinen Stamm auf einer Waldlichtung am Amazonas. Bei Bronislaw Malinowski, einem der Urväter der Disziplin, ging es um die Menschen auf einer abgelegenen Südseeinsel. Meine »Insel« ist ein Viertel am Rand dieser Millionenstadt, die, anders als die Hauptstadt Jakarta, im Windschatten der Moderne vor sich hin döst.

Mit meiner Frau hatte ich in den Jahren zuvor verschiedene Teile des riesigen Archipels bereist. Uns gefiel es überall in Indonesien, aber wir haben uns immer gefragt, wo es sinnvoll und dazu auch noch schön wäre, ein Jahr zu leben und zu forschen. Das hieß für mich: in einer Stadt, weil mich das urbane Chaos fasziniert. Selbst Molochmetropolen wie Jakarta und Bangkok finde ich hochinteressant. Der Süden Sulawesis ist eine wunderschöne Reislandschaft, und Ujung Pandang ist eine Hafenstadt. Bei unserem Besuch zwei Jahre zuvor hatte uns die legere Atmosphäre auf Anhieb gefallen. Die Leute sind freundlich und für indonesische Verhältnisse lebhaft und direkt. Keine schlechte Voraussetzung, wenn man etwas über ihr Leben und Denken erfahren möchte.

Denn mich interessiert, wie die Menschen hier denken und im alltäglichen Leben entscheiden. Ich will Daten für eine Untersuchung über Alltagsrationalität sammeln. Um das reichlich abstrakte Thema konkret zu machen, versuche ich herauszufinden, was die Menschen bei einem Umzug innerhalb der Stadt überlegen und tun. Schon bei meinen früheren Reisen war mir aufgefallen, wie häufig Indonesier umziehen. Mich hatte erstaunt, wie plötzlich sie das tun und wie normal das für sie zu sein scheint. Mit den Erkenntnissen aus Ujung Pandang möchte ich ein umfangreiches wissenschaftliches Werk schreiben und damit habilitieren. Das ist die Voraussetzung für eine Karriere an der Uni. Denn ich träume davon, einmal Ethnologieprofessor zu werden. Auf dem Buch wird dann als Titel so etwas stehen wie »Dynamiken intra-urbaner Residenzmobilität« oder »Rationales Wahlhandeln in Indonesien«. Bis dahin ist es noch ein langer Weg. Aber das weiß ich zu diesem Zeitpunkt glücklicherweise noch nicht.

Aus Fehlern lernen

Ethnologen wollen direkt bei den Menschen leben, sie wohnen nicht in Hotels, sondern in der Hütte. Also habe ich – zusammen mit meiner Frau und unserem sieben Monate alten Sohn – bei einer indonesischen Familie Unterkunft gefunden. Es ist zwar keine Hütte, aber ein einfaches Steinhaus. Durch einen Kollegen, der auch schon hier gewohnt hat, habe ich die Familie kennengelernt: Ibu, die Mutter, Pak, ihren Mann, und ihre vier Kinder. Ich bin noch ganz am Anfang, und wir müssen uns erst einleben. Ein Prinzip von Feldforschung ist es, aus eigenen

Fehlern zu lernen. Das geht auch gleich los. Schon am vierten Tag werde ich das erste Mal so richtig zusammengestaucht.

Wir sind hier in den Tropen, es ist feucht und brüllend heiß. In den ersten Nächten legen wir uns ohne jede Bedeckung auf unsere Holzpritsche und schwimmen trotzdem nach wenigen Minuten im eigenen Schweiß. Unser Kleiner ist wieder zehn Mal in der Nacht aufgewacht. Meine Frau ist froh, dass ich ihn um sechs auf den Arm nehme und mit ihm durchs Viertel ziehe. Hier stehe ich gern früh auf, denn morgens ist es noch eine Weile frisch. Schon gegen acht Uhr wird es sehr heiß. Und morgens stehen die Türen der Häuser und Hütten offen, ich lerne schnell viele Leute kennen. Ich erkläre, dass ich von weit her komme, aus dem Land Beckenbauers, weil mich ihr Leben interessiert. Sie sind begeistert von dem dicken weißen Baby auf meinem Arm und wollen den Kleinen sofort herumtragen. Als ich zurück in unser Haus komme, ist es zehn Uhr. Ich bin seit vier Stunden auf den Beinen und komplett durchgeschwitzt.

Also gehe ich von unserer 2,5 mal 3 Meter messenden Schlafkammer durch den Wohnraum zum kleinen Bad, um mich mit Wasser zu übergießen. In Indonesien gibt es üblicherweise keine Dusche. Stattdessen steht in jedem Bad ein kleines Bassin, dass immer mit kaltem Wasser gefüllt ist. Mit einer Plastikkelle schüttet man sich das kalte Wasser über den Körper. Das ist viel erfrischender als eine Dusche: herrlich! Ich habe Shampoo und eine Taschenlampe dabei – im fensterlosen Bad gibt es nur eine 25-Watt-Funzel. Und ich habe mich bis zum Oberkörper in einen einheimischen Sarong gehüllt. Wir sind schließlich in einem islamisch geprägten Land. Von früheren Reisen weiß ich, dass man hier besonders darauf achtet, sich nicht zu entblößen.

Als ich aus der Dusche zurück bin und mich angezogen habe, kommt Ibu, unsere Familienmutter, ins Zimmer und hält mir eine Gardinenpredigt: »Christoph, du musst dich bedecken. Alles andere ist unpassend.« Ich stutze und sage, dass ich mich doch mit dem Sarong bedeckt habe. Ich denke, dass ich mich schließlich auskenne und alles richtig machen will. Da erklärt sie mir, dass unbedingt auch meine Schultern bedeckt sein müssten. »Das ist hier so. Es sind doch schließlich auch Frauen im Haus.« Sie meint sich und ihre beiden Töchter, Ita, 5, und Bebia, 7.

Indonesien ist das größte islamische Land der Welt. Jedes Dorf hat mehrere Moscheen. Hier leben über 230 Millionen Menschen, über 90 Prozent von ihnen Muslime. So weit die nackten Zahlen. Die Wirklichkeit des Lebens sieht etwas anders aus. Die Moscheen sind nur am Freitag, dem islamischen Sonntag, wirklich voll. Die meisten Menschen kennen Teile des Korans, glauben aber daneben noch an andere Götter oder Geister. Der indonesische Islam gilt als tolerant. Seit die Religion im 11. Jahrhundert durch indische Händler in das Gebiet des heutigen Indonesiens kam, hat sie fortwährend andere Glaubensideen aufgesogen. Heute enthält sie auch buddhistische und hinduistische Elemente.

Wir sind also nicht in Arabien, einige Grundregeln werden aber strikt eingehalten. Das gilt vor allem für den Umgang der Geschlechter. Mädchen und Frauen sollten in der Öffentlichkeit bedeckt sein. Frauen tragen zwar nur in manchen Gegenden einen islamischen Schleier, aber sie achten generell darauf, wenig zu zeigen. Es soll nicht viel nackte Haut zu sehen sein, und auch die Kurven des Körpers verschwinden am besten unter weiter Kleidung. Viele Frauen tragen ein Kopftuch, ein Phänomen, das in den letzten Jahren zugenommen hat. Nun grübeln die Wissenschaftler: Handelt es sich um ein Zeichen für eine zunehmende islamische Orientierung, oder geht es einfach nur um Mode: *Islamic Chic?* Verhüllt wird die Haut auch im Haus, wenn Leute da sind, die nicht zur Familie gehören.

Auf Werbeplakaten oder im Fernsehen werden kaum nackte Tatsachen präsentiert. Zeitschriften mit nackten Schönheiten bekommt man in Ujung Pandang nur unter dem Ladentisch. Schon ein knapper Bikini auf dem Titel erscheint vielen schockierend.

Feuchtgebiete trockenlegen

In anderen Kulturen kann Nacktheit provozieren, die wir gar nicht als solche wahrnehmen. In Ujung Pandang gehen alle gerne an der berühmten Strandpromenade spazieren, deren Mauer über einen Kilometer lang ist und in den Traveller-Guides als »längste Sitzbank der Welt« firmiert. Besonders am Spätnachmittag ist es hier schön. Die Sonne scheint, man kann aufs weite Meer hinausblicken, Schiffe beobachten und auf den Sonnenuntergang warten. In Kneipen gibt es das Bier zum *Sunset*, Hunderte von kleinen Ständen laden ein zu Suppen, Fisch oder Süßigkeiten. Wir schlendern anfangs öfters mit Ibu an den Ständen entlang und lassen uns von ihr unbekannte Leckereien erklären. Wir essen gebackene Bananen und trinken dazu eine kalte Cola.

Nach einiger Zeit stellen wir diese herrlichen Spaziergänge ein. Immer öfter passiert es nämlich, dass uns westliche Touristen entgegenkommen. Sie sind auf der Durchreise, um am nächsten Tag einen Bus zu besteigen, der sie ins Bergland bringt. Dort besuchen sie die Ethnie der Toraja, die für ihre bunten Häuser und blutigen Opferriten bekannt ist. Ujung Pandang ist für sie nur ein Zwischenstopp beim »Inselsammeln«. Vorher waren sie auf Bali, wo es schon lange Tourismus gibt und die Sitten deutlich lockerer sind als hier im besonders islamischen Sulawesi. Auch wenn alle Reisebücher davon abraten, liegen in

Sex und Moral

Bali immer wieder Touristinnen barbusig am Strand. Dort wird es geduldet; hier wäre es undenkbar.

Nach einer Flugstunde frisch gelandet und gut drauf, gehen die Weltenbummler spazieren. Die Frauen tragen kurze Hosen oder Miniröcke und laufen in Shirts mit Spaghettiträgern herum. Es ist ja warm. Begegnet uns eine solche Touristin, spüren Maria und ich, wie unangenehm das Ibu ist, auch wenn sie gar nichts sagt. Unsere Cola, eigentlich ein erfrischender Luxus, erscheint schal; die Stimmung ist im Eimer. Zu Hause fragen wir nach. Ibu ziert sich. Schon das Thema widerstrebt ihr, aber wir wollen es wissen. Nach und nach kommt heraus: Es ist ihr unangenehm, etwas für sie so Anstößiges zu sehen. Sie nimmt beide Hände und hält sie demonstrativ vor ihren Unterkörper und sagt mit verzweifelter Miene: »Wie können sie so nackt herumlaufen?« Sie erklärt uns dann, dass es für sie besonders schlimm ist, wenn sie solchen Touristinnen in unserer Begleitung begegnet, denn das würde sie selbst entehren.

Das ist im Westen ganz anders: Nackte Tatsachen starren einem von jedem Kiosk entgegen. Klar wird es einem erst, wenn man unsere Gesellschaft einmal von außen betrachtet. Mein pakistanischer Kollege Azam Chaudhary, der in Deutschland lebt, sagt: »Die Menschen hier können sich gar nicht vorstellen, wie unangenehm es für einen islamischen Mann ist, dauernd mit nackten Körpern konfrontiert zu werden.« Nach ein paar Monaten in Indonesien sind wir in der Lage, das ein Stück weit nachzuvollziehen. Meine Frau versteckte eine *Brigitte*, die sie von ihrer Schwester aus Deutschland geschickt bekommen hatte, unter der Matratze. So nackt kamen ihr mit einem Mal die Models in den harmlosen Sommerkleidern vor. Hierzulande erörtern im Fernsehen unbekannte Bürger ihr Geschlechtsleben, im Detail und vor einem Millionenpublikum. Die Medien stürzen sich auf Extreme, zum Beispiel einen öffentlichen

Wettbewerb in den USA, in dem es darum ging, mit wie vielen Männern eine Frau an einem Tag schlafen kann. Reichlich anstrengend für alle Beteiligten.

Nackt ist angezogen!

Neuguinea ist eine der größten Inseln der Welt. Ein Teil davon, Irian Jaya, gehört zu Indonesien und liegt nur drei Flugstunden von Ujung Pandang entfernt. Keine besondere Entfernung in einem Land, das fast kontinentale Ausmaße hat. Auf die Karte Europas gelegt, reicht Indonesien von London bis Kiew und von Neapel bis Köln. Die Bewohner Neuguineas leben in der Regel im tropischen Wald, sie jagen, sammeln und betreiben Hackbau. Über die Eipo, eine ethnische Gruppe auf der waldreichen Insel, ist gerade ein Buch erschienen, und ich soll eine Besprechung für eine Fachzeitschrift schreiben. Also liegt es öfters in unserem Zimmer herum. Der von Verhaltensforschern verfasste Band beschreibt Kommunikation und Körpersprache und enthält entsprechend viele Fotos der dort lebenden Menschen.

Die Eipo sind, wenn nicht Missionare oder Textilhändler etwas dagegen getan haben, meist so gut wie nackt. Kleidung brauchen sie praktisch nicht. Die Frauen tragen nur Baströcke und die Männer einen Gürtel aus Pflanzenfasern und eine »Peniskalebasse«. Einige dieser Köcher sind fast einen Meter lang und mit einer Schnur am Gürtel befestigt. Beim Laufen muss man sie mit der Hand halten. Praktisch sind sie also nicht unbedingt. Im Buch lese ich: »Bei ausgeprägter Erektion muss der Penisköcher jedenfalls zurechtgerückt oder abgenommen werden.« Verhalten sich die Eipo widersprüchlich? Einerseits wird der Penis verborgen, andererseits weist der Köcher besonders auffällig auf ihn hin. Der ganze Aufwand wird im Forschungsbericht dann auch als »ständiges phallisches Imponieren« gedeutet. Von außen sieht das alles sehr sexualisiert aus, aber die Eipo selbst würden sich nicht als nackt bezeichnen. Sie sind oft bemalt oder tätowiert, und sie tragen Nasenringe, Nasenstäbe und Lippenpflöcke. Außerdem zeigen die Männer ihren Penis nie ganz unverhüllt. Insbesondere die Eichel darf niemals zu sehen sein. Trotz aller Vertrautheit mit den Menschen haben die Forscher das Anlegen und Ablegen der Peniskalebasse kaum je einmal mitbekommen.

Ibu, die Familienmutter, und Pak, ihr Mann, haben das Buch wohl schon öfter bei mir liegen gesehen. Heute haben die beiden es aufgeschlagen gefunden und blättern darin. Als sie auf Fotos der dunkelhäutigen und zudem unbekleideten Menschen aus Irian Jaya stoßen, ist ihre Reaktion eindeutig: »Das sind Tiere.« Ibu meint: »Sie sind fast wie Affen.« Ich mache eine fragende Miene, ohne zu kommentieren, und sie fährt fort: »Sie sind dumm, dumm, weil sie keine Kleidung tragen. Warum tragen sie nur keine Kleidung? Außerdem haben sie eine so dunkle Haut.« Schwarze Hautfarbe findet sie »nicht gut«; sie sähe schlecht aus, ja »schmutzig«. Weiße seien schön und »sauber«, weil sie eine so »helle« und »feine« Haut haben. Die Penisköcher, die auf den nächsten Fotos zu sehen sind, quittieren sie nur noch mit einem gequälten Lächeln. Das setzt dem Ganzen ja wohl die Krone auf. Beide zeigen deutliche Ablehnung, ja geradezu Abscheu. Ich unternehme anfangs noch einen Erklärungsversuch: »Sie leben im Wald. Es ist dort oft noch heißer und feuchter als hier.« Bald breche ich ab. Es ist sinnlos. Das meinen wohl auch Pak und Ibu und legen das Buch weg. Zum Glück können sie den deutschen Text nicht lesen und erfahren nicht, dass es bei den Eipo einen spielerischen Umgang mit Homosexualität gibt ...

Nackte Tatsachen

Mich irritiert zunächst die Schärfe ihres Vorurteils und der zum Ausdruck kommende Rassismus. Es handelt sich immerhin um Menschen im eigenen Land. Auf der anderen Seite ist nicht zu übersehen, dass die Eipo in einem anderen Kosmos leben. Der westliche Teil Neuguineas wurde erst vor kurzem annektiert, und die Lebensweise der Menschen dort hat wenig mit dem restlichen Indonesien zu tun. Während typische Indonesier Reisbauern sind und einer komplexen Gesellschaft angehören, leben die Eipo und ihre Nachbarn in der Steinzeit, jedenfalls aus der Sicht von Ibu und Pak. Der Kontrast zwischen den Eipo und ihnen könnte kaum größer sein.

Indonesien ist ein Land mit Hunderten von Völkern, aber dominiert wird der Staat von einer Kultur, den Javanern. Das javanische Ideal ist der vornehme Mensch, leise und distanziert, der die gehobene Etikette beherrscht. Ihre traditionelle Kultur ist höfisch und hierarchiebewusst. Die Menschen hier in Ujung Pandang sind deutlich lebhafter und nicht so verfeinert im Umgang miteinander. Aber auch sie meiden die Sonne und schätzen helle Haut. Immer wieder greifen Menschen, auch wenn wir sie schon lange kennen, nach unseren Armen und sagen: »Was ihr doch für schöne Haut habt!« Ziemlich unangenehm für uns, aber nach einigen Monaten geben wir es auf, dagegen zu argumentieren. Wir müssen damit leben, dass unser Traumland eine gehörige Portion Alltagsrassismus aufweist. Erziehung und Medien tun das ihrige dazu. Abends im Fernsehen sehen wir, wie Reporter aus Jakarta vor Hütten in Neuguinea stehen und deren Bewohner als Steinzeitmenschen vorführen. Für das große Publikum in Indonesien ist das bestenfalls exotisch oder lustig. Waldbewohner wie die Eipo sind für die meisten Indonesier keine Kulturmenschen, sondern eher Naturwesen, wie die *Orang Utan*, die »Waldmenschen«. Das beweist ja wohl schon ihre Nacktheit.

Sex und Moral

Geregelte Lust: Sex-Tabus überall

Die Kulturen dieser Welt gehen offensichtlich sehr unterschiedlich mit dem Thema Nacktheit um. Mitunter gibt es selbst innerhalb eines Landes deutlich verschiedene Haltungen. Auffällig im internationalen Vergleich ist vor allem der Westen mit seiner freien Einstellung zur Sexualität. Für meine indonesische Gastfamilie erscheinen die leicht bekleideten Touristinnen tabulos. Aber stimmt das? Schauen wir mit ethnologischem Blick auf uns selbst: Auch im Westen sind nicht an jedem Kiosk nackte Tatsachen zu sehen. Pornozeitschriften, die man wirklich so nennen kann, liegen nicht im Schaufenster. Je pornografischer sie sind, desto besser sind sie versteckt. Auf den Titelseiten sieht man fast nur nackte oder leicht bekleidete Frauen. Männerhaut ist Mangelware; da muss man schon ziemlich suchen. Sind unbekleidete Männer abgebildet, sieht man fast nie den Penis. Das beste Stück ist kunstvoll verdeckt oder verschwindet am Rand. Fündig wird man allenfalls bei den Spezialzeitschriften aus der homoerotischen Szene.

Der Penis wird überhaupt selten gezeigt. Auf dem Cover eines schönen Bildbands mit dem Titel *Nackt. Die Ästhetik der Blöße* sind 24 Bildchen zur Nacktheit, aber kein einziges männliches Geschlechtsteil zu sehen. Oliviero Toscani, der berühmte Werbemann von Benetton, hatte immer ein Händchen für Anzeigen, die seine Firma durch gezielte Tabubrüche prominent in Szene setzten. 1993 entwarf er eine Anzeige mit 56 Unterkörpern vorwiegend jugendlicher Menschen aller Hautfarben. Da nicht nur die Geschlechtsregion von Frauen, sondern auch Penisse gezeigt wurden, hätte Benetton hohe Aufmerksamkeit erreichen können. Die Kampagne wurde nicht realisiert. Praktisch nie ist auf öffentlich zugänglichen Bildern ein steifer Penis zu sehen.

Auch in unserer vermeintlich freien Gesellschaft gibt es eine Menge Tabus zum Sex. Wir wissen zwar mittlerweile, dass Selbstbefriedigung normal und allgemein verbreitet ist. Wir reden aber nicht darüber, und als Thema des Alltagslebens findet *sex for one* in den Massenmedien nicht statt. Prostitution gibt es in jeder größeren Stadt, aber sie wird räumlich versteckt. Pikante Fernsehszenen, die man allein durchaus gern ansieht, sind einem irgendwie peinlich, wenn jemand dabeisitzt. Harmlose Nacktrenner werden in Fußballstadien schnellstens abgeführt. Selbst in den wilden 68ern gab es Grenzen. Eines der berühmtesten Fotos der Studentenrevolution zeigt sieben nackte Kommunarden. Alle sind nur von hinten zu sehen, und selbst dieses Bild wurde in der Regel nur retuschiert gedruckt.

Einzelne Gruppen haben immer wieder versucht, sexuelle Freiheit zu leben. Romantische Literaten und frühe Marxisten spekulierten über eine Phase der totalen Promiskuität in der frühen Geschichte der Menschheit. Die Prähistoriker konnten aber nichts Derartiges finden. Ich selbst habe noch erlebt, wie in den 1970er Jahren studentische Kommunen in Kalifornien die sexuelle Freizügigkeit probten. Die Mehrheit dieser Gemeinschaften überlebte nicht lange. Die völlige sexuelle Freizügigkeit gibt es nirgends. Geschlechtsverkehr in der Öffentlichkeit beispielsweise wird in keiner Kultur als normal angesehen. Überall auf der Welt bestehen klare Beschränkungen der Sexualität. Diese sind allerdings sehr vielfältig. Sexualität wird in allen Kulturen sehr ernst genommen. Nirgendwo ist sie Nebensache.

Woran mag das liegen? Sex macht Freude. Er kann aber auch verdammt folgenreich sein. Die Konsequenzen sind wirtschaftlich bedeutsam, sie betreffen Leib und Leben – und die Gesellschaft. Die Folgen können sehr langfristig sein, sie reichen in der Regel über das eigene Leben hinaus. Und sie lassen sich nicht sicher vorhersehen. Die Konsequenzen sind für Frauen andere als für Männer. Soziobiologen sagen uns, dass Frauen andere biologische »Interessen« haben. Während der Schwangerschaft ist eine Frau verletzlich und weniger leistungsfähig. Männer können theoretisch Tausende von Kindern zeugen, Frauen nur ein gutes Dutzend. Deswegen ist Sex für die Frau definitiv keine nebensächliche Angelegenheit.

Die Folgen sind für die Frau in einiger Hinsicht überall ähnlich. So kann sie während der Schwangerschaft keine schwere Arbeit verrichten. In anderer Hinsicht gibt es kulturelle Unterschiede, etwa wenn die Großfamilie Kinder aufzieht. Jeder Mensch in jeder Kultur aber muss bedenken, dass beim – heterosexuellen – Sex Kinder entstehen können. Sexualität findet nicht außerhalb von Machtstrukturen statt, sie ist mit Kontrolle und mit dem materiellen Überleben verbunden. Kinder müssen versorgt werden, sie können einem aber auch helfen, wenn sie herangewachsen sind. Ökonomisch gesehen bringen sie Kosten und Nutzen. Deshalb findet jede Kultur Regelungen für diejenigen sexuellen Aktivitäten, die Auswirkungen auf den Nachwuchs haben.

In keiner Kultur, die wir kennen, betreibt man Sex nur, um Kinder zu bekommen. Obwohl das prinzipiell denkbar wäre. Überall hat Sex gesellschaftliche Funktionen und Folgen. Kein Wunder also, dass es überall Verwandtschaftssysteme und Heiratsvorschriften gibt. Trotz einer unübersichtlichen Fülle von ganz unterschiedlichen Regelungen werden überall klare Ansagen zu drei Fragen gemacht: Wie viele Menschen darf man heiraten? Aus welcher Gruppe oder sozialen Einheit muss der Partner kommen? Wo lebt das Paar nach der Heirat? Diese Fragen sind für jede Gesellschaft existenziell. Die Antworten auf diese drei Grundfragen fallen unterschiedlich aus, aber es gibt auch dabei weltweite Muster.

Die überwiegende Zahl der Kulturen dieser Welt fordert entweder Monogamie von ihren Angehörigen oder erlaubt einem Mann viele Frauen. Nur eine Handvoll gesteht einer Frau mehrere Ehemänner zu. Diese wenigen Gesellschaften leben in kargen Gebieten wie in Tibet, und diese Regelung ermöglicht ihnen, die Bevölkerung klein zu halten. Dort heiratet eine Frau in der Regel mehrere Brüder, und nur der älteste darf Kinder mit ihr bekommen. In der Mehrzahl der Gesellschaften, die nur einen Partner vorsehen, gehört Scheidung zur Normalität des Lebens. Sie ist meist recht leicht und häufig. In modernen Gesellschaften sind Trennungen und erneute Verbindungen so verbreitet, dass die Soziologen von »serieller Monogamie« sprechen. Auch in polygamen Gesellschaften, die den Männern Ehen mit mehreren Frauen erlauben, haben praktisch so gut wie alle Männer nur eine Frau.

Kulturen gehen sehr unterschiedlich mit dem Sexlife um, aber überall wird das Thema ernst genommen. Es gibt sex-positivere und sex-negativere Gesellschaften. In Brasilien durchzieht Sexualität geradezu das Alltagsleben. Das gilt jedenfalls für die Mittelschicht in den Städten. Wer zum ersten Mal hierherkommt, ist fasziniert von der Erotik, die in der Luft liegt. Und diese Erotik durchtränkt das ganze Leben, nicht nur die Beziehungen zwischen Männern und Frauen. Das krasse Gegenbeispiel bieten uns einige der islamisch geprägten Gesellschaften: No Sex in Dubai; kein nacktes Fleisch in Mekka. Selbstverständlich ist Sex auch dort wichtig. Es wird aber ganz rigide dafür gesorgt, dass davon nur wenig nach außen dringt. Frauen spielen in der Öffentlichkeit kaum eine Rolle. Mauern, Schleier und die örtliche Trennung von Männern und Frauen tun ihr Werk. Ob nun sex-positiv oder eher sex-negativ, eine sex-neutrale Kultur haben die Ethnologen noch nicht gefunden, und sie werden sie auch nicht finden.

Und wie steht es mit den Eipo in West-Neuguinea? Wollen

Sex und Moral

sie Sexualität überhaupt regeln, wo sie doch schon die äußeren Geschlechtsunterschiede so stark betonen wie kaum sonst eine Kultur? Und wenn ja, wie können sie den Sex in Bahnen lenken, wo sie doch meist fast nackt herumlaufen? Trotz engem Raum und fehlender Hüllen ist die Sexualität bei den Eipo ziemlich klar geregelt, und auch bei ihnen geht es um mehr als das körperliche Vergnügen. Vorehelicher Sex kommt nicht sehr häufig vor, wird aber toleriert. Vor der Ehe gilt Geschlechtsverkehr bei den Mädchen als akzeptabel, wenn sie um die 17 Jahre alt sind, während die Jungen warten sollen, bis sie 20 sind. Das klingt für uns schon fast prüde.

Männer und Frauen schlafen üblicherweise getrennt. Wie man die Geschlechtsunterschiede überdeutlich markiert, so werden auch die Lebenswelten der Frauen und Männer durchgängig getrennt. Es gibt separate Männer- und Frauenhäuser. Die jungen Männer erleben mehrere Phasen von Initiationsriten, die Mädchen nicht. Die Tänze der Frauen sind deutlich andere als die der Männer. Ganz allgemein glauben die Eipo an einen starken natürlichen Antagonismus zwischen Männern und Frauen. Westliche Gender-Forscher, die gern betonen, dass »wir alle« weibliche und männliche Seiten in uns haben, würden bei ihnen verzweifeln. Eipo-Männer fürchten die weibliche Sexualität. Sie schlafen keinesfalls mit ihren Frauen, wenn diese ihre Tage haben, und nach der Geburt erwartet man von einer Frau, mit dem Geschlechtsverkehr zwei bis drei Jahre auszusetzen. Ethnologen haben ein solches *Post-Partum*-Koitus-Tabu in etlichen Gesellschaften gefunden. Homosexualität findet am Rande statt, und wenn, dann eher in spielerischer Form.

Statt grenzenloser Freiheit gibt es also allenfalls »moderate Promiskuität«, wie die Forscher das so schön nennen. Außereheliche Affären werden eher von den Frauen initiiert. Sie kommen vor, und das weiß jeder. Allen ist aber auch bewusst, dass das gegen die Normen verstößt. Eifersucht ist verbreitet wie in jeder anderen Kultur. Und wie in fast allen Gesellschaften wird bei den Eipo viel geflirtet. Konkreter Sex zwischen Mann und Frau ist bei den Eipo aber eine ganz intime Angelegenheit. Da man in kleinen Siedlungen dicht beieinanderwohnt, geht das Paar hierfür weg vom Haus und vergnügt sich außerhalb des Dorfs im Wald. Wenn es zur Sache geht, meidet man auch hier die anderen Menschen. Die riesigen Penisköcher führen uns in die Irre. Die Eipo sind alles andere als tierische oder sexbesessene Wilde.

Sex ist individuell interessant und gleichzeitig sozial folgenreich. Diese strukturelle Situation gilt für die Eipo und die übrigen Indonesier, für die Araber und für uns. Sex ist immer ambivalent, und dem müssen sich alle Gesellschaften dieses Planeten stellen. Für die Kulturen bedeutet das eine ständige Herausforderung. Sexualität verbindet die einzelne Person, das eigene Selbst, mit der Biologie und mit der Gesellschaft. Deshalb ist Sexualität nie Nebensache und vor allem nie nur Privatsache. Zugleich haben sich der Spaß am Sex und der Traum vom ungebundenen Treiben bis heute gegen alle Regelungen ihre grenzüberschreitende Kraft erhalten. Deshalb ist es nicht erstaunlich, dass Subkulturen immer wieder auf die »verrückte« Idee kommen, Sex einfach nur zum Spaß zu machen.

Wir hier und die dort
Heimat, Gruppe und Scheuklappen

Die Welt ist vernetzt. Alle sind mobil, viele sind fast immer online. Wir leben im globalen Zeitalter. Ob als wirkliche Personen oder im Internet: Wir sind dauernd unterwegs. Reichte der Lebenskreis der meisten Menschen noch vor zwei Generationen kaum über ihren Herkunftsort hinaus, reisen Schüler heute über den Atlantik, um sich ein Originalsouvenir im Hard Rock Café zu holen. Die Transportzeiten werden immer kürzer, und Billigflieger erobern die Welt, vor allem für die wohlhabenden Nationen. Aber auch die Explosion der Fortbewegung für den kleinen Geldbeutel ist ein globales Phänomen. Das Straßennetz wächst, wie die letzten Naturreservate schrumpfen, und die obligatorischen japanischen Kleinbusse verbinden heute auch die kleinen Orte der armen Länder miteinander und mit der großen Welt.

Ortlosigkeit erscheint normal. Bewegung gilt als Signum unserer Zeit. Wer stehen bleibt, so die gängige Devise, fällt zurück. Die ständige Bewegung und die globalen Wanderungen führen zu einem Austausch der Kulturen. Kulturen, die sich früher selten begegneten und allenfalls militärisch aufeinanderprallten, kommen einander näher. Die Grenzen zwischen ihnen werden offener. Die ganze Welt scheint von einer großen »Kulturschmelze« erfasst. Wie Migration zum Normalfall der Biografie wird, so wird Vielfalt zum Normalfall der Gesellschaften. Statt Monokulturen entwickeln sich Multikulturen. Kultur wird flüssig, und Kulturtransfer wird etwas völlig Normales. Kann es da noch so etwas wie Heimat geben? Schon das Wort klingt altbacken und sehr deutsch.

Heimat in der grenzenlosen Welt?

Das gerade gezeichnete Bild ist uns aus den Medien vertraut, aber gibt es auch die Wirklichkeit wieder? Ist die Welt tatsächlich so, oder wird hier eine Teilwahrheit hochgepuscht, möglicherweise weil sie so gut mit bestimmten wirtschaftlichen Interessen zusammengeht? Sicher, es gibt viele Arbeitswanderer innerhalb der Länder und auch über Staatsgrenzen hinweg. Prototypisch ist die *floating mass* der Wanderarbeiter in China, die ständig auf Arbeitssuche sind. Dauerhafte Arbeitsmigration ist nichts Neues. Es gibt Regionen, in denen Wanderarbeit seit Generationen Tradition hat, zum Beispiel die Karibik und Westafrika. Der typische Haushalt besteht hier nicht aus Mann, Frau und Kindern. Er besteht aus der Mutter und ihren Kindern, wozu oft noch eine Schwester der Mutter kommt. Fachleute sprechen von *female-headed households*. Und die Männer? Sie arbeiten woanders, oft weit entfernt, und sind entsprechend selten zu Hause. Sie senden Geld und driften ansonsten als Zeuger von Kindern durchs System. Am anderen Pol der Wohlstandsskala finden wir die mobilen Jobnomaden, die einen Großteil ihres bestens bezahlten Berufslebens in den Lounges von Flughäfen verbringen. Manche von ihnen sagen selbstbewusst: »Heimat ist da, wo ich gerade bin.«

Die hochmobilen Menschen sind die Helden der heutigen Kulturtheorie. Wo bis in die 1960er Jahre stolz von Internationalität geredet wurde, da sind in den postmodernistischen Theorieschmieden neue Vokabeln angesagt: Hybridität, Interkulturalität und Translokalität, ja sogar Hyperkulturalität. Kulturelle Grenzen, lokale Traditionen und Heimatorte scheint es nicht mehr zu geben. Gefeiert werden Grenzenlosigkeit und Wurzellosigkeit. Viele dieser Theoretiker haben ihren familiären Hintergrund oft selbst nicht in den Ländern, in denen sie jetzt leben. Sie kommen etwa aus einer ehemaligen britischen Kolonie und leben jetzt in London oder Princeton. Und sie sind fast das ganze Jahr unterwegs auf Konferenzen zwischen Toronto, Tokio und Taipeh. Als Tagungstouristen treffen sie dort auf Kollegen, die ebenfalls solche kulturellen Mischwesen sind. Mitunter kann man sich des Eindrucks nicht erwehren, dass die transnational aktiven Theoretiker vor allem ihr eigenes Leben im Blick haben beziehungsweise ihre politischen Ideale in ihre Theorien hineinprojizieren.

Die Lebenswirklichkeit auf diesem Planeten sieht anders aus. Nach wie vor werden die meisten Menschen nicht im Flugzeug über dem Pazifik oder in Flughafenhotels gezeugt. Die wenigsten haben eine Mutter, die aus Malaysia stammt, als feministische Wissenschaftlerin in L. A. lebt, und einen Vater, der gemischt puerto-ricanisch-indianischen Ursprungs ist und als Repräsentant eines internationalen Konzerns um den Globus jettet. Die meisten wachsen auch nicht in den Multikulti-Kindergärten von Kreuzberg oder Berkeley auf.

Schon die modischen Vokabeln zeigen an, wie unsicher man sich eigentlich ist. Interkulturalität, Multikulturalität und Translokalität – allesamt schleppen sie das Denken der Grenzen mit sich. Bei »Inter« fragt man sich: Zwischen was, und was ist dazwischen? Worin bestehen die »Lokalitäten«, über die die Translokalität hinaus- oder hindurchgeht? Selbst gängige Bilder des »Mosaiks« der Kulturen oder des »Patchworks« klingen schön, setzen im Grunde aber die Sprache der Abgrenzung fort. Mosaiksteine haben scharfe Umrisse. Auf der anderen Seite steht die Tendenz zum Ungefähren. Der Begriff der Hybridität wendet die Unklarheit ins Positive. Symptomatisch sind auch die Titel entsprechender Tagungen und Referate. Sie sagen alles nur noch im Plural. Es gibt keine Identität, Migration und Geschichte mehr, sondern nur noch »Identitäten«, »Migrationen« und »Geschichten«.

All das blendet große Teile der Lebenswirklichkeit von Menschen des 21. Jahrhunderts aus. Fakt ist nämlich, dass fast alle Menschen nach wie vor innerhalb einer lokalen kulturellen Tradition aufwachsen. Die allermeisten Menschen leben dann auch ihr ganzes Leben in der Gegend, in der sie geboren wurden und aufgewachsen sind. Der neueste Atlas der globalen Entwicklung der Weltbank verzeichnet derzeit knapp 200 Millionen Migranten auf diesem Planeten. Das hört sich nach viel an. Es sind aber – bei gut 6,5 Milliarden Menschen – nur rund 3 Prozent der Weltbevölkerung. Viele Migranten besuchen ihre Heimatorte im Urlaub, zu Familienfeiern oder zu religiösen Festen. Ein Großteil von ihnen will gern dauerhaft an den Ort ihres Ursprungs zurückkehren.

Menschen wollen am Ende eines langen Lebens in der Fremde an ihrem Geburtsort begraben werden. Exilanten wollen ihren Geburtsort wiedersehen. Familien, die seit Generationen in der Diaspora leben, suchen nach ihren Wurzeln. Für die meisten Menschen dieser Welt ist es eine Katastrophe, wenn sie ihre Hütte oder ihre Wohnung auch nur zeitweise verlassen müssen. Die Menschen selbst scheinen sich um die geschliffenen Kulturtheorien wenig zu kümmern. Bei allem Austausch suchen sie Heimat und grenzen sich ab. Warum?

Köln – die Mitte der Welt

Ich lebe in Köln. Nach sieben Jahren in Trier bin ich seit 2008 wieder in der Domstadt. Eine Stelle an der Uni Bonn hat es möglich gemacht. Meine Frau und ich empfinden Köln als Heimat, obwohl wir beide nicht hier aufgewachsen sind. Ich bin in Moers am Niederrhein geboren, einer von Bergbau und Kleinbürgertum geprägten Kreisstadt, die allenfalls durch Jazz und Hanns Dieter Hüsch bekannt ist. Maria stammt aus Wipperfürth, einer Kleinstadt im Bergischen Land. Als Kind habe ich an verschiedenen Orten gelebt, weil meine Eltern oft den Wohnsitz wechselten. Vom Niederrhein zogen sie ins katholische Bamberg in Franken, wo ich fast fünf Jahre zur Schule ging. Ich fühlte mich dort so schnell wohl, dass ich in Heimatkunde der Beste war. Ich wusste alles über die Geschichte des Rhein-Main-Donau-Kanals und über Heinrich und Kunigunde im Bamberger Dom.

Danach bekam mein Vater eine Stelle in Düsseldorf. Also zogen wir an den Stadtrand, und ich ging in der Stadt aufs Gymnasium. Mit dem Abitur in der Tasche brach ich auf ins »Feindesland«. Ich begann mein Studium in der rheinischen Konkurrenzmetropole Köln, wo ich dann 30 Jahre blieb. Warum fühle ich mich in Köln wohl? Meiner Erinnerung nach und auch nach Aussage meiner Eltern habe ich mich an allen Orten schnell eingelebt – im Gegensatz zu meiner Mutter, die als lebhafte Rheinländerin im erzkatholischen Bamberg oft verzweifelte. Warum ist dann hier in Köln meine Heimat?

Ich kann nur mutmaßen. Während der 30 Jahre in Köln habe ich in drei verschiedenen Wohnungen gelebt. Sie lagen zwar nicht im selben Stadtteil, aber doch so nah zusammen, dass sie untereinander zu Fuß erreichbar waren. Zuerst wohnte ich in

Lindenthal im großen Haus meiner Oma. Von meiner Studentenbude dort konnte ich bequem zur Uni laufen. Als ich meine Frau kennenlernte, war ich in einer guten Viertelstunde Fußweg bei ihr. Sie wohnte wie ich so nah bei der Uni, dass wir uns oft da verabredeten. Im Gebiet zwischen diesen Wohnungen lebten viele Freunde und etliche Bekannte. Nach unserer Heirat zogen wir ins Belgische Viertel. Die gemeinsame Wohnung war nur knapp einen Kilometer von Marias Studentenzimmer entfernt. Zur Uni, wo ich schließlich im Ethnologieinstitut als Assistent arbeitete, war es ebenfalls nicht weit. Hier bekamen wir unsere beiden Kinder und wohnten bis zu unserem Umzug nach Trier.

Nur wenige Forscher haben sich bislang kulturvergleichend mit dem Heimatgefühl befasst. Überzeugend klingt für mich die These, dass Heimat bestimmte Örtlichkeiten mit Erlebnissen verbindet. Der Soziologe Heiner Treinen nennt das »symbolische Ortsbezogenheit«. Der Kern von Heimatgefühl entsteht, wenn man bestimmte Erlebnisse immer wieder an den gleichen Örtlichkeiten macht. Es geht also nicht allein um die markante Straßenecke, den schönen Platz, den kleinen Kiosk oder die alte Kirche. Es sind vor allem die menschlichen Begegnungen und sozialen Situationen, die man hier erlebt. Man macht sie häufig, und das über lange Zeit. Ich bin bei meinen alltäglichen Wegen – zwischen den Kölner Zimmern, der Uni und den Wohnungen von Freunden – immer wieder an bestimmten Orten auf bestimmte Leute gestoßen. Das waren nicht nur mir bekannte Personen, aber es waren immer wieder dieselben. Und ich habe auch gemeinsam mit Freunden und Vertrauten typische Situationen an bestimmten Stellen immer wieder erlebt.

Heimat in diesem Sinn ist auf den sozialen Nahraum beschränkt. Sie hat wenig mit so großen Gebilden wie dem Rheinland oder gar Deutschland zu tun. Damit solche unüberschaubaren Einheiten als Heimat erlebt werden, versuchen Lokalpatrioten und Nationalisten, ihre Region oder ihr Land so zu präsentieren, als wäre es ein großes Dorf. Auch wenn ich 99 Prozent der 80 Millionen Deutschen in diesem Leben nie begegnen werde, soll ich sie mir als Familie denken, wo jeder jeden kennt: die imaginierte Gemeinschaft.

Hier bin ich Mensch

Als wir 1990 für ein Jahr nach Indonesien gegangen sind, stand unsere Kölner Wohnung leer. Nach den üblichen Kulturschocks am Anfang haben wir uns in der Fremde schnell eingefunden. Uns fehlten natürlich die Freunde zu Hause. Häufig fehlte uns aber auch nur ein kräftiges Vollkornbrot statt ewigem Reis und Weißbrot. Köln als Stadt haben wir gar nicht so oft vermisst; es gab so viel Neues. Als wir zurückkamen, mussten wir uns allerdings erst wieder eingewöhnen. Wir erlebten den »Reentry-Kulturschock«. Als fleißiger Ethnologiestudent hatte ich davon in Methodenbüchern gelesen, es aber eher für Völkerkundlerlatein gehalten. Nun erfuhr ich es am eigenen Leib: Alles in Deutschland ging so schnell. Keiner hatte Zeit. Man musste sich verabreden, statt einfach unangekündigt jemanden zu besuchen. Und unsere vielen Erlebnisse konnten wir gar nicht in Ruhe ausbreiten.

Erstaunlicherweise vermissten wir Köln jedoch massiv, als wir nach Trier umgezogen waren. Wir erlitten oft regelrechte Attacken von »Köln-Entzug«. Uns fehlte in Trier der direkte und etwas respektlose Umgang. In Köln verwickeln einen ständig wildfremde Leute in ein Gespräch: »Gucken Se mal die renovierte Kirchturmspitze da oben. Ist doch Mist, nich wahr!?«

Oder der Nebenmann in der Kassenschlange beim Discounter fragt: »Wat ham Se denn da jekauft?« So etwas passiert einem in Trier definitiv nicht. Also haben wir an vielen Wochenenden viel Zeit in langsamen Zügen nach Köln verbracht, um dort einige Stunden vertrautes Leben zu tanken. Als wir nach sieben Jahren wieder nach Köln zurückziehen, sind wir über Wochen und Monate aufgekratzt. Wir finden einfach alles toll in Sülz, »unserem Viertel«. Mir fällt in den ersten Wochen auf, wie viel sich in der Stadt geändert hat, dass aber auch so vieles gleich geblieben ist. Noch jetzt erkenne ich Details an Fahrradwegen, zum Beispiel Risse im Asphalt oder Schwellen, die ich schon früher umfahren habe. Ich komme an einem Kiosk vorbei, an dem noch dieselben Leute herumhängen wie vor Jahren. Als ich bei Merzenich eins der Käsecroissants kaufen will, die mir in Trier immer gefehlt haben, schaut mich die Kassiererin an und fragt: »Kenne mer uns nisch?« Diese Wiederkehr ganz spezifischer Merkmale und Erlebnisse an besonderen Orten ist wohl das, was Heimat ausmacht. Aber: Braucht man das? Braucht jeder Mensch Heimat, und heißt das auch zwangsläufig Abgrenzung gegen andere?

Wir-Gefühl

Im idealtypischen Fall sind Ethnien Menschengruppen, die einen Namen haben, zum Beispiel »Tuareg« oder »Sinti«. Sie sprechen eine eigene Sprache und haben eine bestimmte Lebensform. In der Regel glauben die Menschen einer solchen Ethnie an einen bestimmten Gründungsmythos, und meist bilden sie auch eine Fortpflanzungseinheit. Auf Traditionen und Glauben baut das Wir-Bewusstsein ihrer Mitglieder auf. Entgegen dem verbreiteten Klischee der »Urvölker« und »Stämme in Afrika« sind ethnische Gruppen aber keine festen Gebilde. Sie wandeln sich ständig, auch ohne Außenkontakt. Schon der Versuch der frühen Ethnologie, solche Gruppen auf »Stammeskarten« zu verorten, war allzu vereinfacht. Ethnien gehen in größeren Gruppen auf, aber es entstehen auch ständig neue ethnische Einheiten. Einen kulturellen Stillstand gibt es in der Regel nur für kurze Zeit. Kulturelle Kontinuität ist nicht naturgegebene »Tradition«, sondern wird durch Weitergabe, durch »Tradierung« immer neu hergestellt. Nach dieser Definition könnte auch eine Gruppe Londoner Börsenbroker als Ethnie aufgefasst werden. Allerdings nur, wenn sie auch ihre Freizeit zusammen verbringen, untereinander heiraten und ein starkes Wir-Gefühl ausbilden.

Kulturen sind keine geschlossenen Kugeln. Sie sind einander prinzipiell zugänglich und beeinflussen sich gegenseitig. Faktisch sind Unterschiede zwischen Kulturen zumeist geringer und die Grenzen zwischen ihnen weniger scharf, als es den Menschen erscheint, die ihnen angehören. Woran liegt das? Wenn Kulturen einander begegnen, stellen sie sich oft sehr reduziert dar. So steht dann eine Glaubensmaxime oder ein Nahrungsverbot für die ganze Kultur, nach dem Motto: »Wir sind Japaner, also essen wir Reis«, »Ich bin Hindu, also bin ich Inder«. Die ganze Komplexität einer Gesellschaft wird ausgeblendet. Selbstverständlich sind nicht alle Inder Hindus und nicht alle Hindus Inder. Vor allem gibt es noch sehr vieles andere, was Inder ausmacht. Ethnologen würden sagen, dass es so etwas wie »die indische Kultur« kaum gibt, sondern Hunderte von Sprachen und Kulturen in Indien. Allein die Geldscheine des Landes tragen 13 verschiedene Schriften!

Bei der interkulturellen Begegnung kommt ein weiteres Problem hinzu: Einzelne Personen werden nur noch als Mitglied ihrer jeweiligen Gruppe wahrgenommen. Das passiert, wenn ein Mensch, der seine Wurzeln in der Türkei hat, in Deutschland immer zuerst als Türke gesehen wird. Er selbst fühlt sich vielleicht gar nicht primär als Türke, oder jedenfalls nicht immer. Andere Anker seiner Identität könnten ihm viel wichtiger sein. Er ist vor allem ein Mann. Und er ist Anhänger des FC St. Pauli. Und dann ist er noch Kurde und eben gerade nicht ein Türke. Im interkulturellen Umgang wird der Mensch also wichtiger Eigenschaften beraubt. Er verschwindet unter dem Hut seiner Kultur. Stattdessen werden ihm andere Merkmale angedichtet, die er gar nicht hat, etwa weil er gegenüber anderen Landsleuten »untypisch« ist. Im Islam herrscht Alkoholverbot. Aber in Köln trinken ziemlich viele Türken ziemlich viel Kölsch!

In der Wahrnehmung der Mitglieder einer Kultur führt die Betonung kultureller Grenzen zu einer systematischen Kontrastverstärkung zwischen der eigenen und der fremden Kultur. Die Unterschiede zu anderen werden überbetont, die eigene interne Vielfalt wird unterschätzt. Ethnologen wissen dagegen, dass die tatsächlichen Unterschiede zwischen Personen innerhalb einer Kultur oft größer sind als der Abstand zwischen Individuen, die verschiedenen Kulturen angehören. So kann ich als Uni-Professor einen indonesischen oder japanischen Kollegen, seinen Alltag und seine Werte vielleicht leichter verstehen als das Leben meiner Nachbarn in Köln.

Etliche Befunde der Ethnologie zur Ethnizität erscheinen nicht auf den ersten Blick plausibel. Die wissenschaftlichen Ergebnisse widersprechen unserer Intuition: So bilden sich kulturelle Grenzen gerade nicht durch Isolation, sie entstehen und bestehen durch Beziehungen zwischen Gruppen. Oft schaffen und verschärfen Kulturkontakt und Interaktion kulturelle Grenzen, statt sie abzubauen. Das ist eine der zentralen Erkenntnisse der Ethnizitätsforschung. Kulturelle Inhalte können sich bei einer oder beiden Gruppen verändern, während die von den Individuen gesehene Grenze zwischen beiden gleich bleibt! Der Kern von Ethnizität besteht – ganz entgegen den populären Vorstellungen und auch der popularisierten Ethnologie – nicht in kulturellen Inhalten. Der Kern besteht in der Abgrenzung: Wir und sie. Ganz ähnlich ist es bei der Heimat. Das Revier wird symbolisch markiert, durch Sprache, Kunst oder Fahnen. Durch die Abgrenzung gehören manche dazu, »wir Kölner«, andere werden ausgeschlossen, »die Düsseldorfer«.

Keine Identität ohne Identitäter

Kulturelle Grenzen sind wichtig für kollektive Identität. Das ist eigentlich zu erwarten. Dis Psychologen sagen uns, dass auch individuelles Selbstgefühl sich nur in Abgrenzung zu anderen herausbildet. In heutigen Gesellschaften werden diese Grenzen aber auch manipulativ eingesetzt. Identität wird zur Waffe im Konkurrenzkampf, wenn es um Gelder, Posten und Schulzugang geht. Menschen führen ihre Kultur als Grund ins Feld, statt mit Sachargumenten zu arbeiten. »Mir steht dieses oder jenes zu, weil ich Angehöriger der kulturellen Minderheit X oder der Mehrheit Y bin.« Es macht einen gewaltigen Unterschied, ob ich finanzielle Unterstützung beanspruche, »weil ich arm bin« oder »weil ich zur Gruppe X oder Y gehöre«. Ethnologen nennen das »Kulturalisierung«. Dafür wird die eigene Kultur einzigartiger gemacht, als sie ist.

Das Starren auf die jeweilige Kultur und die Überhöhung der Besonderheiten erhält eine besondere Dynamik bei Konflikten. Oft geht es schlicht und einfach um unterschiedliche Interessen. Zwei Gruppen erheben Anspruch auf dasselbe Stück Land. Zwei Ethnien kämpfen darum, welche ihrer Sprachen

Nationalsprache wird. Statt sachlich zu argumentieren, werden Gründungsmythen bemüht: Man selbst sei schon immer hier gewesen. Geschichte wird zurechtgebogen, zur Not auch schlicht erfunden. Saddam Hussein ließ sich als Wagenlenker auf den Schlachtwagen Nebukadnezars darstellen – auch wenn der heutige Irak mit dem alten Babylon nichts gemein hat. Den eigenen Leuten wird von der »uralten Überlieferung unseres Volkes« erzählt – auch wenn diese Tradition praktisch druckfrisch ist. Im Konflikt in Ex-Jugoslawien hat so mancher Politiker von heute auf morgen entdeckt, dass »schon immer« das Herz eines Serben in ihm schlug. Dritte, die Frieden stiften wollen, achten vertrackterweise ebenfalls vor allem auf vermeintliche Besonderheiten der Konfliktparteien, etwa die religiöse Richtung. Die charakteristische ethnozentrische Argumentationsform im Umgang lädt ein zu Zuschreibungen und damit zur Verwendung von Feindbildern. Mit einem Mal haben alle Scheuklappen um.

Globaler Provinzialismus

Die Eigenbezeichnung der Mehrheit der Volksgruppen dieses Planeten heißt übersetzt so viel wie »Menschen«, »Echte Menschen« oder »Eigentliche Menschen« beziehungsweise »Das Volk« oder »Das Fleisch«. Beispiele für solche Selbstbezeichnungen sind die der *Kanak, Khoi-Khoi,* der Eskimos *(Inuit),* Guyaki *(Aché), Kiova, Navaho* und der alten Ägypter. Für die *Roma* sind alle übrigen »Barbaren« *(gadesche).* Die Buren-Trekker in Südafrika sprachen von sich selbst als »Menschen« *(mense),* andere Gruppen nannten sie »Geschöpfe« *(skepsels).* Laut Graham Sumner, dem Altvater der Erforschung des Ethnozentrismus, haben sich manche Gruppen für die einzigen existierenden Menschen gehalten. Ethnologen gehen davon aus, dass 90 Prozent aller ethnischen Eigenbezeichnungen in diese Richtung gehen. Verlässliche Daten gibt es dazu nicht. Allein das starke Vorkommen solcher Bezeichnungen ist jedoch eine klare Aussage über das universal verbreitete Selbstverständnis von Gruppen – und über das Bild, das man vom Nachbarn hat.

Was ist Ethnozentrismus? Es ist die Betonung der kulturellen Grenze zu anderen, wie wir sie schon von der Ethnizität kennen, verbunden mit der Höherwertung der eigenen Gruppe. Das Heimatlich-Vertraute wird über alles andere gestellt. Man schätzt das Bodenständige und das Immer-so-Gewesene. Entsprechend begegnet man anderen mit Misstrauen. Fremde und Fremdes, Andersartiges und allgemein alles, was aus der gewohnten Ordnung herausfällt, wird abgewertet. Mein Kollege Klaus Müller hat die ethnozentrische Perspektive auf den Punkt gebracht: »Das eigene Territorium liegt im Zentrum der Erde, das eigene Dorf bildet den Mittelpunkt, das ›Herz‹ der Welt. Beides betrachtet man als Inbegriff des Guten und Schönen, als die menschliche Lebenswelt schlechthin. Die Menschen erscheinen sich selbst als ›Krone der Schöpfung‹. Die Angehörigen der eigenen Gruppe werden als die eigentlichen, wahren Vertreter der Menschheit begriffen.«

Wie man die eigene Welt überhöht und verklärt, so niedrig und dunkel wird alles andere hingestellt: »Unbekannte Landschaften erscheinen furchteinflößend und hässlich, fremde Gebrauchsgüter unzweckmäßig und wenig sinnvoll, ungewohnte Verhaltensweisen absonderlich, komisch, unmoralisch oder überhaupt anomal. Fremde Menschen hält man für ›unzivilisiert‹, für ›Wilde‹ oder gar für halbe Tiere. Dementsprechend traut man sich nur ungern über die eigenen Territoriumsgrenzen hinaus und meidet nach Möglichkeit den Kontakt mit Fremden. Man glaubt, dass er ›verunreinigend‹ sei und gefährliche, zerstörerische Wirkkraft habe.« Sicher ist diese Perspektive nicht bei allen Menschengruppen so scharf gestellt. Für manche ist Ethnizität wichtiger als für andere, es gibt »dünnes« und »dickes« Wir-Bewusstsein. Universal ist aber die Abgrenzung selbst. Ethnozentrismus ist das krasse Gegenteil des Kulturrelativismus. Er geht von der eigenen Kultur aus und weiß das noch nicht einmal. Ethnozentrismus ist mehr als nur eine Wahrnehmungsperspektive. Es ist eine Haltung zur Welt. Man begreift die Gruppe, der man sich zugehörig fühlt, als Mittelpunkt. Sie rückt ins Zentrum der gesamten Weltsicht. Die restliche Welt sieht man durch die Brille der eigenen Kultur. Fast immer wird das Fremde abgewertet. Die positive Wertung aus ethnozentrischer Sicht ist selten; auch wenn die Romantisierung, etwa der Indianer als Ökoheiliger, hierzu zählt. Der Perspektive und dem Werturteil folgt das Handeln. Menschen anderer Gruppen erfahren eine gesonderte Behandlung, oft werden sie diskriminiert.

Beim Ethnozentrismus spielen also mehrere Aspekte zusammen. Er handelt sich um etwas, das Mediziner ein Syndrom nennen würden. Leider ist es ein universal verbreitetes Syndrom. Es ist ein Syndrom mit hoher Ansteckungsgefahr. Wir müssen auf diesem zunehmend überfüllten Planeten ein Gleichgewicht erst noch finden. Das Bedürfnis nach Heimat ist stark und legitim. Fast alle Menschen brauchen eine Ortsbindung. Etwas anderes ist der ethnozentrische Gruppenegoismus, der sagt: »Wir sind hier die Herren im Haus.« Das schließt das andere als solches aus – und damit eben auch andere Menschen.

Fatal an diesem chronischen Ausgrenzungsreflex ist, dass die Abschottung kurzfristig nützlich sein mag, langfristig aber destruktiv auf die eigene Gruppe zurückwirkt. Wer nur sich selbst im Mittelpunkt der Welt sieht, koppelt sich von der sozialen Evolution ab. Gruppen, die sich einigeln, sind im Zeitalter globalen Austauschs nicht überlebensfähig. Wir leben auf einer Welt, die eine Kugel ist. Ständig reden wir von Globalisierung, vergessen aber nur zu oft, dass es auf einer Kugeloberfläche keinen Mittelpunkt gibt.

Da guckst du!
Überall verständliche Emotionen

Während auf der anderen Seite des Globus die alte Weltordnung ihrem Ende entgegengeht, suchen die Leahy-Brüder 1933 im Hochland von Neuguinea nach Gold. Von der Ostküste aus sind sie die waldigen Berge hinaufgestiegen. Ihr Ziel ist das Mount-Hagen-Massiv im Inneren. Das Klima ist extrem anstrengend, und auf schlammigen Wegen kommen die australischen Männer mit ihren Trägern nur mühsam voran. Neuguinea gilt als das Eldorado des Pazifiks. Deshalb sind sie nicht die Einzigen, die in dem völlig unbekannten Terrain nach einem Gebiet forschen, das Goldgewinnung im großen Maßstab verspricht. Alle Goldsucher haben der fremden Umwelt ihren Tribut gezollt. Viele mussten aufgeben und nach Australien zurückkehren, andere sind verunglückt oder an Tropenkrankheiten gestorben. Aber die Leahys sind harte Burschen und seit langem im Geschäft. Und es sind stolze Männer. Sie machen Fotos von sich. Michael, der Älteste und ihr Anführer, stemmt die Arme in die Hüften und stellt sich mit Tropenhut und Buschhemd mit aufgekrempelten Ärmeln in Positur.

Die Männer kommen von einem Kontinent, der als unbewohnt galt, als die Europäer ihn entdeckten. Deshalb nannten sie Australien »leere Erde«: *Terra Nullius*. Lange galt auch Neuguinea als unbewohnt. Aber die Leahys wissen, dass in anderen Teilen des Archipels Menschen leben. Sogar ziemlich viele. In

Hunderten von Tälern betreiben sie, weitgehend voneinander isoliert, wie ihre Vorfahren seit 9000 Jahren Landwirtschaft. Kein Wunder, dass es Hunderte von Sprachen gibt. Das Landesinnere um den Mount Hagen halten sie jedoch für menschenleer – bis einer der Brüder an einem Berghang Menschen entdeckt. Es sind Männer, das sehen sie schon von weitem. Die Leute sind nämlich fast nackt.

Ansteckendes Lachen

Das unvorhergesehene Treffen elektrisiert die erschöpften Goldsucher. Für kurze Zeit vergessen sie ihr Gold und nähern sich langsam den fremden Männern. Die wirken vollkommen verblüfft, ja erschüttert. Einige drehen sich weg, andere rennen fort, schließlich kommen sie ihnen aber ebenfalls vorsichtig entgegen. Einer der Leahys sagt »Hello« und erhält eine unverständliche Antwort. Offensichtlich ist das *Pidgin*-Englisch, das in anderen Teilen der Insel bereits gesprochen wird, nicht bis hierhin vorgedrungen. Dennoch entwickelt sich ein erstes Gespräch. Jedenfalls etwas Vergleichbares. Man verständigt sich jenseits der Worte. Zwar reden alle. Aber keiner versteht die Sprache des anderen. Trotzdem tauschen sie sich lebendig aus. Einer der Goldsucher streckt die Hand zum Gruß aus. Ein Papua-Junge weicht etwas zurück. Andere halten die Hände an ihre Brust. Daniel lächelt, ein Papua lächelt zurück. Lächeln ist das Öl im Getriebe der Geselligkeit.

Die fast nackten Männer interessieren sich für die seltsamen Werkzeuge der Australier, auch deren Gewehre. Sie wundern sich offensichtlich über deren Kleidung. Um ein Haar fassen sie die Goldsucher an, schrecken dann aber zurück. Die Leahys kratzen sich erstaunt am Kopf. Einige der Papua knabbern an

Da guckst du!

den Fingernägeln. Dauernd kichern sie und halten sich die Hand vors Gesicht. Sie legen den Arm auf die Schulter eines anderen Papua. Die Leute erscheinen den Goldsuchern schüchtern. Aber es wird auch gelacht. Michael macht Fotos von diesem seltsamen Aufeinandertreffen der Kulturen.

Diese Männer sind nicht etwa Mitglieder einer kleinen Gruppe. Nach und nach bemerken die Goldsucher, dass das Gebiet dicht besiedelt ist. Statt der erwarteten unbewohnten Gebirgskämme finden sie eine Vielzahl flacher Täler, in denen Menschen leben. Erst durch mehrere Expeditionen in den nächsten vier Jahren wird der Welt klar, dass in diesem »menschenleeren« Gebiet mehrere Hundert Ethnien leben, insgesamt über eine Million Menschen. Das wissen auch die Bewohner im Landesinneren nicht, denn jeder kennt nur sein Tal.

In der noch nicht im heutigen Maßstab globalisierten Welt kam es zuweilen vor, dass – zumindest aus westlicher Sicht – unbekannte Völker oder Kulturen »entdeckt« wurden. Solchen »Erstkontakten« haftet seit dem Zeitalter der Entdeckungsreisen eine magische Aura an. Sie sind fester Bestandteil von Berichten der Boulevardpresse und der pop-ethnologischen Literatur, denn sie faszinieren jeden. Entsprechende Meldungen tauchen bis heute immer wieder in den Medien auf. Tatsächlich handelt es sich dabei meist um Presseenten. Da wollen sich Einzelne wichtigmachen und übertreiben ihre Begegnung mit scheuen Menschen, die ihnen primitiv vorkommen. Manches »unentdeckte« Volk wird schlicht erfunden. Seit den 1970er Jahren gibt es keine noch zu entdeckenden Völker auf diesem Globus. In Neuguinea spätestens, seit das Land 1975 unabhängig wurde.

Überall verständliche Emotionen

First Contact

Zwei Kulturen treffen aufeinander, die unterschiedlicher kaum sein könnten: Menschen einer einfachen bäuerlichen Kultur, die bisher nur Kontakt zu ihresgleichen hatten, und Angehörige der sogenannten zivilisierten Welt. Welten trennen sie, ähnlich wie beim »Erstkontakt« in der Fantasiewelt der Science-Fiction. Dort bezeichnet das Wort die erste Begegnung zweier interstellarer Spezies oder Kulturen. Die Goldsucher und die Papua waren einander so fremd wie Vulkanier und Menschen bei »Raumschiff Enterprise«. Dennoch sind die beiden Kulturen nicht einfach nur aufeinandergeprallt. Statt zu kollidieren, haben sich die Gruppen ausgetauscht. Wie viel haben sie wohl vom anderen verstanden?

Die Australier Bob Connolly und Robin Anderson drehten über diese Begegnung 1983 einen faszinierenden Dokumentarfilm: »First Contact«. Sie waren auf die Fotos von Michael Leahy gestoßen, der in vier Jahren Tausende von Aufnahmen gemacht und auch einige Filme gedreht hatte. Es gab sogar ein paar Zelluloidstreifen von der allerersten Begegnung. Einige der Goldsucher hatten Tagebuch geführt. All das hatte man 50 Jahre lang vergessen. Connolly und Anderson waren begeistert und gingen auf die Suche nach Beteiligten der denkwürdigen Begebenheit. Sie fanden tatsächlich überlebende Goldsucher in Australien, Zeitzeugen unter den Hochlandpapua und bei den Küstenbewohnern, die als Träger für die Expedition gearbeitet hatten. Sie führten Interviews und recherchierten intensiv über diese frühe Periode in Neuguinea. Herausgekommen ist ein faszinierendes Porträt der Perspektiven beider Seiten.

Einige der Papua waren mittlerweile respektierte Dorfälteste in ihrer Siedlung. Sie konnten sich noch bestens an die Begeg-

Da guckst du!

nung erinnern, weil sie dachten, ihr letztes Stündlein habe geschlagen. Nicht etwa, weil sie glaubten, die Goldsucher seien Feinde. Eine solche Erfahrung von Fremdheit war in ihrem Weltbild gar nicht vorgesehen. Sie erzählten einhellig, dass sie die Goldsucher für zurückgekehrte Vorfahren hielten und dachten, sie kämen aus dem Totenreich im Osten. Oder, schlimmer noch, sie seien vom Himmel herabgestiegene Geister. Auf jeden Fall stufte man sie als gefährliche Wesen ein und sagte sich: »Auf keinen Fall anfassen!« Keine Angst hatte man dagegen vor den Flinten: »Wir dachten, die Gewehre wären nur dazu da, Schweine zu erlegen und Vögel zu schießen. Wir wussten nicht, dass man damit auch Menschen töten kann.« Im Rückblick amüsiert, berichteten die Papua von anderen Verwirrungen und Missverständnissen. So dachten sie, die merkwürdige Kleidung der Goldsucher schütze vor Krankheit.

In den Interviews mit den Leahy-Brüdern wird klar, dass diese anfangs von den Papua ziemlich fasziniert waren. Sie wunderten sich, dass diese »Primitiven« einen so effizienten Anbau betrieben, ausgefeilte Bewässerungssysteme hatten und komplizierte Brücken bauten. Aber die Brüder haben nichts unternommen, um deren Kultur zu verstehen. Sie fanden die fast nackten Typen lustig, kindlich und zurückgeblieben. Die australischen Eindringlinge blieben in den damaligen Vorstellungen von »primitiven Kulturen« befangen. Erwachsene Träger von der Küste wurden von ihnen als »Jungs« bezeichnet, die Menschen im Inneren als »Buschkanaken«. Man hielt sie für diebisch und sah sie als Wilde, als Reste früherer Menschenformen oder »niederer Rassen«, die ohnehin bald aussterben würden.

Die Goldsucher hatten ein cleveres Gespür, dass man die Papua gut ausnutzen könnte. Insofern war diese Situation eine Kopie der klassischen kolonialen Situation des ersten Kontaktes: Menschen aus einer dominanten Kultur begegnen einer anderen. Welten prallen aufeinander. Nach kurzem Abtasten halten die Dominanten die anderen für primitiv. Da enden gegenseitige Missverständnisse schnell in Gewalt. Dann beuten die Mächtigeren die weniger Starken aus.

Außer den Goldsuchern, ihren Trägern und den Hochlandpapua spielten bald noch andere Menschen eine Rolle. Nach den Schatzgräbern kamen die Seelenfänger. Missionare versuchten, die Menschen von ihrem tradierten Glauben abzubringen, und brachten ihnen Kleider. Puritanische Lutheraner wollten ihnen das viele Singen und Tanzen abgewöhnen. Die Siebenten-Tags-Adventisten predigten ihnen, Ziegen- statt Schweinefleisch zu essen. Ihnen war egal, dass sich die ganze Kultur der Hochländer um Schweine dreht. Die Hochlandleute handeln, denken und träumen in Schweinen. Als der Staat unabhängig wurde, versuchten Lokalpolitiker Recht und Ordnung durchzusetzen und den Papua ihre traditionellen Scharmützel gegen Nachbarn abzugewöhnen. Das alles hat die lokale Kultur nachhaltig geschädigt.

Der Film lebt davon, dass sich diese wildfremden Menschen einerseits verstehen, es andererseits jedoch immer wieder zu grundlegenden Missverständnissen kommt. Die Papua konnten mit der Wirtschaft der Weißen nichts anfangen. In ihrer eigenen Ökonomie ging es nicht um die Ansammlung von Gütern. Das Ziel war eher gegenseitiger Tausch und das Sammeln von Prestige. Das wiederum verstanden die Goldprospektoren nicht. Die Expeditionen brauchten Proviant, und den bekamen sie von den ansässigen Bauern. Sie sahen, dass die Papua Muschelschalen extrem schätzten. Also brachten sie ihnen ganze Wagenladungen davon. Das aber hob deren Seltenheitswert auf und brachte die Basis der lokalen Wirtschaft ins Schwanken.

Getrieben von der Gier nach schnellem Reichtum, erschossen die Goldsucher kurzerhand Papuas, wenn sich die traditionellen Krieger ihnen in den Weg stellten. Der Kulturkontakt wurde zu einem Kulturkonflikt, der bis heute andauert. Die Gesten hatten eine elementare Verständigung möglich gemacht. Mehr nicht. Ein gegenseitiges Verstehen war nicht zustande gekommen.

Alles nur Kultur?

Die Ereignisse scheinen die gängige Schulweisheit zu bestätigen: »Andere Länder, andere Sitten.« Kulturen werden vor allem als unterschiedlich wahrgenommen, und zwar schon lange vor den Sitten: bei ganz einfacher Kommunikation. Menschen aus verschiedenen Gesellschaften drücken ihre Gefühle jedenfalls unterschiedlich aus. Sie kommunizieren mit anderen Symbolen. Wer weiß, ob sie nicht sogar anders fühlen!

Jeder Toskana-Reisende kennt die Geste der erhobenen Hand mit den nach oben zusammengelegten Fingern, die schnell hin und her bewegt wird, wenn der Italiener vom Gorgonzola oder *vino* schwärmt. Diese Geste gibt es nur in Italien und hierzulande nur in der Pizzeria. Klassisch sind die Missverständnisse bei solchen Gesten. Generationen von Rucksacktouristen haben sich in Griechenland nicht getraut, in haltende Busse einzusteigen, weil sie das hektische Winken des Fahrers als Verscheuchen empfunden haben. Die Busse fuhren ohne sie ab, und als nach stundenlangem Warten endlich der nächste Bus kam, ging das Spiel von vorne los.

Unterschiede scheint es selbst bei etwas so Grundlegendem wie Zustimmung oder Ablehnung zu geben. Mitteleuropäische Ja-Sager nicken mit dem Kopf. Kopfschütteln zeigt oder begleitet ein »Nein«. Griechen und Bulgaren werfen dagegen den

Kopf hoch, wenn sie »Nein« sagen. Dazu heben sie vielleicht noch beide Hände und verschließen die Augen. Ganz zu schweigen von den Indern, die den Kopf beim Ja-Sagen nicht auf und ab bewegen, sondern hin und her schaukeln. Diese für uns lustige Wackelei ist in jedem Bollywoodfilm zu bestaunen. Die Verschiedenartigkeit der Kulturen zeigt sich schon in diesen elementaren Gesten – so steht es in den gebildeten Reiseratgebern für Traveller und den beredten Kulturknigges für Geschäftsleute. Aber stimmt es auch?

Wulf Schiefenhövel, Verhaltensforscher und gleichzeitig bekennender Fan exotischer Lebensweisen, hat genauer hingeschaut, und seine Befunde sagen uns etwas anderes. Zunächst gibt es keine Kultur, die vollkommen abweichende Signale verwendet. Man könnte für ein »Ja« rein theoretisch auch den Kopf einziehen oder ausstrecken oder die Hand auf die Stirn legen. Tatsächlich ist das »Ja« aber fast überall ein Nicken nach vorne. Verhaltensforscher sehen darin eine Weiterentwicklung der Demutsgeste, die wir von vielen Säugetieren kennen. Wir sind schließlich auch Säugetiere. Beim Nicken machen wir uns kleiner und zeigen uns verletzlich. Als Gegenstück zum überheblichen oder herrischen Kopfheben beugen wir uns im übertragenen wie im wörtlichen Sinn. Und das wird mehrfach wiederholt, wie beim Kopfschütteln. Das Wackel-Wackel-Ja der Inder ist nicht etwa unserer Nein-Geste gleichzusetzen. Es ist kein Kopfschütteln. Es signalisiert eher ein Abwägen: »Du könntest recht haben.«

Bei genauem Hinsehen ist auch die verneinende Geste der Griechen nicht völlig anders als unsere. Sie nicken schließlich nicht zum »Nein«. Die Verneinung ähnelt sich überall darin, dass das Gesicht vom Gesprächspartner mehrmals weg- und wieder hingelenkt wird. Schon Säuglinge drehen den Kopf weg von etwas, was sie nicht mögen. Augen und Nase werden abgewandt von dem, was Abwehr auslöst. In der Kommunikation müssen die entscheidenden Signale besonders deutlich sein, damit sie im ständigen Trommelfeuer der Mimik bemerkt werden. Also macht man die Bewegung mehrmals. Oder man macht größere und damit deutlichere Bewegungen. Das Nicken des Griechen ist kein Nicken nach vorne, sondern nach hinten. Außerdem schließen die Griechen dabei meist kurz die Augen. Bei einem starken Nein werfen sie den Kopf nach hinten, schließen die Augen und werfen die Arme nach hinten: All das sind Bewegungen weg vom Redepartner. Für Missverständnisse bleibt da wenig Raum.

Bis in die 1960er Jahre dominierte in der Psychologie und Pädagogik die Ansicht, Verhalten sei im Wesentlichen erlernt. Die Ethnologen waren nur an Unterschieden interessiert, Analogien zwischen den Kulturen wurden komplett verneint. Für fast alle Wissenschaftler stand fest, dass die Menschen das Mienenspiel und die Deutung der Mimik in ihren Kulturen lernen. Für alle schien auch klar, dass sie dabei zu ganz verschiedenen Ergebnissen kommen. Die Suche nach einem gemeinsamen Repertoire menschlicher Gefühlsmimik schien abwegig. Die Kulturen mit ihrer jeweils sehr besonderen Erziehung galten als dominant gegenüber etwaigen angeborenen Mustern. Die herrschende Grundüberzeugung: Bei Begegnungen zwischen Menschen verschiedener Kulturen liest jeder nur das heraus, was er aus seinem eigenen Umfeld kennt. Deshalb kommt es zwangsläufig zu Missverständnissen.

Der erste Schlag gegen diese Deutung war die Entdeckung des Augengrußes. Der deutsche Verhaltensforscher Irenäus Eibl-Eibesfeldt wies in den 1960ern nach, dass Menschen für einen Sekundenbruchteil die Augenbrauen heben, wenn sie anderen danken, ihnen zustimmen oder Einverständnis signalisieren. So sagt man überall »Ja« zum sozialen Kontakt. Verliebte machen es beim Flirten. Menschen tun es, wenn sie mit einem Kind schäkern. Das Augenheben geht so fix, dass keiner das selbst bemerkt. Zum Nachweis des Augengrußes braucht man Kameras und Zeitlupenaufnahmen. Eibl-Eibesfeldt, der bis ins hohe Alter dynamische Tausendsassa, filmte in Kulturen rund um den Globus und zeigte, dass sich Menschen in ganz verschiedenen Kulturen so verhalten. Eibl zeigte auch kleine kulturelle Unterschiede, aber das Grundmuster ist universal.

Ebenfalls in den 1960er Jahren hatte Eibl eine noch grundlegendere Entdeckung gemacht. Auch Kinder, die taubblind geboren wurden, also seit ihrer Geburt in ewiger Nacht und Stille leben, zeigen das ganze Spektrum der Mimik, obwohl sie es ja nie gesehen und erlernt haben können. Sie beißen sich vor Ärger in die Hand, sie weinen und sie lächeln. Diese Befunde deuten klar auf angeborene Mimikprogramme hin. Eibl ist ein streitbarer Forscher, der keine Auseinandersetzung scheut. Er geht davon aus, dass sehr viel am menschlichen Verhalten angeboren ist. Unbeeindruckt von modischer Wissenschaft spricht er bis heute von »Instinkten« beim Menschen. Beim kulturrelativistischen Establishment macht er sich damit so wenig Freunde wie sein berühmter Lehrer Konrad Lorenz.

Gefühle lesen

Nach diesen Befunden will es einer genau wissen: Paul Ekman. Der amerikanische Psychologe erforscht Gefühle und ihren Ausdruck im Gesicht mittlerweile seit über 40 Jahren. Schon als Kind wird er schmerzlich mit seinem Lebensthema konfrontiert. Sein Vater schlägt öfters zu, und seine Muter nimmt sich das Leben, als Paul 14 ist. Der Junge versucht, Angst, Trauer und andere Emotionen zu verstehen. Schon mit 15 schreibt er

Da guckst du!

sich an der *University of Chicago* ein. Er setzt sich mit der Psychoanalyse auseinander und wird schließlich Therapeut. In den 1960er Jahren beginnt er, sich mit dem Gefühlsausdruck gesunder Menschen zu beschäftigen, um seinen Patienten besser helfen zu können. Ganz selbstverständlich geht er von der Standardmeinung aus, dass Gesichtsausdrücke rein kulturell geprägt sind. Er wundert sich allerdings, dass niemand das bis dahin kulturübergreifend nachgewiesen hat, und beschließt, der Sache auf den Grund zu gehen.

Ekman kommt auf eine so einfache wie geniale Idee: Er macht Fotos von Menschen, die ein Grundgefühl wie Trauer oder Furcht ausdrücken. Dafür bittet er Schauspieler, jeweils eine bestimmte Emotion darzustellen. Mit den Fotos im Koffer bereist er viele Länder. Er zeigt die fotografierten Gesichter in den USA, Chile, Argentinien, Japan und befragt die Leute, was die Person auf dem Bild gerade fühlt. Schnell zeigt sich, dass die Menschen die Emotionen mühelos richtig zuordnen und überall gleich bewerten. Glück, Angst, Überraschung, Ärger, Trauer und Ekel sind deutliche Kategorien. Ekman wird langsam unsicher, ob die These vom rein kulturgeformten Gefühlsausdruck so unangefochten stimmt. Er überlegt, ob Emotionsausdrücke angeboren sind. Schließlich veröffentlicht er seine Befunde und Thesen.

Die Kollegen im Psychologie-Department laufen Sturm. Das kulturrelativistische Establishment der Ethnologie steht kopf, und die mächtige Margaret Mead bezeichnet seine Aussagen als kompletten Unsinn. Es ist die Hochphase des Streits Anlage gegen Umwelt, *nature versus nurture*. Zwischentöne sind nicht gefragt. Die Kritiker stürzen sich auf seine Publikationen und filetieren seine Befunde mit Genuss. Sind Emotionswörter überhaupt übersetzbar? Haben die Menschen die Bedeutung der gezeigten Gesichtsausdrücke vielleicht aus den weltweit beliebten

Hollywoodstreifen gelernt? Hat der Wissenschaftler nicht die viel wichtigeren kulturspezifischen Gefühle übersehen? Ekman stellt sich solche Fragen selbst. Im Unterschied zu den Kritikern verwechselt er Biologie aber nicht mit Rassismus. Er ist ein streitbarer Mensch und fühlt sich herausgefordert. Er will die Probe aufs Exempel machen. Sein Plan: Er will Kulturen untersuchen, die keinen oder noch wenig Kontakt mit dem Westen haben. Ihr Verständnis von Mimik kann nicht durch moderne Filme oder westliches Fernsehen beeinflusst sein.

Wir Empathieweltmeister

1967 findet Ekman »seine« Kultur fernab jeglicher Zivilisation. Es sind die Fore, Bauern im südöstlichen Bergland Neuguineas auf knapp 2500 Meter Höhe. Bis zum Zweiten Weltkrieg hatten sie keinerlei Kontakt zur Außenwelt, danach nur zu Missionsschulen. Es führen keine Straßen zu ihnen, und sie kennen keine Schrift. Im Gegenzug beherrscht Ekman ihre Sprache nicht, so dass er anfangs nur mit den kleinen Jungs radebrechen kann, die auf der Schule etwas *Pidgin*-Englisch gelernt haben. Im Hochland angekommen, muss sich der amerikanische Wissenschaftler an das feuchte Klima und die sehr unamerikanische Kultur gewöhnen. In den ersten Tagen fällt ihm auf, wie viel Körperkontakt die Fore miteinander haben. Erwachsene Männer halten Händchen, was in den USA undenkbar wäre. Er braucht aber nicht lange, bis ihm klar wird, dass die Fore ansonsten ihre Gefühle ganz in der auch ihm gewohnten Weise ausdrücken.

Er macht Fotoserien von spielenden Kindern. Sie zeigen die bekannte Mimik: Fratzenschneiden, interessierte Blicke, Langeweile. Eines Tages ist Ekman müde, hungrig und hat Heimweh. Er öffnet eine sorgsam gehütete Dose Corned Beef. Die ewigen

Da guckst du!

Yamswurzeln hat er gründlich über. Er löffelt mit Genuss. Essen ist Heimat. Ein alter Mann sieht ihm zu und rümpft die Nase, ohne etwas zu sagen. Paul braucht ihn nicht zu fragen, was er fühlt: Ekel. Stinkendes Fleisch aus der Dose, für einen Fore eine abscheuliche Vorstellung!

Auch im Hochland Neuguineas hat Ekman wieder Fotos in seinem Feldkoffer. Menschen in aller Welt finden Fotos spannend. Und im Widerspruch zu dem, was Ethnologen früher behauptet haben, kann jeder sie sofort interpretieren. Überall erzeugen sie Interesse, und die Menschen fragen nach. Vor allem wollen Menschen in allen Kulturen Bilder anschauen, auf denen Personen zu sehen sind. Wenn ich in Indonesien bin, habe ich selbstverständlich Fotos von Deutschland, Köln, meinen Eltern und Freunden im Koffer. Bilder der Familie und der Freunde stoßen immer und überall auf Nachfrage. Darauf stürzen sich alle. Sie werden mir aus den Händen gerissen, und jeder will auch eins behalten. Die einzige Lösung ist, von einzelnen Bildern viele Abzüge dabeizuhaben.

Ekman hat für diese Reise seinen »Musterkoffer« erweitert. Es sind nicht nur Bilder von Menschen aus westlichen Ländern und Ostasien dabei, die Gefühle zeigen. Zusätzlich hat er aus Filmen, die Kollegen bei den Fore gedreht haben, Gesichter herauskopiert und aufgezogen – für den Fall, dass die Fore Schwierigkeiten haben, die Gesichter von Weißen oder Asiaten zu deuten. Diesmal wendet er auch eine etwas andere Methode an. Er legt jeweils ein Bild mit einem Gesicht hin und bittet seine Probanden, dazu eine passende Geschichte zu erzählen. Resultat: Die Gefühle werden fast alle so gedeutet, wie sie gemeint waren. Nur bei der Furcht und der Überraschung fiel den Fore die Unterscheidung und Zuordnung schwerer als Amerikanern.

Westliche Befragungsmethoden erzeugen in anderen Kulturen oft künstliche Situationen oder Missverständnisse. Fragebogen werden willig ausgefüllt, aber der Inhalt ist den Leuten eher egal. Ein formales Interview erscheint vielen Menschen als Intelligenztest. Das führt oft zu falschen Ergebnissen. Ekman überlegt sich, wie man seine Fotomethode noch besser an die Kultur anpassen kann. Nach einiger Zeit bei den Fore kennt er typische Lebenssituationen und gängige Lebensprobleme. Wie bei den Eipo jenseits der Grenze zu Indonesien dreht sich ihr Leben um Landwirtschaft und vor allem um die Schweine. Außerdem ist ihm aufgefallen, wie oft Kinder begraben werden müssen. Also legt er jetzt eine ganze Palette von Gefühlsbildern hin und fragt: »Welches Foto zeigt einen Menschen, dessen Kind gerade gestorben ist?« Oder: »Wer ist hier der, der gerade ein verwesendes Wildschwein sieht?« Fazit: keine Unterschiede zu Chicago oder sonst wo in der Welt.

Welche Rolle spielt also die Kultur? Die Gesellschaft sagt uns, mit welchem Gefühl wir reagieren sollten. Die Erziehung sagt uns, ob wir unsere Gefühle zeigen sollen oder nicht. So heißt es in vielen Kulturen: »Männer weinen nicht.« Ekman und andere Psychologen haben in allen Details gleiche Situationen mit japanischen Versuchspersonen wiederholt: Einmal waren sie allein, das andere Mal waren andere Menschen dabei. Das Ergebnis: Die Japaner zeigten Gefühle, etwa Stress oder den Ärger bei langem Warten, nur, wenn sie allein waren und sich unbeobachtet fühlten. Unsere jeweilige Kultur sagt uns, welche Situationen für das offene Zeigen von Gefühlen passend sind.

Uns Menschen sind die Gefühle also einerseits ins Gesicht geschrieben, andererseits sind wir auch alle Schauspieler. Ekman spricht deshalb von »Darstellungsregeln«, bei denen die Unterscheidung von Privatsphäre und Öffentlichkeit die zentrale Rolle spielt. Und diese Grenze ist von Kultur zu Kultur sehr verschieden. Psychologen sagen uns, dass die Frage, ob Menschen Gefühle zeigen oder nicht, abhängig ist von der sozialen Situation. Eine halbernste Drohung wie »Lach jetzt bloß nicht!« zeigt, dass man Emotionen verbergen kann, auch wenn's manchmal schwerfällt. Die Gefühle selbst sind dagegen universal, und die Kulturen haben größte Mühe, sie im Zaum zu halten. Fast niemand ist fähig, seine Gefühle komplett zu verstecken. Wer erinnert sich nicht an die gereizte Ermahnung einer Autoritätsperson: »Hör auf zu grinsen, wenn ich mit dir rede!«

Lach jetzt bloß nicht!

Paul Ekman stellt seine Befunde 1969 auf der großen Tagung der American Anthropological Association vor, unter Ethnologen kurz *Triple A*, und stößt auf eine Mauer des Widerstands. Dass jede Kultur ihre Präsentationsregeln für Gefühle hat, reicht den Kollegen nicht. Der biologisch-universale Anteil ist ihnen zu hoch, die alten Einwände werden wiederholt, und neue kommen dazu. Das Ergebnis sei nicht hieb- und stichfest, weil die Fotos die Aufmerksamkeit stärker auf das Gesicht lenkten als im täglichen Leben üblich, weil die Bilder gestellt seien, weil die Schauspieler den Ausdruck übertrieben deutlich machten. Die Kollegen stellen vertrackte Fragen: Ist Ekman sicher, dass die Befragten mit dem Wort »glücklich« dasselbe gemeint haben wie er?

Der Emotionsforscher überlegt sich, wie er die Einwände zerstreuen kann. Ideal wäre ein Ethnologe aus dem relativistischen Lager, der eine nichtwestliche Kultur genau untersucht hat. Isolierte Kulturen sind bereits Ende der 1960er Jahre Mangelware, aber das Glück will es, dass Karl Heider gerade von seiner Feldforschung bei den Dani zurückkehrt. Sie leben weitgehend isoliert im Grenzgebiet zwischen Papua-Neuguinea und Indonesien. Heider ist Sprachspezialist und hängt der domi-

Überall verständliche Emotionen

nanten kulturrelativistischen Strömung der Ethnologie an. Von Ekmans Thesen hält er nichts. Er sagt ihm erst einmal klipp und klar, dass seine Dani gar keine Wörter für Emotionen haben. Aber Ekman lässt nicht locker und zeigt ihm sein über viele Jahre zusammengetragenes Material. Er schafft es, Heider zu überreden, dass dieser während seines nächsten Aufenthalts bei den Dani Fotointerviews macht. Er bringt ihm die Methode bei und zeigt ihm, wie man verhindert, dass die Befragten ahnen, welche Antwort man erwartet. Monate später geht Heider wieder ins Feld – und bestätigt Ekmans Befunde bis in die Details.

Glück, Zorn, Überraschung, Furcht, Trauer und Ekel. Diese sechs Emotionen gib es in allen Kulturen der Welt. Alle Menschen fühlen grundsätzlich gleich; diese grundlegenden Emotionen finden sich in allen Gesellschaften. Und diese Gefühlsregungen zeigen sich in Gesichtsausdrücken, die sich rund um den Globus gleichen. Worüber man sich beispielsweise ekelt, ist zwar zum Teil kulturell bedingt und sogar persönlich sehr verschieden. Was in einem Teil der Welt Grundnahrung ist, ruft woanders Abscheu hervor, mir wird schon bei der Vorstellung von Kutteln oder tibetischem Buttertee übel. Aber der Ausdruck ist überall gleich: Menschen, die sich ekeln, ziehen die Nase kraus. Wer sich über sein Glück freut, lächelt. Wer überrascht ist, hebt die Augenbrauen, öffnet den Mund und lässt die sprichwörtliche Kinnlade nach unten klappen. Wer zornig ist, kneift die Augenbrauen zusammen, senkt die Mundwinkel, beißt die Zähne zusammen und presst die Lippen aufeinander. Ob in Tokio, Toronto oder Timbuktu, diese Gesichtsausdrücke werden überall verstanden.

Ekmans Grundbefunde sind heute weitgehend akzeptiert, aber seine Thesen werden weiterhin kontrovers diskutiert. Dabei ist er kein blauäugiger Universalist, sondern sieht durchaus den Einfluss der Erziehung. Ekman will auch die Unterschiede im Empfinden zwischen einzelnen Personen nicht wegdiskutieren, die jeder Mensch aus engen Beziehungen kennt.»Wir alle erleben dieselben Emotionen, aber wir alle erleben sie anders. Unsere individuellen Unterschiede kreisen um dieselben Aspekte«, schreibt er in seinem jüngst erschienenen Buch. Ekman geht es vor allem um den Ausdruck und viel weniger um die Ursachen von Gefühlen. Und er ist überzeugt, dass uns unsere Gefühle nicht nur ins Gesicht geschrieben sind, sondern dass sie sich tatsächlich weitgehend dort widerspiegeln und weniger im Körper.

Es gibt aber Emotionen, für die kein klarer Gesichtsausdruck gefunden wurde: Eifersucht, Neid, Scham, Schuld und Mitleid. Einige dieser Emotionen sind ebenfalls universal, etwa Eifersucht. Dennoch kennen wir keinen gemeinsamen Ausdruck. Das heißt aber nicht, dass sie unwesentlich sind. Die Frage ist nicht ganz von der Hand zu weisen, ob die sechs von Ekman aufgeführten Gefühlsausdrücke nur eine Auswahl der sozial bedeutsamsten Emotionen darstellen. Vielleicht spiegeln sich in unserem Gesicht nur jene Gefühle, die für den Sozialpartner besonders prägnant gezeigt werden müssen. Vielleicht ist dies das Ergebnis einer langen Ko-Evolution zwischen Sender und Empfänger. Dann sind diese Grundemotionen aber gerade für die praktische Verständigung zwischen Kulturen entscheidend.

Gesamtkunstwerk Gesicht

Wie so oft war Darwin auch in dieser Frage seiner Zeit voraus. 1872, gut 100 Jahre vor Ekmans Studien, erschien sein Werk, das in deutscher Übersetzung *Der Ausdruck der Gemüthsbewegungen bei dem Menschen und den Thieren* hieß. Um Informa-

Überall verständliche Emotionen

tionen über Mimik zusammenzutragen, hatte er Fragebögen an Missionare und Forschungsreisende in allen Ecken der Welt geschickt. Er stellte dort Fragen wie: »Wird Erstaunen gezeigt, indem Augen und Mund weit geöffnet und dabei die Augenbrauen hochgezogen werden?« Von Hunderten verschickter Fragebogen kamen nur 16 beantwortet zurück. Die Post war damals langsam und unsicher. Darwin wollte nicht länger warten, er ergänzte die schwache Datenbasis durch eigene Studien. Und er war er ein genauer Beobachter. Über jedes seiner Kinder schrieb er eine Art Logbuch, in dem er ihre Entwicklung protokollierte.

Wenn sich Menschen schämen, konstatierte er, dann erröten sie. In keiner Kultur werden sie blass. Blass wird man vor Schreck. Menschen, die sich konzentrieren, schürzen häufig die Lippen. Der Mensch ist ein besonderes Tier, deshalb sind auch seine Gefühle aus der Natur abzuleiten und nicht gottgegeben. In seinem Werk kommt Darwin zu dem Schluss, dass die Mimik der Gefühle quer durch die Kulturen dieselbe und angeboren ist. Seine für die damalige Zeit erstaunlich völkerverbindende These: Einige, wenn auch längst nicht alle Gefühlsausdrücke sind unabhängig vom Willen und von kulturellen Gewohnheiten. Freude ist Freude, Angst ist Angst.

Ekman wollte ursprünglich zeigen, dass alle wichtigen Ausdrucksformen von der kulturellen Umwelt geprägt sind. Er hatte Anfang der 1960er Jahre zwar von Darwins Thesen gehört, dessen in Vergessenheit geratenes Buch gerade wiederentdeckt worden war. Er glaubte aber Darwins Thesen nicht. Die Wirklichkeit in Neuguinea und anderswo hat ihn dann eines Besseren belehrt. Danach las er Darwin sehr genau. Später betreute er sogar eine kritische Neuausgabe des Werks. Die Darwin-Lektüre brachte Ekman auf eine neue Spur. Darwin selbst hatte die Schriften des Franzosen Duchenne du Boulogne zitiert, der zehn Jahre zuvor mit einem Landstreicher etwas makabre, aber aufschlussreiche Versuche gemacht hatte. Mit leichten Stromstößen löste er spezifische Gesichtsausdrücke aus. Er zeigte damit, dass es ein ganzes Arsenal von Muskeln für die Mimik gibt. Natürliches und bewusst aufgesetztes Lächeln werden durch unterschiedliche Muskeln bewirkt. Das menschliche Gesicht entpuppte sich als hyperkomplexes Gesamtkunstwerk.

Zurück aus Neuguinea, setzte Ekman zusammen mit seinem Kollegen Wally Friesen genau da an. Die beiden entwickelten ein detailliertes System, um Gesichter zu beschreiben. Das Resultat ist das *Facial Action Coding System*, eine Art Gesichteratlas mit vielen Hundert Porträtfotos, der 1978 erschien. Die Basis ist eine Riesenauswahl kombiniert aus gestellten und im realen Leben gemachten Bildern. Ekman und Friesen zeigen, dass jede Gesichtsbewegung von speziellen Muskeln durchgeführt wird. Daraus definieren sie »Aktionseinheiten«. Alle gesunden Menschen können 44 solcher Einheiten produzieren und nach Meinung der beiden Gesichtskartografen damit eine Palette von 10 000 unterschiedlichen Gesichtern hervorbringen.

Um die 3000 Ausdrücke haben einen erkennbar emotionalen Hintergrund, die anderen bedeuten nichts. Viele sind kulturspezifisch, einige gelten überall. Angst sieht überall gleich aus, selbst wenn sie verschiedene Ursachen hat. Glückliche Menschen kombinieren die Aktionseinheiten Nr. 6 und Nr. 12. Sie zeigen ein echtes Lächeln. Dieses unterscheidet sich klar von den sage und schreibe 17 anderen Varianten des Lächelns, die Ekman und Friesen auflisten. Das Besondere ist das Senken der äußeren Partie der Augenbrauen. Die Augen »lachen mit«, wie man sagt. Man nennt es nach dem französischen Experimentator das »Duchenne-Lächeln«. Als Zeichen der Minimalsympathie beggnen wir ihm in jeder Kultur. Kein Wunder, dass der Gesichtsatlas auf großes Interesse stößt. Schauspieler leihen

Überall verständliche Emotionen

sich den Folianten aus, Werbeagenturen ordern ihn. Die Firma *Pixar* benutzt den Atlas 1995 für »Toy Story«, den ersten abendfüllenden Film, der vollständig am Computer erstellt wird.

Ekman und seine Mannschaft machen weitere Entdeckungen. Die Gesichtsleser finden »Mikroemotionen«, Gefühlsausdrücke, die blitzschnell über unsere Gesichter huschen. Ekman zeigt, dass man Menschen, die bei einem Streit völlig die Kontrolle verlieren, das schon vorher für Bruchteile von Sekunden ansieht. Das Team entdeckt durch Fotoanalyse sogar eine spezielle Mimik, die Attentätern kurz vor der Tat für einen Wimpernschlag ins Gesicht geschrieben steht. Beide Mikroemotionen finden sie in vielen Kulturen. Wahrscheinlich gibt es sie in allen.

Ekman und sein Team widmen sich auch den verräterischen Spuren in Gesichtern von Menschen, die lügen. Kein Wunder also, dass sie Anfragen von Zollfahndern, Geheimdiensten und Antiterroreinheiten erhalten, die Gesichter lesen lernen wollen. Die Wissenschaftler schulen Tausende von Sicherheitskräften und träumen schon vom automatischen Lügendetektor. Doch Paul Ekman behält einen kühlen Kopf: Um einen Lügner zu entlarven, reicht nicht der Blick ins Gesicht. Wichtig ist auch ein Gespür für Sprache, Stimmlage, Gestik, Haltung und Blickrichtung. Das kann nur der Mensch und auch nur einer von hundert. Pokerface und Unschuldsmine haben noch lange nicht ausgedient.

Die automatische Emotionserkennung wird zum Glück wohl Science-Fiction bleiben. Auf dem Boden des alltäglichen Lebens lässt sich feststellen, dass alle Menschen quer durch die Kulturen dieselben Emotionsgesichter zeigen. Wahrscheinlich haben wir alle auch im Inneren dieselben Grundemotionen. Unsere Kulturen sagen uns zwar, dass wir manche Gefühle an besonderen Orten oder in bestimmten Situationen nicht zeigen dürfen. Das ändert aber nichts an der Universalität der Emotionen. Und diese Grundemotionen spiegeln sich nicht nur unwillkürlich im Gesichtsausdruck wider, sondern auch gewollt und gekonnt in der Kunst aller Zeiten und Völker. Kunstwerke, Musik und Tanz wollen Emotionen ansprechen und erzeugen. Deshalb ist ein Hauptthema bildlicher Kunst das Gesicht des Menschen.

Kathedralen, Schweine, Totempfähle
Kunst quer durch die Kulturen

Das Publikum bei Gagosian, einer angesagten Kunstgalerie in New York, hält den Atem an. Das neueste Werk von Jeff Koons wird enthüllt. Kenner und Flaneure drängen sich auf engem Raum. Champagner wird entkorkt. Was zum Vorschein kommt, ist ein Schwein. Dem Lieblingskind der globalen Kunstszene ist es mit der hellrosa gefärbten, glänzenden und überdimensional großen Skulptur wieder einmal gelungen zu verblüffen. Man hört »Ah« und »Oh« und »Wow«, andere Gäste sind zurückhaltender. Weitere Werke in dieser Schau sehen aus wie monströse Anordnungen von Luftballons. Wer mehr über Koons' Leben und Ziele weiß, dem gefallen diese Arbeiten vermutlich. Für den echten und tiefen Genuss von heutiger Kunst braucht der Betrachter oft eine Menge Kenntnisse. Würde der Megastar seine Schweine in einem Kindergarten präsentieren, käme kaum jemand darauf, sie für Kunst zu halten. Häufig ist der soziale Ort, das Wissen und der kulturelle Rahmen entscheidend, ob etwas als Kunst gesehen wird.

Eine Umfrage im Rahmen des prestigeträchtigsten Kunstpreises in England, dem *Turner Prize*, wollte von 500 Kunstkennern wissen, welche Arbeit sie für das einflussreichste Kunstwerk des 20. Jahrhunderts halten. Die Creme der Sammler, Händler, Kritiker, Kuratoren und Künstler kürte als Gewinner mit großem Abstand – eine Kloschüssel. Mit seinem Werk *Der Brunnen* hatte Marcel Duchamp im Jahr 1917 als Erster einen Gebrauchsgegenstand aus seinem ursprünglichen Kontext gelöst und in einer Galerie auf den Sockel gestellt. Fachleute bezeichnen so etwas als *Readymade*. Offen bleibt die Frage, ob die befragten Kunstkenner den Duchamp auch zu ihrem Lieblingswerk erklärt hätten oder zur besten Arbeit des Jahrhunderts. Gefragt war ja nur nach dem Einfluss.

Es ist spannend, sich der Frage nach dem Wesen der Kunst über Werke zeitgenössischer Kunst zu nähern, die selbst innerhalb unserer Kultur heiß umstritten sind. Schon dass man überhaupt fragt, ob es sich um Kunst handelt, sagt viel über Kunst in unserer Gesellschaft. Bücher mit entsprechenden Titeln sind Longseller. 1987 erschien Andreas Mäcklers *Was ist Kunst?* in Erstauflage mit dem Untertitel *1080 Zitate geben 1080 Antworten*. Dreizehn Jahre später trägt die dritte Auflage den Titel *1460 Antworten auf die Frage: was ist Kunst?*. Offenbar interessiert die Frage viele; die Antworten driften allerdings immer weiter auseinander.

Schon die Frage wäre zu anderen Zeiten in Europa nicht aufgekommen. In vielen anderen Kulturen wird sie auch heute nicht gestellt. Ein solches Buch wäre dort ein Ladenhüter. Kunst und Kunstauffassungen in der Welt von heute sind nicht nur ungeheuer vielfältig, sie sind auch Ausdruck starker historischer Wandlungsprozesse. Deshalb macht es Sinn, über den eigenen Tellerrand zu gucken, exotische Kunsttraditionen in den Blick zu nehmen und zu schauen, ob es quer durch die Kulturen Werke gibt, die unumstritten als Kunst wirken.

Kunst ist Kontext: Koons und Kwakiutl

Der Champagner bei Gagosian ist gut, aber sonst bin ich nicht sonderlich beeindruckt. Unter den vielen Gästen fallen mir zwei Kunstfreunde auf. Dass sie Indianer von der Nordwestküste sind, erkenne ich nur an ihren Schlipsen. Angehörige der *First People*, wie man jetzt politisch korrekt sagt, laufen im Alltag nicht mit Kopfputz herum. Die beiden sind völlig normal gekleidet. Auch sie scheinen von den Schweinen nicht restlos begeistert, und wir kommen ins Gespräch, bei dem es bald darum geht, was Kunst bei ihnen traditionell heißt. Sie sind Angehörige der Kwakiutl, einem Volk, das Franz Boas, der berühmte deutsche Ethnologe, der in die Staaten auswanderte, bekannt gemacht hat. Deshalb weiß ich schon ein bisschen etwas über ihre markanten, sehr ästhetischen Artefakte.

Alle Kunst habe bei ihnen mit dem Glauben zu tun, betonen beide. Die bekanntesten Motive seien der Falke und der Biber, weil sie in den Mythen die zentrale Rolle spielen. Der Biber ist an den zwei großen Schneidezähnen, dem Schwanz, der runden Nase und prominenten Pfoten erkennbar. Der Falke wird immer so dargestellt, dass er einen Buckel hat. Der Kopf ist nach hinten gedreht und berührt den Körper. Weitere wichtige Tiere sind der Frosch und der Bär. Als ich einwerfe, dass es sich dabei ja um ihre Totemtiere handelt, lachen sie: »Jetzt haben wir fast das Wichtigste vergessen, unsere Totempfähle. Von denen gibt es aber auch nur noch ganz wenige.«

Ich bin hellwach und erzähle den beiden, dass ich bereits als Kind in Büchern über die Pazifikindianer geblättert habe. Ihre Kunst und die berühmten Potlatch-Feste, bei denen sich die Häuptlinge im Schenken überbieten, haben mich schon damals

Kathedralen, Schweine, Totempfähle

fasziniert. Diese Indianer ernähren sich vom Jagen, Sammeln und Fischen. Da die Meeresgründe an der Pazifikküste extrem fischreich sind, leben sie im Überfluss, obwohl es sich um eine nichtindustrielle Kultur handelt. Ethnologen haben für diese traditionelle Kultur, der es aber wegen der reichen Natur materiell an kaum etwas mangelt, die Bezeichnung »primitive Überflussgesellschaft« gefunden. Immer wieder habe ich mir Kataloge über die Kunst der Kwakiutl und anderer Gruppen ausgeliehen, später auch etliche gekauft. Daher weiß ich, dass die Kultur aller Nordwestküstenindianer durch und durch von Kunst geprägt ist.

Gerade die Kwakiutl sind berühmt für die Qualität ihrer Arbeiten und den charakteristischen Stil. Man erkennt diese Kunst sofort – an den intensiven Farben, den dargestellten Tieren und den ausgefüllten Flächen. Die Körper einer Figur, die Beine, sogar Füße und Hände sind mit zeichenhaften Elementen gefüllt: ein stilisiertes Auge auf einem Gelenk, ein menschliches Gesicht auf einem Tierkörper. Eine solche Überfülle kenne ich sonst nur von der Kunst aus Bali in Indonesien. Ein besonderes Merkmal der Nordwestküstenkunst ist die flächige Darstellung. Ein Gesicht eines dargestellten Tieres wird quasi in der Mitte aufgeschnitten, die Profile werden beidseitig abgeklappt. Man sieht nicht nur die Frontalansicht, sondern auch beide Seiten.

Ihre Häuser aus großen Planken von Zedernholz sind flächendeckend bemalt, vor ihnen stehen die berühmten hohen Totempfähle. In ihrer Nähe sind die langen bemalten Holzkanus am Fluss vertäut. Die vielen Dinge, die sie bei ihren ausschweifenden Festen in Massen vorführen, verschenken und konsumieren, gestalten sie ebenfalls kunstvoll und aufwendig: Masken, Holzkisten, Körbe, Stoffdecken, Waffen und Trommeln. Auch die Kwakiutl selbst sind oft bemalt mit Tätowierungen.

Wir unterhalten uns lebhaft über das Leben und die Kunst

der Kwakiutl heute – und sind weit weg von Koons. Meilenweit. Gemessen an der Einbindung der Kunst in das alltägliche Leben bei den Kwakiutl fällt die Abtrennung dieser elitären Schau vom normalen Leben in New York erst so richtig auf. Mit dem rauen Alltag draußen an der Holland Avenue hat das hier wenig zu tun. Das Verbindende ist allenfalls die überall durchschlagende Kommerzialisierung. Das erscheint bei der indianischen Kunst, die das ganze Leben durchtränkt, ganz anders.

Als wir weiterreden, wirft einer meiner Gesprächspartner ein, beiden Kunstarten sei aber gemeinsam, dass man sie sofort wiedererkenne. Uns fallen Ähnlichkeiten zwischen den Kwakiutl und Koons auf. Beiden ist Material wichtig; es wird bewusst und gezielt gestaltet. Das gilt ebenso für andere Kunstformen, etwa die Körperbewegungen beim Tanz und die Töne bei der Musik. Im Mittelpunkt jeder Kunst steht Transformation. Kommt also bei der Liebe und Sorgfalt, mit der Laien ihre privaten Internetseiten gestalten, auch wenn andere sie grausig finden, Kunst heraus? In der Regel wohl nicht. Bei Kunst geht es immer um einen klaren Stil. Ob die Objekte bei Koons mit ihren glänzenden Oberflächen und der Übertragung ins Überdimensionale oder die Tiergestalten aus Holz der Kwakiutl in ihrer kontrastreichen, bunten und flächenhaften Gestaltung – es sind bestimmte Regeln und feste Konventionen der Form, die Kunst kennzeichnen.

Schnell sind wir wieder bei den Unterschieden. »Warum wird Koons hier wie ein Heiliger präsentiert?«, fragt der eine. »Kein Kwakiutl käme darauf, seinen Namen auf eine Potlatch-Maske zu schnitzen.« Sein Freund widerspricht: »Das ist doch nur bei den traditionellen Kunstwerken so. Unsere modernen Schnitzer schreiben ihren Namen immer drauf. Denk nur an Freda Diesing. Die hat sogar eine eigene Website, wo sie sich ganz schön in Szene setzt!« Bei den Nordwestküstenindianern gibt es heftige Debatten über die Folgen der Modernisierung und die Auswirkungen des internationalen Kunstmarkts. Sie sind eben keine Vorzeitkultur, sondern Menschen des 21. Jahrhunderts. Außerdem werden ihre Werke von Sammlern geschätzt und hoch gehandelt. Die meisten größeren Museen westlich der Rocky Mountains in Kanada und den USA haben Sammlungen von Nordwestküstenkunst.

In anderen nichtwestlichen Kulturen ist die meiste Kunst dagegen namenlos. Man kümmert sich wenig um Autorschaft. Bei den meisten afrikanischen Bildwerken oder Plastiken weiß niemand, wer sie hergestellt hat. Man kümmert sich auch wenig darum, was Original, autorisierte Kopie oder schlichte Fälschung ist. Westliche Museumsleute und Kunstsammler raufen sich darüber die Haare. Wir nehmen vieles als selbstverständlich, was es gar nicht ist. Auch in der Kunst des Abendlandes gibt es erst seit Dürer Namen auf den Bildern.

Kreativität im Sinne von etwas ganz Neuem, nie Dagewesenem ist in den meisten nichtwestlichen Kulturen kein erstrebenswertes Ziel. Wichtige Werke werden immer wieder kopiert und dabei über lange Zeiten unmerklich verändert. In vielen nichtwestlichen Gesellschaften gibt es Kunst nicht als eigens unterschiedenen Lebensbereich. Es ist unter Ethnologen umstritten, ob es in allen Kulturen so etwas wie Ästhetik gibt. Kunst ist in diesen Gesellschaften nicht mit »interesselosem Wohlgefallen« oder dem »Guten, Wahren, Schönen« gleichzusetzen. Sie ist einfach ein Teil des Lebens. Sie ist dort in der Regel in religiöse Rituale eingebaut oder hat politische Funktion. Aber auch in unseren modernen Gesellschaften steht Kunst immer in einem Rahmen, in dem es nicht nur um bloße Schönheit geht. Solche Kontexte können sehr verschieden sein und die Werke jeweils in ein ganz anderes Licht rücken.

Stadtindianer

Da ich schon einmal in Amerika bin, will ich mir auch echte Totempfähle ansehen. Also gehe ich zum American Museum of Natural History. Indianer im größten Naturkundemuseum der Welt? Ja, denn das Museum zeigt alles, von der Entstehung des Kosmos über die Dinosaurier bis hin zu den heutigen Völkern des Globus. Dieser wahre Tempel der Wissenschaft liegt am Central Park in prominenter Lage auf der Upper West Side. Im Faltblatt, das man für das Labyrinth im Inneren des neoklassizistischen Riesenbaus auch wirklich braucht, finde ich die Indianerabteilung schnell. Der Weg zieht sich dann aber doch in die Länge. Ich komme an Nachbildungen in Lebensgröße von afrikanischen Elefanten und Straußen vorbei. Die Exponate sind kunstvoll in Szene gesetzt, immer wieder bleibe ich hängen. Außerdem ist das Museum voll. Man kommt umsonst hinein, und seit der hier gedrehte Film »Nachts im Museum« zum Kassenschlager wurde, ist das Museum populärer denn je.

Die »Northwest Coast Indian Hall« wird ihrem Namen voll gerecht. Ich stehe in einem dunklen Raum, der so lang und hoch ist, dass er schon ohne die eindrucksvollen Totempfähle, die an beiden Längsseiten bis unter die Decke reichen, Ehrfurcht gebieten würde. Anders als in den populären Abteilungen ist es hier wunderbar ruhig. Im Mittelgang und am Rand sind in Glasvitrinen Szenen des Lebens der Kwakiutl minutiös nachgebaut. Ich sehe Frauen an Webstühlen und Häuptlinge beim Maskentanz. Daneben die Werke von anderen Indianergruppen der Nordwestküste. Sie haben ähnlich exotische Namen: Tshimshian, Haida, Nootka. Es wird noch einmal klar, welche enorme Rolle die Kunst im Leben all dieser Kulturen an der stürmischen Pazifikküste spielt. Nicht nur die Totempfähle,

Holzhäuser und die riesigen Boote, auch die Holzkisten und sämtliches andere Gerät sind über und über mit bunten Bildern und Schnitzereien versehen.

In der Halle scheint die Zeit stehen geblieben zu sein. Man kommt kaum auf den Gedanken, dass diese Indianer heute noch leben. Ihre Kultur erscheint so fern wie das Zeitalter der Dinosaurier, die man einige Säle weiter bewundern kann. An den Wänden geben ausladende Gemälde Ereignisse der amerikanischen Geschichte wieder, bei denen Indianer eine Rolle gespielt haben. Die romantischen Bilder im orientalisierenden Stil des 19. Jahrhunderts lassen sie als Fußnote zur amerikanischen Saga der Eroberung des Westens erscheinen. Von den Gräueln zeigen sie nichts. Ich bin gespalten. Auf der einen Seite stört mich die Präsentation der Indianer als Kulturfossilien. Diese Darstellungsart ist heute in Ethnologiemuseen eigentlich überwunden. Immerhin sind sie Amerikaner von heute, auch wenn ihre Gruppe klein ist. Alle Indianer der USA zusammen kommen ungefähr auf die Einwohnerzahl Berlins. Andererseits wirkt das Fremde der anderen Kultur hier so faszinierend auf mich wie sonst kaum irgendwo. In manchem schön bebilderten Beitrag von *National Geographic* oder *Geo* wird das Fremde und die damit einhergehende Befremdung allzu schnell glattgebügelt und zivilisiert.

Nachdem ich mich in der Cafeteria gestärkt habe, suche ich weiter nach Spuren der Indianer in New York. Dazu brauche ich nur den Central Park zu durchqueren, und schon bin ich im berühmten Metropolitan Museum of Art. Das Gebäude aus dem 19. Jahrhundert auf der Upper East Side mit seiner monumentalen klassizistischen Front ist ein gewaltiger Museumstempel. Hier gibt es Rembrandts, Cézannes und Picassos im Dutzend. Außerdem bietet das Haus eigene Abteilungen zu den antiken »Hochkulturen« der Griechen, Perser und Römer. Ein neuer

Trakt ist den alten Ägyptern gewidmet, und von dort geht es weiter zu den Maya und Inka.

Überraschenderweise finden sich hier auch Werke der »einfachen« Indianerkulturen Nordamerikas. Erst seit Beginn des 20. Jahrhunderts spricht man einzelnen Artefakten dieser nichtwestlichen Völker den Rang von Kunstwerken zu. Die Marke »primitive Kunst« war aus der Taufe gehoben und startete auf dem Weltkunstmarkt eine steile Karriere. Entsprechend präsentiert das Metropolitan die Indianerkultur ganz anders als die Kollegen von der Naturkunde. Die Stücke der Nordwestindianer werden als einzelne erlesene Kunstwerke mit geschickter Lichtführung zelebriert und als Indianerskulpturen in den Rang der *Fine Arts* erhoben. Die Werke erscheinen als erhabene Höchstleistungen der Menschheit. Sie werden ganz selbstverständlich Teil der Weltkunst. Hochkulturen und »Primitive« begegnen sich auf Augenhöhe. Aber gibt es auch eine inhaltliche Verbindung? Eine solche Ansammlung von Kunstwerken verschiedener Kulturen drängt die Frage geradezu auf: Was verbindet diese verschiedenen Kunstkulturen?

Für eine Antwort bietet sich ein drittes New Yorker Museum an, das die direkte Konfrontation gewagt hat. Das Museum of Modern Art, im Volksmund kurz MoMA, ist das Mekka der internationalen Gegenwartskunst, die hier in ihrer ganzen verwirrenden Vielfalt aufgeboten wird. Der hochmoderne Bau zwischen den Wolkenkratzern in der Nähe des Rockefeller Center mit seinem großen Innenhof bildet den größten denkbaren Kontrast zur historischen Wucht des Metropolitan. Auch Touristen, die sich nicht sonderlich für moderne Kunst interessieren, kommen hierher: »*It's a must, you know.*« Also heißt es erst einmal Schlange stehen. Und die macht ihrem Namen alle Ehre! Sie ist so lang und gewunden, dass dafür extra ein großer Parkplatz geräumt wurde. Ich habe reichlich Zeit, darüber nachzudenken, was ich hier eigentlich erwarte, blättere in einem Kunstreiseführer und dem hip gestalteten MoMA-Faltblatt. Es ist ziemlich unwahrscheinlich, hier auf Kunst der Nordwestküstenindianer zu treffen, aber wer weiß?

Schließlich fand im MoMA im Jahr 1984 eine mittlerweile legendäre Ausstellung statt: »Primitivism in 20th Century Art«. Seitdem ist die Kunst der Kwakiutl schwer »angesagt«. Der Primitivismus ist eine Bewegung der modernen Kunst spätestens seit Gauguin. Den Maler zog es immer wieder in die Südsee, auf Tahiti ließ er sich von der dortigen Lebensweise inspirieren. Hatte das Primitive bis dahin als roh und ungeschlacht gegolten, so erschien es jetzt als einfach und vorbildlich. Berufen konnte man sich auf Denker wie Rousseau oder Künstler wie Delacroix. Als umfassende Richtung der modernen Kunst wurde der Primitivismus in der Megaschau zum ersten Mal umfassend dokumentiert.

Die einfache und zugleich geniale Idee des Kurators, William Rubin, bestand darin, Kunstwerke ganz verschiedener Herkunft unmittelbar nebeneinanderzustellen. Was geschieht im Kopf der Zuschauer, wenn afrikanische Masken und Werke der Expressionisten direkt aufeinandertreffen? Die These Rubins war, dass es innere oder formale Affinitäten zwischen Kunstwerken aus Kulturen gibt, die auf den ersten Blick unterschiedlicher nicht sein könnten. Blättert man im Katalog zur Ausstellung, frappieren tatsächlich die Ähnlichkeiten zwischen Kunstwerken aus den verschiedensten Regionen. Die Gleichheiten gehen oft bis ins Detail. Radikal vereinfachte Formen, wie sie die expressionistische Moderne schuf, gab es in anderen Kulturen schon Jahrhunderte zuvor. Bereits die wohl älteste Kunst, 20 000 Jahre alte Höhlenmalereien in Frankreich und Spanien, stellt Menschen und Tiere in genialer Konzentration auf das Wesentliche dar.

Rubins Ausstellung zeigte aber auch das starke Verlangen, Fremdes vertraut zu machen, es der eigenen Kultur anzugleichen. So ist auf dem damaligen Plakat und auf dem Titelbild des Katalogs eine Maske der Kwakiutl einem bekannten Gemälde Picassos, dem »Mädchen vor dem Spiegel«, gegenübergestellt. Die formal ungewöhnliche Darstellung des Gesichts, vor allem die »weggeklappte« Nase, erscheint bei beiden Werken verblüffend ähnlich. Die Affinität zwischen den Kunstwerken ist in diesem Fall allerdings reichlich konstruiert. Sie entsteht dadurch, dass die Kwakiutl-Maske nicht frontal gezeigt wird, sondern gedreht, so dass sie das Innenprofil zeigt. Erst so gesehen ähnlen sich beide Werke.

Wieder eine andere Rahmung erfährt Indianerkunst im National Museum of the American Indian, wo die Kunst der Nordwestküstenbewohner und anderer Gruppen explizit aus der Perspektive der Indianer selbst gezeigt wird. Die Präsentation betont aktuelle Probleme und setzt auf Einfühlung. Gesprochen werden die Erklärungen der Audioguides von Mitgliedern der indianischen Bevölkerung. Das Museum liegt an einem symbolisch bedeutsamen Ort, dem ehemaligen Zollgebäude an der Spitze Manhattans, und der neoklassizistische Bau stellt das Museum in eine Reihe mit anderen Bauten, die in besonderer Weise die Vereinigten Staaten von Amerika repräsentieren, wie das Kapitol, der Oberste Gerichtshof oder das Weiße Haus. Kunst kann also offenbar in sehr unterschiedlichem Rahmen gezeigt werden. Und dieser Rahmen beeinflusst, wie wir auf die Werke blicken und was wir als Kunst ansehen.

Kunst ohne Grenzen

Je unterschiedlicher die Kunsttraditionen, je fremder die Beispiele, die wir betrachten, und je vielfältiger die Formen ihrer Präsentation, desto größer die resultierende Verwirrung Was ist denn nun Kunst? Ich unternehme einen neuen Anlauf, ganz simpel, nämlich über direkte Anschauung. Vielleicht bringt mich das der Beantwortung der Frage näher, was Kunst ausmacht und welche Ähnlichkeiten im Meer der künstlerischen Vielfalt bestehen. Ich gebe bei der Google-Bildsuche schlicht und einfach das Stichwort »Kunst« ein – und gehe sofort unter. In nur 0,03 Sekunden hält mein Rechner 1 350 000 Bilder für mich bereit.

Tapfer beginne ich mit dem Durchsehen. Was mir spontan auffällt, ist die enorme Spannbreite, von Bildern und Zeichnungen über Kunsthandwerk bis hin zu Piktogrammen. Es dominieren Beispiele aus der Gebrauchskunst, während ich nur vereinzelt auf Bilder berühmter Meister stoße. Nach einigen Hundert Bildern begreife ich, wie eingeschränkt das Spektrum trotz der Fülle ist. Beispiele der Kunst nichtwestlicher Völker finden sich nur vereinzelt. Erst wenn man diese genauer betrachtet, wird deutlich, in welch starkem Kontrast Bildwerke etwa aus afrikanischen Gesellschaften zu fast aller westlichen Kunst stehen. Fänden sich noch irgendwelche Gemeinsamkeiten, wenn man das ganze Kaleidoskop menschlichen Kunstschaffens in den Blick bekäme?

Es liegt der Schluss nahe, dass man nach etwas Kulturübergreifendem vergeblich sucht. Zumal viele Kunstwerke sich ja erst mit zusätzlichem Wissen erschließen. Das spüren wir besonders bei zeitgenössischer Kunst. Aber es gilt auch für Musik. Vielleicht gilt ja hier die Basisannahme der Ethnologie tatsächlich, dass wir die Produkte einer Kultur nur verstehen können, wenn wir in ihr groß geworden sind. Menschen nehmen alles durch die enge Brille ihrer Kultur wahr. Dinge aus fremden Kulturen sehen sie unscharf oder gar nicht. Diese ethnologische Einstellung ist heute praktisch zur Leitlinie des gesamten Kulturbetriebs geworden. Also ist Relativierung angesagt und: Kontext, Kontext, Kontext!

Bei vielen Werken ist der aber gar nicht nötig, um sie zu mögen. Es gibt immer wieder Glanzstücke, die Menschen aus verschiedensten Kulturen spontan ansprechen, beispielsweise die Höhlenbilder von Lascaux, die Venus von Milo oder das Taj Mahal. Trotz aller zeitlichen und räumlichen Distanz faszinieren diese Werke uns. Wir kennen weder Künstler noch soziale Hintergründe. Die Faszination braucht die Vertrautheit nicht. Warum mögen nicht nur die sprichwörtlichen Japaner, sondern Menschen in aller Welt Beethovens *Fünfte*? Warum finden Menschen rund um den Globus japanische Gärten anziehend? Warum sind Buddha-Figuren aus Thailand weltweite Best- und Longseller? Wir wissen, dass diese Werke für Menschen anderer Zeiten oder Kulturen und nicht für uns geschaffen wurden, haben aber dennoch das klare Gefühl, dass es bei ihnen auch um uns geht.

Diese Faszination, diese emotionale Wirkung ist kulturübergreifend. Jeder, der zum ersten Mal einen japanischen Garten betritt, wird sofort von einer ganz bestimmten ruhigen Stimmung erfasst. Dafür muss er keine Kenntnis von Japan und den Japanern haben. Dafür braucht er nichts über die lange Tradition des japanischen Gartens, seine Prinzipien und historischen Zusammenhänge zu chinesischen Gärten sowie die Kunst des Zen zu wissen. Dem Eindruck der Pyramiden oder der kambodschanischen Tempelanlage Angkor Wat kann sich kaum jemand entziehen. Wer in einer Kirche in den amerikanischen

Südstaaten einen Gospelchor in voller Aktion erlebt, wird sofort mitgerissen.

Denis Dutton ist ein umtriebiger Kunstphilosoph an der Universität von Canterbury in Neuseeland. Er will unterschiedlichste Kunstformen in einen Dialog bringen. Seine beliebte kulturübergreifende Internetseite *Arts & Letters Daily* wurde vom englischen *Guardian* zur besten Website der Welt gekürt. Der agile Kunstkenner und Medienaktivist von der anderen Seite der Welt fragt nach universellen Eigenschaften von Kunst. Dabei hat er Werke aus allen Weltgegenden im Blick. Dutton stellt fest, dass herausragende Stücke bestimmte Eigenschaften haben. Sie sind komplex, haben ein echtes Thema, besondere Absichten und einen gewissen Abstand vom Alltäglichen. Diese Werke rufen Resonanz in den meisten Menschen hervor – abgesehen von einzelnen Ausnahmen, die auch hier die Regel bestätigen. Dutton sagt, dass Kunst unseren »Kunstinstinkt« anspricht. Große Kunst bietet Ekstase, sie führt uns aus uns selbst heraus und zieht uns deshalb an. Solche Werke haben das Potenzial, Staunen in uns hervorzurufen, und das ist eine der Kernleistungen von Kunst.

Als ich amerikanische Freunde vom Kölner Hauptbahnhof abhole, gehen wir natürlich direkt zum nahen Dom. Beim Anblick der Kathedrale bleibt ihnen erst einmal die Luft weg wegen der schieren Größe und der ästhetischen Wirkung. Meine Freunde aus der Neuen Welt mit ihrer kurzen Geschichte brauchen keine Kenntnis der langen Geschichte der Alten Welt, um den Dom schätzen zu können. Sie benötigen kein Wissen über Gotik, über Kapitelle, Apsis und Vierung. Sie sind fasziniert, auch wenn sie fast nichts über den Bau wissen und mich ganz unbedarft fragen: »*Wow, Chris, but why in the hell did they build the cathedral so close to the train station?*«

Bei manchen Kunstwerken brauche ich weder Mitglied der

Kultur zu sein, aus der sie stammen, noch Zeitgenosse der Schöpfer, um ihrem Zauber zu erliegen. Die Wirkung dieser Werke muss also eine nichtkulturelle oder vorkulturelle Komponente haben. Ich will mit diesen Beispielen nur zeigen, dass hier bei fast jedem bestimmte Wirkungen zu erwarten sind. Das schließt weder aus, dass diese verschieden stark sind, noch, dass es auch andere mögliche Wirkungen gibt. Es soll damit auch keinesfalls nahegelegt werden, dass Wissen über die Hintergründe nichts Wesentliches zum Genuss eines Kunstwerks beiträgt. Ganz im Gegenteil!

Etwas »ganz besonders« machen

Spätestens seit Franz Boas gibt es die These, dass Kunst sich in irgendeiner Form in jeder Gesellschaft findet. Aber wie wird aus einer Spielerei ein Kunstwerk, was unterscheidet Lärm von Musik? Und was zeichnet Werke aus, die kulturübergreifend wirken? Worin liegt das Gemeinsame? Die meisten Kunstdefinitionen kreisen darum, dass Kunst Dinge jenseits des alltäglichen Nutzens schafft. Kunst ist nicht absichtlich nützlich. Zwar betonen Ethnologen, dass Kunst vielerlei unbewusste Funktionen erfüllt: Kunstwerke können zentrale kulturelle Werte demonstrieren. Kunst kann Kindern die wichtigsten Normen vermitteln. Kunst kann ein kulturelles Gedächtnis sein. Symbole können Gemeinschaft zusammenschweißen. Neuerdings spekulieren Biologen darüber, ob Kunst die Gesundheit fördert, weil sie gute Gefühle erzeugt, die unser Immunsystem stärken. Alles das sind aber nicht gewollte Effekte, sondern Nebenwirkungen.

Kunst, so das häufigste Argument, ist im Kern dazu da, Schönheit zu schaffen. Auf diese Weise machten Kunstwerke

Freude, und das sei ihr eigentlicher Sinn, als Selbstzweck, ähnlich wie beim Sex. Schon Darwin sah die Schönheit als Brücke zwischen Natur und Kultur. Eine andere These erweitert den Radius und besagt, dass Kunstwerke in gezielter Weise Gefühle ansprechen. Das können verschiedene, auch negative Emotionen sein. Deshalb kann auch ein hässliches Werk, zum Beispiel ein ungestalter Fettkloß, durchaus ein Kunstwerk sein. Beide Ansätze sehen den hauptsächlichen Sinn von Kunstwerken jedenfalls nicht im konkreten Alltagsnutzen, was nicht ausschließt, dass ein Werkzeug, etwa eine Axt oder ein Gehstock, meisterlich verziert sein kann.

Aber was ist mit Gegenständen, die für den reinen Nutzen gemacht wurden und dennoch als Kunstwerk gelten? Ein Beispiel sind die Möbel der Shaker, einer religiösen Gemeinschaft aus den USA, die ihren Höhepunkt im frühen 19. Jahrhundert hatte und das einfache Landleben sowie Bescheidung auf das Nützliche predigte. Ihre Kulturprodukte stehen im harten Kontrast zur flächendeckend verzierten Kunst der Kwakiutl. Alles, was die Shaker herstellten, sollte einfach und praktisch sein, sonst gar nichts. Die Möbel und Werkzeuge sind frei von Ornamenten, Intarsien oder anderem ästhetischen Schnickschnack. Um natürlich zu bleiben, wurde das Holz kaum gefärbt oder bemalt. Heute werden die Möbel der Shaker als Kunst gehandelt. Originale gehören zu den teuersten Antiquitäten auf dem Weltmarkt. Das war nicht immer so. Die Möbel mussten erst mit einem anderen Blick gesehen werden, um zu Kunst zu werden. Wir halten sie für schön, weil sie für den praktischen Nutzen eine genial einfache, zeitlos gültige Form finden. In unseren Augen haben die Shaker das natürliche Material Holz zu etwas Besonderem transformiert. Deshalb wertschätzen wir ihre Produkte als Kunst.

Was außer Schlichtheit kann Menschengemachtes kulturübergreifend in den Rang von Kunstwerken heben? Kunstgeschichtler und Ethnologen haben einige Merkmale gefunden, die quer durch die Kulturen geschätzt werden. Beliebt sind überall Kontraste: hell/dunkel, leicht/schwer, klein/groß, laut/leise. Sie stehen in Bezug zu elementaren Strukturen der Wahrnehmung und finden auch in den Sprachen ihren Niederschlag. Gute Künstler gehen also in allen Kulturen auf Neigungen der menschlichen Wahrnehmung ein. Wohl in allen Kulturen werden Symmetrie und Balance, Klarheit, Weichheit und Helligkeit, Jugendlichkeit beziehungsweise Neuartigkeit sowie Verfeinerung geschätzt. Wir wissen aber bisher noch recht wenig über solche allgemeinen Muster, weder in der Kunst allgemein noch bei den als herausragend angesehenen Werken. So ist die Verhältnisrelation des »goldenen Schnitts« zwar ein Dauerbrenner in Kunstbüchern aus Europa und Amerika, aber die Erklärungen sind diffus oder widersprechen einander. Studien, die überprüft haben, ob nach dem goldenen Schnitt gefertigte Werke auch in anderen Kulturen besonders viel Gefallen finden, gibt es fast keine.

In manchen Gesellschaften fehlt ein Wort für Kunst, so bei vielen Indianern Nordamerikas, und viele haben kein Konzept von Ästhetik. Dennoch gibt es in allen Kulturen ähnliche Ideen zu Kunst. Ellen Dissanayake hat die kulturübergreifende Vorstellung davon, etwas besonders oder kunstvoll zu machen, als *making special* bezeichnet. Als Prähistorikerin sieht sie diese Einstellung bereits in den frühen Höhlenbildern. Leider konnte sie die Maler von damals dazu nicht mehr interviewen. Aber wir können heute Tausende lebender Kulturen befragen. Dort finden wir immer wieder Wendungen wie »etwas besonders gut machen«, »etwas ganz besonders machen«, »etwas feinsinnig ausdrücken«, »etwas speziell fertigen« oder »etwas genial machen«.

Quer durch die Kulturen existiert die Idee, dass es Kulturprodukte gibt, die nicht nur nützlich, stabil, haltbar und dergleichen sind, sondern »etwas mehr«, eben außer-gewöhnlich. Das kann etwas Gemaltes, ein Tanz oder Musikstück sein, aber auch eine Erzählung, eine Pointe oder eine Geste. Vermutlich kommt diese universal verbreitete Vorstellung so nah ans Wesentliche wie möglich. Unabhängig voneinander und jenseits der elaborierten Seminardebatten haben die Kulturen den Kern schon lange getroffen: Bei Kunst geht es darum, etwas so zu verändern, dass es zu etwas ganz Besonderem wird.

Krieg und Frieden
Gewaltverherrlichung und Konfliktvermeidung

Menschen sind einfach gewalttätig, da kann man nix machen!« Im Halbdunkel der plüschigen Kneipe gibt ein Wort das andere. »Quatsch, die Menschen sind eigentlich friedlich. Es sind nur die Politiker, die Kriege anzetteln. Schau dir nur die friedlichen Naturvölker an. Es geht auch ohne Staat!« Eine solche Grundsatzerklärung kann nicht unerwidert bleiben. »Nicht die Politik ist schuld, sondern die Religionen. Denk doch an Christentum und Islam!« Nun schaltet sich auch die Kellnerin ein: »Du Idealist! Es sind doch die Männer, und die gibt es schließlich überall. Männer sind einfach aggressiv! Das siehst du ja schon auf der Straße.« Ob am Stammtisch in der Kölner Südstadt, bei Anne Will in der Talkrunde am Sonntagabend oder im Uni-Seminar, wenn es um Krieg und Frieden geht, sind alle dabei. Wo Gewalt, Mord und Tod Thema sind, werden Diskussionen schnell hitzig und wir selbst wortgewaltig.

Diese Themen gehen jeden an, und jeder hat etwas beizutragen. Bei einem solchen verbalen Schlagabtausch wird schnell die Ebene der persönlichen Gewalt mit Auseinandersetzungen auf gesellschaftlicher Ebene vermischt. Ganze Zivilisationen, wie die islamische, werden leichthin als Monolith abgehandelt.

Oder man fällt mal eben ein Urteil über »die Chinesen«, immerhin ein Sechstel der Menschheit. Praktisch nie wird zwischen aggressiven Gefühlen, aggressivem Reden, offener Gewalt und Krieg unterschieden. Vermeintlich klare Vorstellungen hat trotzdem jeder. Die sind meist ziemlich extrem, allerdings wechselt man gern zwischen den Polen, was erstaunlich leicht geht, da die Meinungen in der Regel nicht auf Wissen, sondern auf tief sitzenden Vorstellungen beruhen. Das sind nicht nur allgemeine oder politische Weltbilder, sondern vor allem Bilder vom Menschen – an sich und überall. Hier sind wir alle Privatanthropologen.

Gewalt interessiert jeden

Medienmacher wissen, dass gute Nachrichten auf mäßiges Interesse stoßen. Frieden ist höchstens nach erbittertem Kampf eine Meldung wert. Nachrichten ohne jeden Konflikt haben wir noch nie aufgetischt bekommen, denn wir würden schnell weiterzappen. Als Thema oder Motiv wirken Konflikt und Gewalt auf Menschen unterschiedlichster Kulturen ungemein anziehend. Romanautoren empfiehlt man deshalb, mit einem persönlichen Streit in ein Kapitel einzusteigen. Das Interesse an Auseinandersetzungen, vor allem körperlicher Art, an ihren Vorgeschichten und ihren Folgen ist universell.

Ob in der traditionellen Spielhölle, im Jugendzimmer oder im Internet, die echten Mega- und vor allem Longseller sind Kriegsspiele. Das Rollenspiel »World of Warcraft« hat derzeit elf Millionen Mitspieler. Der Ego-Shooter »Counterstrike« wird zu jeder beliebigen Minute von 200 000 Spielern gleichzeitig gespielt. Das Spiel ist grafisch vergleichsweise lieblos gemacht, aber man kann nach Herzenslust zerstören, verletzen und töten. Men-

Gewaltverherrlichung und Konfliktvermeidung

schen interessieren sich für Gewalt. Kinder spielen Krieg, selbst wenn reale militärische Auseinandersetzungen um sie herum toben.

Die Schlager an der Kinokasse kreisen um Gewalt, Macht und Geschlecht. Ohne *Sex and Crime* kein Hollywood. Der Einwand gegen diese Verallgemeinerung: »Ja, das ist eben die typische amerikanische Tradition: gewalttätig, männerdominiert. Daraus kann man nicht auf die gesamte Menschheit schließen!« Die Welt ist schließlich größer als Amerika und Europa. Vielleicht sollten wir erst einmal ganz andere Filme anschauen! Genau das haben Matthias Uhl und Peter Hejl getan. Sie sind Soziologen und Medienwissenschaftler an der Universität Siegen. Zusammen mit Keval Kumar, einem indischen Filmspezialisten, haben sie sich sehr, sehr viele Bollywoodfilme angeschaut. Forschung darf auch Spaß machen!

Zunächst fallen nur die Unterschiede auf. Die erste Besonderheit ist die Länge. Viele indische Filme dauern drei Stunden, manche noch viel länger. Das Team hat also auch sehr, sehr lange vor der Leinwand gesessen. Es gibt eine Vielzahl von Handlungselementen, die für den Aufbau von Filmen wichtig sind. Gefahr für Leib und Leben und die Partnerwahl sind hier wie bei den Hollywoodstreifen die eindeutigen Spitzenreiter. Die Bedrohung, gegen die man sich wehren muss, ist auch im indischen Kino ein zentrales Element. Allerdings tritt sie etwas in den Hintergrund gegenüber der Herausforderung, einen Partner fürs Leben zu finden. Spannend wird diese Beobachtung, wenn man zu ergründen versucht, warum die Erfolgsfilme auf dem einen Kontinent mehr auf Gefahr setzen, während südlich des Himalaya die Partnerwahl noch vor diesen Action-Elementen rangiert. Wir wissen es noch nicht. Das ist Forschung. In jedem Fall steht fest: ohne *Sex and Crime* weder Hollywood noch Bollywood!

»Stammeskriege« als Zerrbild

In den 1970er Jahren gab es eine erbitterte Debatte um die Aggressionsneigung des Menschen. Der Verhaltensforscher Konrad Lorenz hielt den Menschen für grundsätzlich aggressiv, räumte aber ein, dass der Ausbruch von gewalttätigem Verhalten abhängig sei von den äußeren Umständen. Darauf wollten die entschiedenen Verfechter der Umwelteinflüsse sich nicht einlassen. Für sie beruhte Aggression auf Erziehung. Sie werde anerzogen, also sei sie auch »wegerziehbar«.

Wir wissen heute, dass die Wahrheit in der Mitte liegt. Menschen haben wie andere Primaten ein Potenzial zur Aggression. Soziale Beziehungen sind tatsächlich oft von Aggressivität geprägt. Diese muss sich aber nicht in Gewalt äußern. Schließlich können wir unsere Impulse steuern und nachdenken! Außerdem haben Menschen auch die Neigung zu Freundlichkeit, Rücksichtnahme und Kooperation. Die Psychologen bezeichnen das als »prosoziales Verhalten«.

Fast noch spannender ist die Frage, ob ganze Kulturen prinzipiell kriegerisch oder dauerhaft friedlich sind. Kämpfen Menschen in ihren Gesellschaften ständig gegeneinander, oder kooperieren sie im Prinzip friedlich? Hobbes oder Rousseau – wer hatte recht? Vermutlich ist die Wirklichkeit weniger eindeutig und liegt irgendwo zwischen diesen Extremen. Da so viel von der Perspektive abhängt, fällt es uns schwer, einen sachlichen Blick auf Krieg und Frieden unter den Menschen zu richten. Vielleicht hilft uns das Gedankenexperiment einer emotionslosen Erdforscherin von einem fernen Stern. Diese Astro-Ethnologin würde bei ihrer Fernsicht auf die Erde für uns einige Überraschungen bereithalten. Sie würde uns kühl vorrechnen, dass es nur sehr wenige Kriege unter den bald sieben Milliarden Menschen gibt. Ein weiterer ihrer Befunde wäre die Tatsache, wie wenig körperliche Gewalt es in den meisten menschlichen Gesellschaften gibt. Als waschechte Ethnologin würde sie sich aber kaum mit der Ferndiagnose zufriedengeben, sondern in die einzelnen Gesellschaften gehen und dort Feldforschung betreiben. Ihre Feldforschungsberichte brächten weitere überraschende Dinge zutage. So werden die meisten Morde nicht etwa in modernen Gesellschaften und in Großstädten verübt, sondern in einfachen Kulturen. Die höchsten Mordraten gibt es bei bäuerlichen Gruppen in Ozeanien. Bei den freundlichen Eipo stirbt jeder vierte Mann eines gewaltsamen Todes.

Ethnologen haben durchaus Gesellschaften gefunden, in denen Gewalt positiv gesehen wird. Historiker verweisen auf Perioden in der Geschichte mancher Länder, in denen zum Beispiel männliche Gewalt nicht nur sehr ausgeprägt war, sondern auch gutgeheißen wurde. In den Südstaaten der USA wurde über Jahrhunderte hinweg das Ideal des aggressiven Mannes hochgehalten. Das wirkt bis heute nach. Zugleich gibt es gerade dort den denkbar größten Kontrast, die religiösen Kommunen der Amish, der Hutterer und der Quäker, die kompromisslos friedlich orientiert sind. Bekannt für aggressives Verhalten sind die Yanomami im amazonischen Regenwald. Dort gibt es eine Menge an Gewalt, vor allem Rachevorstellungen, körperliche Auseinandersetzungen und Kleinkrieg zwischen Männern. Betrachten wir diese »aggressiven« Gesellschaften genauer, sind es ganz bestimmte Formen von Aggression oder Gewalt, die als positiv gelten. Oder es sind bestimmte Umstände, in denen Gewalt als probates Mittel gilt. In vielen Mittelmeergesellschaften, wo sich das Leben stark um Familie, Ehre und Schande dreht, wird Gewalt bei Männern geduldet, aber nur in bestimmten Situationen, zum Beispiel, wenn man öffentlich beleidigt wird.

Die »Stammeskriege«, von denen unsere Massenmedien

regelmäßig berichten, sind allerdings meist pure Erfindung. Die Ursachen sogenannter ethnischer Konflikte liegen in der Regel gar nicht in der Kultur der beteiligten Gruppen. Statt um Bräuche, Traditionen und Werte geht es um profane wirtschaftliche und politische Interessen, um Macht, Geld und lukrative Posten. Die Mehrzahl der Menschen lebt heute in Vielvölkerstaaten. Und da ist es zur Durchsetzung der Interessen einer Gruppe und im Kampf um Anerkennung oft sehr effizient, die kulturelle Karte zu spielen, wie im Kapitel »Wir hier und die dort« skizziert wurde.

Kulturelle Vielfalt in einer Gesellschaft ist nicht automatisch ein Konfliktfaktor, ebenso wenig wie bestehende Stereotypen über fremde Gruppen. Der zentrale Konfliktmotor ist strukturell fehlende Anerkennung, die sich in dem Gefühl äußert: »Wir haben keine Stimme.« Scharf gemacht werden die Unsicherheit im Umgang an kulturellen Rändern und der fast universale Ethnozentrismus durch den strategischen Einsatz der kulturellen Unterschiede. Kollektive Identität ist die global eingesetzte Waffe im Kampf um Anerkennung.

Frieden machen

Einerseits haben Menschen ein grundsätzliches Aggressionspotenzial. Sie können sehr gewalttätig sein; Konflikt, Gewalt und Krieg interessieren als Themen jeden. Gleichzeitig sind Gewaltausbrüche angesichts der Lebensumstände auf diesem Planeten recht selten. Wie hängt das eine mit dem anderen zusammen? Wir wissen es nicht, aber auf dem Weg zu einer Antwort lohnt ein Blick auf exotische Kulturen. Wenn wir auch nur eine Gesellschaft finden, die dauerhaft keinen Krieg führt, wäre das ein wichtiger Ansatzpunkt. Eine solche Kultur beweist, dass

Gewaltverherrlichung und Konfliktvermeidung

eine friedliche Lebensweise möglich ist. Und das wurde und wird immer wieder bezweifelt. Ebenso aufschlussreich wäre der Fund einer einzigen Gesellschaft, in der männliche Gewalt nicht oder kaum vorkommt oder in der es keine Vergewaltigungen gibt. Solche Nachweise würden zeigen, dass es sich bei Gewalt und Krieg nicht um Naturgesetze handelt oder um strukturelle Notwendigkeiten des Lebens in einer Gesellschaft.

Die Semai leben in Malaysia in Südostasien, nicht weit entfernt von den gigantischen Wolkenkratzern der Hauptstadt Kuala Lumpur. Einige von ihnen arbeiten sogar in der hypermodernen Computerstadt *Cyberjaya*. Der traditionelle Lebensraum der heute um die 20 000 Menschen zählenden Gruppe liegt aber im ländlichen Gebiet mitten auf der malaiischen Halbinsel. Die Semai wirtschaften traditionell als Sammler und Jäger. Sie leben im Wald und sie leben vom Wald. Sie nutzen eine enorme Bandbreite von Bäumen und anderen Pflanzen, sammeln Früchte und jagen kleinere Tiere. Außerdem bauen sie Reis und Maniok an und verkaufen Waldprodukte, wie Rattan, aus dem in den Städten Möbel hergestellt werden. Robert Knox Dentan ist der Ethnograf der Semai. Seit 1962 hat er viele Jahre bei ihnen verbracht. Der US-Amerikaner war besonders fasziniert von den Semai, da er selbst aus einer Kultur kommt, in der das Leben gefährlich sein kann und in der Gewalt immer wieder verherrlicht wird. Durch das Studium dieser und weiterer gewaltarmer Kulturen wurde Dentan zum Experten für Gewaltlosigkeit und damit zu Hause in den Staaten auch zum gefragten Experten für Gewalt.

Das große kulturelle Thema der Semai ist soziale Harmonie. Das gilt für die Beziehungen in der eigenen Gruppe genauso wie für den Umgang mit anderen – auch mit den Vertretern der Provinzverwaltung, die in ihrem Wohngebiet eine Nickelmine errichten will. Die Semai sind kein sanftmütiges Naturvolk, bei dem es gar nicht erst zu Konflikten kommt. So etwas gibt es nur in der Pop-Ethnologie. Das Leben soll friedlich sein, und dafür tun die Semai eine Menge. Normen, Werte und die ganze Erziehung drehen sich um Gewaltlosigkeit. Auch bei ihnen gibt es Meinungsverschiedenheiten, aber sie mildern Konflikte, zum Beispiel, indem sie versuchen, Gefühle des Ärgers bewusst zu unterdrücken. Auch bei ihnen gibt es Streit. Es geht um Sachbesitz und Landnutzung, um Seitensprünge und Unfruchtbarkeit.

Ein Konflikt muss aus Sicht der Semai aber ohne Gewalt ausgetragen werden. Also beruft der Häuptling bei einem solchen Anlass eine Zusammenkunft ein, das *becharaa'*. Die Kontrahenten treffen sich im Haus des Anführers und bringen Verwandte mit. Auch wer sonst noch Interesse hat, kann dazukommen. Zunächst wird viel geredet und getrunken. Dann tragen die Gegner ihre Sicht der Dinge vor. Alle Anwesenden können ihre Meinung dazu sagen und Fragen an die Kontrahenten stellen. Wie in einer kalifornischen Marathon-Psychogruppe wird der Konflikt aus jeglicher Perspektive besprochen. Man redet so lange, bis wirklich alles gesagt ist. Es geht nicht um Schuldzuweisungen oder einseitige Interessendurchsetzung, sondern um Konfliktverarbeitung. Statt sich gewaltsam abzureagieren, wird geredet, bis der Ärger verflogen ist.

Am Ende hält der Häuptling oder einer der Alten noch eine Rede, ermahnt die Kontrahenten und betont, wie bedeutend der Zusammenhalt der Gruppe und wie wichtig die soziale Harmonie ist. So werden auch starke Konflikte in Ruhe beigelegt. Man achtet darauf, dass jeder mit geradem Rückgrat aus der Angelegenheit herauskommt. Da wundert es nicht, dass es bei den Semai so gut wie keine Mordfälle gibt. Sie kommen vor, aber sie sind so selten, dass Ethnologen lange annahmen, Mord sei bei ihnen ganz unbekannt.

Gewaltverherrlichung und Konfliktvermeidung

Die Friedlichkeit wird durch eine Vielzahl von Normen gestützt – vor allem aber durch ihr Selbstbild. Die Semai sehen sich selbst als friedlich. Die Umwelt halten sie für aggressiv und feindlich, nicht nur die Nachbarn, sondern auch die Natur. Dort hausen böse Mächte und Geister. Die Semai haben vor allem ein klares Bewusstsein ihrer Angewiesenheit auf die eigene Gruppe. Das Teilen von Nahrung bestimmt ihr Leben. Und so erziehen sie ihre Kinder nicht nur zur Gewaltlosigkeit, sondern auch dazu, alles zu teilen.

Auch für Konflikte mit anderen Gruppen haben die Semai eine eigene Herangehensweise. Werden sie bedroht, weichen sie aus, statt sich dem Konflikt zu stellen. Sie bauen ihre einfachen Häuser ab, ziehen woandershin und errichten eine neue Siedlung. Die Semai führen keine Kriege, weder untereinander noch mit Nachbarethnien. Als Sklavenjäger ihnen nachstellten, verschwanden die Semai scheinbar spurlos im Wald. Im modernen Staat führt die Ausweichtaktik mitunter selbst zu Problemen, zum Beispiel mit der Regierung.

Fragt man die Semai, warum sie so viel Wert auf ein friedliches Leben legen, erfährt man nicht viel. Das ist eine allgemeine Erfahrung von Ethnologen. Direkte Fragen nach dem Warum führen nicht weit. Die Semai reflektieren ihre friedfertigen Umgangsformen im Alltag so wenig, wie sie die Existenz übernatürlicher Wesen in Frage stellen. Die Semai wissen einfach, dass es sie gibt. Und so ist es im Prinzip in allen Gesellschaften. Die Kultur wird gelebt und für »natürlich« gehalten. Zweifel an den eigenen Vorstellungen kommen selten auf. Die Semai wissen einfach, dass Harmonie wichtig ist. Sie haben ihre Gewaltvermeidung nicht erst kürzlich von westlichen Predigern gelernt oder von den internationalen Organisationen, deren Vertreter sich in Kuala Lumpur bei Banketten die Hand reichen. Sie leben so, solange sie denken.

Die Kultur der Semai ist gewaltarm, aber ihre einzelnen Mitglieder können durchaus aggressiv sein. Einige Männer wurden in den 1950er Jahren von den Briten rekrutiert, um die Aufstände von Kommunisten gegen die Kolonialregierung zu bekämpfen. Sie waren aggressive Kämpfer. Zurück in ihren Siedlungen, kehrten sie aber zur gewohnten friedlichen Lebensart zurück. Die Semai leben in einer modernen Welt, in der sie nicht allein sind. Die Einführung von Alkohol und modernen Waffen bedroht den inneren Frieden. Sie können nicht mehr ausweichen, sie müssen heute auf andere reagieren. Viele Semai bleiben bei ihrer Haltung, lieber zu sterben, als gegen andere zu kämpfen, die ihnen ihr Land wegnehmen wollen. Andere Semai argumentieren dagegen, dass die kompromisslos friedliche Haltung aufgegeben werden muss, wenn ihr Volk nicht untergehen soll.

Alles, was existiert, ist möglich!

Es gibt also tatsächlich Kulturen, die dauerhaft friedvoll sind. Bislang wurden über 70 Gesellschaften gefunden, die keine Kriege führen. Das ist zwar nur ein Bruchteil der weltweit an die 7000 Kulturen, trotzdem bleibt es ein wichtiger empirischer Befund. Die meisten von ihnen sind übersichtliche Gruppen zwischen einigen Hundert und wenigen Tausend Personen. Es gibt aber auch kleine Gesellschaften, die den Semai sogar in vielen anderen Aspekten ähneln – und Gewalt positiv sehen. Auch das sind wichtige Feststellungen. Schließlich leben die gewaltarmen Gesellschaften meist am Rande der modernen Zivilisation. Da liegt die Vermutung nahe, dass es die Gewaltfreiheit nur um den Preis von Marginalität und Isolation gibt.

Können Gesellschaften auch friedlich werden, wenn sie es nicht schon lange sind? Die Antwort ist ein vorsichtiges Ja.

Gewaltverherrlichung und Konfliktvermeidung

Ein Beispiel sind die Fipa in Tansania, eine Gruppe von über 100 000 Menschen, die von der Landwirtschaft leben. Bis zur Mitte des 19. Jahrhunderts waren sie permanent in gewaltsame Konflikte verwickelt und beantworteten Gewalt mit Gewalt. Kurz nach dem Kontakt mit westlichen Gesellschaften bauten sie ihre Kultur um und wurden entschieden friedlicher. Sie stellten ihren internen Kleinkrieg und die Kriege gegen Nachbargruppen ein. Sie entwickelten Normen des gewaltfreien Umgangs untereinander, und sie brachten ihren Kindern den Wert des Friedens bei. In der Geschichte gibt es eine Vielzahl von Beispielen eines langfristigen Wandels vom Krieg zum Frieden. Waren die Wikinger vor 1000 Jahren als Gewaltmenschen an den Küsten Europas gefürchtet, gilt Norwegen heute als eines der gewaltfreiesten Länder der ganzen Welt. Da ist es passend, dass hier der Friedensnobelpreis verliehen wird.

Es gibt also durchaus große Gesellschaften, die es geschafft haben, weitgehend ohne Mord und Krieg auszukommen. In Norwegen gibt es fast keine Tötungsdelikte. Eine ganze Reihe von Staaten hat schon lange keinen Krieg mehr erleiden müssen: Schweden seit 170 Jahren, die Schweiz seit fast 200 Jahren und Island sogar seit 700 Jahren. Bei der Schweiz und Island könnte man meinen, die gewollte oder geografische Isolation sei der Grund für diese Rekord-Friedenszeit und sie seien damit Einzelfälle ohne Vorbildfunktion. Aber immerhin haben 20 Staaten Perioden von mindestens 100 kriegsfreien Jahren erlebt. Einzelne Länder haben sogar ihr Militär abgeschafft, zum Beispiel Costa Rica.

Nun kann man die kleinen konfliktscheuen Gesellschaften nicht einfach als Modelle für die Organisation des Miteinanders der heutigen Großgesellschaften heranziehen. Das wäre naiv. Jede Gesellschaft hat ihre Besonderheiten, das zeigt schon der Vergleich der Semai mit den Fipa. Das »Konfliktvermeidungsmanagement« muss auf die jeweiligen Lebensbedingungen abgestimmt sein. Was uns diese Gruppen aber klar vor Augen führen, ist die Tatsache, dass Frieden immer durch Maßnahmen gesichert werden muss. Frieden bekommt man nicht geschenkt, er muss aktiv gemacht werden. Und diese Gesellschaften zeigen uns, dass man Kindern aktiv soziale Werte beibringen kann. Sie mahnen uns, dies von Anfang an, kontinuierlich und konsequent zu tun.

==Frieden ist nicht der Naturzustand glücklicher Gesellschaften.== Er fällt nicht vom Himmel. Auch in nichtindustriellen Gesellschaften muss er aktiv hergestellt werden. Dauerhaften Frieden gilt es nur dann, wenn es ausdrücklich friedensstiftende Mechanismen gibt. Die heutigen Länder, in denen es wenig Gewalt gibt, wie etwa Norwegen, haben das nur durch einen ganzen Kranz von Maßnahmen geschafft, der von Gesetzen auf Landesebene bis zum alltäglichen Umgang im Kindergarten reicht. Die Semai, die Fipa und andere friedliche Gesellschaften geben uns keine Patentrezepte, aber sie können uns motivieren und inspirieren. Sie machen Hoffnung, dass Frieden im wahrsten Sinn des Wortes machbar ist.

Was gilt jetzt?
Spiel und Sport als eigene Welten

Ich sitze in meinem Arbeitszimmer in Ujung Pandang über Interviewnotizen für meine Feldforschung. Es ist mal wieder 30 Grad heiß, und der Ventilator kämpft vergeblich gegen die Hitze im Zimmer an. Davon unbeeinträchtigt lärmen draußen auf dem schmalen Weg fröhlich ein paar kleine Jungs. Ich beachte sie nicht weiter. Auf den staubigen Wegen und unbebauten Grundstücken hier wird viel Fußball und Badminton gespielt. Beim Kicken mache ich gerne mal mit, aber jetzt muss ich weiter über meinen Daten brüten. Als ich einen leisen Singsang höre, der mir vertraut vorkommt, sehe ich doch aus dem Fenster. Die drei Jungen kicken nicht mehr, sie spielen Freitagsgebet. Gegenüber wohnen zwar Studenten aus dem Torajaland, also Christen, aber in der multireligiösen Gesellschaft Indonesiens dominiert der Islam. Einer der Jungen stellt das Minarett einer Moschee dar, der andere klettert auf seine Schultern. Er ist der Rufer, der Muezzin. Ein dritter spielt die Gemeinde. Demütig wirft er sich vor den beiden anderen zu Boden. Das Treiben findet allerdings schnell ein Ende. Jeder will Muezzin sein und keiner das Minarett. Einer ist hingefallen, es gibt Streit. »Ich mag nicht mehr!« Sie gehen nach Hause. Nachmittags kommen sie wieder. Jetzt spielen sie Verstecken.

Wir alle spielen

Überall auf der Welt begeben sich Menschen aus reiner Freude in eine Sphäre, in der andere Regeln gelten als im normalen Leben. Sie simulieren eine geregelte Parallelwelt. Das Spielen ist eine eminent menschliche Betätigung. Friedrich Schiller ging so weit zu behaupten: »Der Mensch spielt nur, wo er in voller Bedeutung des Worts Mensch ist, und er ist nur da ganz Mensch, wo er spielt.« Wir fragen heute erst einmal, wo es tatsächlich Spiele gibt. Denn es ist nicht selbstverständlich, dass in allen Kulturen gespielt wird. Schließlich gibt es durchaus Tätigkeiten, die dem Spiel verwandt sind, die wir aber nicht in allen Gesellschaften finden.

So ist zum Beispiel die Kunstform des Theaters in islamischen Kulturen kaum verbreitet. Als arabische Reisende vor einigen Jahrhunderten eine chinesische Theateraufführung besuchten, waren sie sich einig, dass die Geschichte zwar komplex sei, ein Sprecher jedoch gereicht hätte, um sie zu erzählen. Sie hatten kein Konzept von Theater. Der berühmte Satz des berühmten Soziologen Erwin Goffman »Wir alle spielen Theater« trifft als Bild für den Alltag aller Menschen zu, nicht aber wörtlich für alle Kulturen.

Frühe Ethnologen meinten, Indianerkinder spielten so gut wie gar nicht, weil sie so früh zur ernsten Arbeit herangezogen wurden. Mittlerweile wissen wir, dass die Menschen auf der ganzen Welt beginnen zu spielen, sobald der Kampf ums Überleben das zulässt. Dafür schaffen sie sich Freiräume – auch inmitten eines harten Alltags oder in Krisengebieten. Im Krieg spielen nicht nur die Soldaten Karten, sobald sie aus der Schusslinie sind; auch die Kinder spielen. Weltweit müssen Kinder arbeiten, aber wenn man sie genau dabei beobachtet, sieht man, dass sie dazwischen versuchen, zu spielen oder die Arbeit selbst zum Spiel zu machen.

Überall spielen Kinder Fangen. In allen Kulturen gibt es das Versteckspiel. Liebende verstecken sich spielerisch, manche Menschen tun das bis ins hohe Alter gern. In allen Kulturen gibt es Kinder und Erwachsene, die mit Bällen spielen. Es ist sekundär, ob das industriell gefertigte Fußbälle sind, aus alten Lappen selbstgebastelte Gebilde, ob es ein Kieselstein ist … oder eine Kokosnuss, mit der man allerdings nur einmal kickt! Steine, Stöcke, Muscheln, Blätter, Nüsse und Melonen werden weltweit als Spielzeug genutzt. Mit Bällen und Kreiseln spielen überall Jungen und Mädchen gleichermaßen. In allen Kulturen wird mit Puppen gespielt, und überall sind es vor allem die Mädchen, die Freude daran haben. Waffen im Miniaturformat waren schon immer ein globaler Renner. Die Dinge, mit denen Erwachsene spielen, tanzen oder Sport treiben, sind oft Mini-Ausführungen von Arbeitsgeräten, etwa Paddel, Speere und Schilde in leichter Ausführung.

Eigene Welten in der Welt

So weit, so eindeutig. Aber was ist das Gemeinsame all dieser Betätigungen? Die Grenze zwischen Arbeit und Spiel, Sport und Unterhaltung ist in den meisten Gesellschaften nicht strikt. Und wo liegen die Grenzen zu anderen Bereichen wie Kultur oder Kult? Spielerische Elemente sehen wir auch in anderen Bereichen des Lebens, im Sport, in der Dichtung, in der Kunst, im religiösen Kult und in den Wissenschaften. In vielen Kulturen sind ritualisierte Scherzbeziehungen bekannt. Man neckt sich mit bestimmten Verwandten. Das ist kein Spiel im engeren Sinn, sondern ein Alltagsritual, aber es hat eine klar spielerische Form.

Die Frage nach dem Verbindenden ist weit schwerer zu beantworten. Haben die drei indonesischen Jungen bloß gespielt, oder war das schon Theater? Das Gemeinsame ist die Schaffung einer eigenen Welt, einer Welt in der Welt. Spiel ist das Gegenteil der alltäglichen Ordnung, aber auch das Gegenteil von Anarchie. Im Spielen wird eine besondere Sphäre geschaffen, in der andere Regeln gelten als im sonstigen Leben.

Wir können Spiele oft nur als Spiele erkennen, wenn wir ihren Sinn verstehen. Und die Bedeutung bekommt man manchmal nur heraus, indem man mit den Spielern spricht oder selbst mitspielt. Leider können wir die Azteken im alten Mexiko nicht mehr fragen, was *tlachtli* ist. Aztekische Adlige spielten in einem eigens für diesen Wettbewerb gebauten Gebäude mit einem Hartgummiball. Das Ziel der beiden Spieler war es, den Ball durch zwei an der Mauer befestigte Ringe zu befördern. Die Regel verlangte, den Ball nur mit Ellbogen, Hüfte oder Oberschenkel zu spielen. Die Ringe waren waagerecht aufgehängt, was es ausgesprochen schwierig machte, den schweren Ball hindurchzuschießen. Die Regeln muten uns im Einzelnen fremd an, wir meinen aber sofort eine Art »aztekisches Basketball« zu erkennen. Damit überschätzen wir allerdings die Ähnlichkeiten – eine Gefahr, die immer besteht, wenn man Universales vermutet. Denn in unser Bild vom Sport passt die Tatsache, dass der Verlierer getötet wurde, nur schwer. Spiel, Sport oder Ritual? Auch Archäologen können die Spieler nicht mehr fragen. Aus ihrer Kenntnis der altmexikanischen Religionen heraus vermuten sie, das *tlachtli* ein Ritual war. Die beteiligten aztekischen Elitespieler haben ihr »Spiel« vermutlich als ernsten und politisch bedeutsamen Kult verstanden. Vermutlich. Wir wissen es nicht, und auch die Spieler, die ein ähnliches Spiel heute noch spielen, etwa in Copán in Honduras, dringen nicht zu dem vor, was die Azteken darüber dachten.

Umgekehrt übersieht man aufgrund der Fremdheit eines Spiels leicht die bestehenden Ähnlichkeiten. *Mahjongg*, ein ursprünglich chinesisches Spiel, ist das beliebteste Spiel in Ostasien und auch in Südostasien verbreitet. Vier Mitspieler tragen dabei eine Mauer aus Spielsteinen ab, deren Zahl sich zwischen 136 und 144 bewegt. *Mahjongg* sieht sehr anders aus als alle Spiele, die wir aus Europa kennen. Erst wenn wir uns die Regeln anschauen, erkennen wir die Ähnlichkeiten zu Spielen wie Canasta und Rommé. Aus westlicher Sicht müssen wir erst begreifen, dass man ein Kartenspiel auch mit Steinen spielen kann.

Familienähnlichkeiten

Die Vielfalt der Spiele ist so groß, dass man als Humanwissenschaftler verzweifeln könnte. Es wundert nicht, dass der alte Universalienstreit der Philosophie, ob es allgemeine Begriffe geben kann, auch anhand von Spielen diskutiert wurde. Ludwig Wittgenstein, Meister der Sprach- und Logikphilosophie und Sohn eines erfolgreichen Industriellen, verdeutlicht an Spielen, was er unter »Familienähnlichkeit« versteht. Spiele, so sagt er, gleichen sich nur darin, dass sie Spiele sind. »Spiel« ist weder bloß ein Wort, noch verweist es auf eine bestimmte Eigenschaft, die alle Spiele gemeinsam haben. Er sagt, dass man sich »Beulen im Verstand holt«, wenn man Brettspiele, Kartenspiele, Ballspiele, Kampfspiele hierarchisch klassifizieren wolle. Sie sind nur über sogenannte Familienähnlichkeiten miteinander verwandt. Spiele bilden eine »Familie«, deren Mitglieder überlappende und einander kreuzende Ähnlichkeiten aufweisen. Was sie nicht haben, ist ein einzelnes, universales, für alle Spiele zutreffendes Merkmal. Das hat Verhaltensforscher, Psychologen und andere Forscher nicht davon abgehalten, nach solchen wesentlichen Merkmalen zu suchen. Eine wichtige Rolle spielen hierbei Ethnologen, weil sie das gesamte Spektrum von Spielen dokumentiert haben.

Spiele gibt es überall auf der Welt. Gleichzeitig zeigen sie eine ungeheure Vielfalt. Wissenschaftler versuchen, die Bandbreite durch Bildung grober Typen von Spielen zu bändigen. Zunächst gibt es Selbstspiele. Ein Kind spielt für sich. Eine Pfütze, einen Plastikbecher, mehr braucht es nicht. Dann gibt es Nachahmungsspiele wie das Minarettspiel der drei Jungen in Ujung Pandang. Eine dritte Form sind Wettkampfspiele, die oft in Mannschaften ausgefochten werden. Hier wetteifern rivalisierende Gruppen einer Kultur miteinander. Das können Altersgruppen, Geschlechtergruppen oder Verwandtschaftsgruppen sein. Spielerisches verbindet sich mit Sport. Weltweit verbreitet sind Glücksspiele und Maskierungsspiele, etwa wenn Kinder König und Königin spielen.

Schließlich gibt es in vielen Kulturen ekstatische oder auch »rauschhafte« Spiele. Kinder drehen sich so lange, bis es sich ihnen im Kopf dreht. Sie werden orientierungslos und müssen von anderen aufgefangen werden. Erwachsene bringen sich durch Tanzen und Drogen in Ausnahmezustände. Solche Spiele machen es möglich, aus der sozialen Ordnung auszuscheren, wenn auch nur zeitweise. Sie bieten im kleinen Format das, was Umkehrriten im großen Maßstab leisten. Den echten rheinischen Karneval gibt es, so würde ich sagen, nur in Köln. Ähnliche Umkehrriten finden wir aber in sehr vielen Kulturen. Die soziale Ordnung wird auf den Kopf gestellt. Der Untertan wird zum König, Männer verwandeln sich in Frauen, Frauen dominieren die Männer. Aber auch im Karneval gelten strenge Regeln, nicht alles ist erlaubt. Umkehrriten zeigen ein weiteres Merkmal, das längst nicht alle, aber viele Spiele haben: den kultischen Aspekt. Spiel grenzt hier an Religion.

Insgesamt reicht das Spektrum von banalen Würfel-, Brett- und Geschicklichkeitsspielen und bestenfalls tolerierten Glücksspielen über Spiele, in denen man Meisterschaft erlangen kann, bis hin zu Kunstformen des Spiels in Musik und Theater. Letztere wurden sogar durch eigene Universitätsfächer geadelt. Dagegen kann man sich noch an keiner Uni der Welt für Monopolistik oder Backgammonologie einschreiben.

Überflüssig, lustvoll – und doch ernst

Kinder lernen beim Spielen, aber sie spielen nicht, um zu lernen. Spiele sind Selbstzweck, noch mehr, als das bei der Kunst der Fall ist. Wir spielen aus Spaß und Lust. Oft treibt uns die pure Lust am Gelingen einer schwierigen Aufgabe, die Freude am Erfolg, das Glück des Gewinnens. Der Sinn liegt innerhalb des Spielens; außerhalb ihrer selbst sind Spiele komplett »unsinnig«. Es macht das Spielen gerade aus, dass es zweckfrei ist. Aber das reicht nicht, um etwas zum Spiel zu machen. Dazu braucht es Regeln. Die Regeln sagen, wie gespielt wird, was Gelingen und Versagen ist. Sie definieren die Grenzen und bestimmen, wie man Gewinner und Verlierer wird oder zumindest »im Spiel« bleibt.

Das sind die Grundaussagen des großen Theoretikers der Spiele, Johan Huizinga, der die »Ludologie« als interdisziplinäre Erforschung von Spiel und Spielen begründete. Für den holländischen Kulturgeschichtler ist das Spielen eine universelle Fähigkeit. Entsprechend betitelte er sein kurz vor dem Zweiten Weltkrieg erstmals veröffentlichtes Hauptwerk *Homo ludens*. Für Huizinga bringt die Gemeinschaft ihre Deutung der Welt im Spiel zum Ausdruck. Spiel ist der wichtigste Antrieb für Musik, Tanz, Dichtung und sogar Philosophie. Die Illusion (wörtlich

»Einspielung«) des Spielens befreit den Menschen zur Kreativität. Für Huizinga entfalten Kulturen sich erst im Spiel; ja Spiel ist sogar ihre Voraussetzung. Noch umfassender als dieses Konzept ist wohl nur die traditionelle Vorstellung in Indien, die ganze Welt sei ein Spiel der Götter.

Spielregeln sind allgemein anerkannte Richtlinien; man ignoriert sie nicht einfach. Jeder Spieler weiß, dass sie auch ganz anders sein könnten, aber er beachtet sie freiwillig. Schließlich geht es um Spannung und Einsatz, Erfolg und Trophäen. Peter Bamm, Schriftsteller, Mediziner, Weltreisender und Humanist, meinte: »Das Spiel ist das Einzige, was Männer wirklich ernst nehmen. Deshalb sind Spielregeln älter als alle Gesetze der Welt.« Im Spiel betreiben wir etwas, das nicht »für das tägliche Brot« getan werden muss, und wir halten uns mit heiligem Ernst an Regeln, die nicht notwendig so sein müssten, wie sie sind. Spiele sind eigene Welten. Das sieht man auch beim Regelverstoß. Wer die Regeln nicht beachtet, »spielt nicht mehr mit«, wie Kinder sagen. Er ist ausgeschieden, also kein Spieler mehr. Jenseits des Spiels hat der Regelverstoß keine Konsequenzen. Der ausgeschiedene Spielverderber spielt vielleicht weiter, aber dann ist es nur noch sein eigenes Spiel, nicht mehr das seiner Mitspieler.

Spiele können bewusst für ernsthafte Zwecke eingesetzt werden. Im Erlebnis und Ergebnis sind dies dann aber keine Spiele mehr. Die Legende will, dass Offiziere dieser Welt gerne Schach spielen. Sobald sie das tun, um ihre strategischen Fähigkeiten »im Ernstfall« zu schulen, spielen sie nicht mehr im eigentlichen Sinne. Ihre Ziele sind dann nicht mehr Taktik und Sieg auf dem Brett, sondern im realen Krieg. Mit der vorsätzlichen Nutzung für das reale Leben wird der Rahmen des Spielerischen gesprengt. Da verwundert es kaum, dass bisher kein Generalstabsoffizier Großmeister im Schach geworden ist.

Spiele sind zweckfrei, aber sie können doch – als Nebeneffekt – nützlich sein. Die einschlägige Literatur ist voll von Behauptungen, für was Spiele dienlich, hilfreich und förderlich seien. Sie können überschüssige Kräfte abbauen und Konflikte lösen. Da zeugt es von einer gewissen Ironie, dass ein allseits beliebtes Aggressionsventil den Namen trägt »Mensch, ärgere dich nicht«. In Spielen üben wir Arbeitsvorgänge ein und trainieren schwierige Körperbewegungen wie das Balancieren. Als Herr und Sklave oder Vater, Mutter, Kind üben wir soziale Rollen ein. Wir testen die Vorteile und Nachteile von großzügiger Kooperation, geschickter Diplomatie und verbissenem Ehrgeiz in Gewinn- und Strategiespielen. Spiele beleben den Alltag, der nicht nur bei uns oft grau ist, sondern auch auf einer Südseeinsel. Was ist das Verbindende dieser unterschiedlichen Arten und Weisen, aus dem Nutzlosen Nutzen zu schlagen? Im Spielen können wir Handeln in Situationen einüben, die vom Ernst des Lebens und von den Konsequenzen realen Handelns entlastet sind. Hierin gleicht das Spielen dem Erzählen und Darstellen in der Kunst. Auch dort treffen sich Freiheit und Regel zum Rendezvous.

Heute wissen wir mehr über die weltweite Vielfalt von Spielen als Huizinga vor 70 Jahren. Als Kulturgeschichtler hatte er für seine Thesen nur Material aus Europa herangezogen. Deshalb tritt bei ihm der Wettbewerbsaspekt zu stark in den Vordergrund. Mittlerweile haben Ethnologen Gesellschaften gefunden, in denen es vor allem kooperative Spiele gibt. Es muss also nicht immer um Gewinnen oder Verlieren gehen. Die Regeln sind bei gewinnorientierten Spielen besonders eindeutig. Bei Rollenspielen ist oft nur klar, dass nicht mehrere Rollen gleichzeitig gespielt werden. Mann kann nicht zugleich Dieb und Polizist sein und auch nichts dazwischen. In westlichen Gesellschaften denken viele Menschen, dass man nur das gewinnen kann, was ein anderer verliert. Die Kooperationsspiele vieler Gesellschaften sind aber oft gerade keine »Nullsummenspiele«, sondern alle gewinnen. Ein universaler Begriff von Spiel kann also nicht auf dem Wettbewerb aufbauen.

Der Spielforscher Henning Muth beobachtete bei einem Fußballspiel in Rio de Janeiro fasziniert einen Spieler, der mitten im Geschehen das gegnerische Tor aus den Augen zu verlieren schien und stattdessen die Zuschauer mit einer artistischen Einlage verzauberte. Muth fragte sich, welche besondere Kultur des Spiels den Spielern solche Kapriolen erlaubt und ihnen dafür auch noch den Beifall des Publikums beschert. Er erforschte daraufhin die Spiele in Nordostbrasilien genauer und fand heraus, dass bei vielen die Frage nach einem Gewinner völlig bedeutungslos ist. Neben linearen Spielen, die pfeilartig auf Gewinn und Niederlage ausgerichtet sind, gibt es Spiele, deren Struktur sich am Kreis orientiert. Da gibt es nichts zu gewinnen, aber alle Teilnehmer können sich für eine geraume Weile selbst vergessen. Sie überlassen sich dem Spiel, verfolgen weder Absichten noch Zwecke. Das Spiel spielt mit ihnen. Wo der Zwang, Sieger sein zu wollen, nicht mehr besteht, wird der Spieler frei. Und in dieser Freiheit wachsen ihm kreative, eben spielerische Möglichkeiten zu.

Ein Spiel geht um die Welt

Spiele sind ein schönes Beispiel dafür, wie der erste, oberflächliche Blick trügen kann. Wir sehen zunächst nur die Vielfalt und die markanten Unterschiede. Erst wenn wir nicht auf äußere Auffälligkeiten fixiert bleiben, kommen die Ähnlichkeiten zum Vorschein. Hinter dem bunten Erscheinungsbild der Spielpläne und Spielfiguren sind oft ähnliche Regeln wirksam. Viele Spiele haben einen weiten Weg hinter sich. Sie sind in einer Kultur entstanden und wurden von anderen übernommen. Dabei haben sie sich verändert, manche bleiben trotzdem erkennbar. Nicht nur »Mensch ärgere dich nicht« und Backgammon stammen in ihrer Urform aus Indien, auch Schach wurde hier im 7. Jahrhundert als *Chaturanga* erfunden. Das Wort stand für die vier Gattungen der damaligen Armee: Pferde, Wagen, Elefanten und Fußsoldaten.

Ab dem 11. Jahrhundert trat Schach seinen globalen Siegeszug an, und zwar zunächst nach Persien. Von dort wanderte das Spiel in die arabischen Länder und kam über sie nach Europa, wo es überall Anhänger fand. Könige und Hochadel machten es zum »königlichen Spiel«. Schach ist aber nicht nur im Westen beliebt geworden, es hat sich von Indien auch nach Osten verbreitet. Zuerst erreichte das Spiel China und gelangte von dort aus nach Korea und Japan. Im fernsten Osten wird es seit dem 8. Jahrhundert als *Shogi* nach Regeln gespielt, die sich vom Standardschach Europas stark unterscheiden. Alle Steine haben die gleiche Farbe. Geschlagene Figuren kämpfen für ihren neuen Herrn. Das »Japan-Schach« hat keine Dame, nur jeweils einen Läufer und einen Turm, und die Springer sind machtlos. Dennoch ist das Spiel sofort als Schach erkennbar.

Schach nimmt unter den Spielen der Welt eine besondere Stellung ein. Es gibt mehr Bücher allein über Schach als über alle anderen Spiele zusammen. Die Herausforderung der Intelligenz und die Eleganz der Züge fasziniert über Kulturgrenzen hinweg. Wie kein anderes Spiel hat es Spieler, Künstler und Wissenschaftler in seinen Bann gezogen. Es zeigt uns aber zugleich etwas Allgemeines: Auch wer Schach nicht beherrscht, erkennt sofort, dass es ein Spiel ist, etwas, das Freude macht und Regeln folgt, aber von der normalen Alltagswelt abgetrennt ist.

Manche Spiele haben sich erst in moderner Zeit mit der Globalisierung der Kommunikation weltweit ausgebreitet. Die Computerspiele und -konsolen von Nintendo wurden in Japan erfunden und haben ebenso wie das *Tamagochi* große Teile der Welt erobert. Elektronische und digital animierte Spiele werden häufig schon von vorneherein für die globale Verbreitung konzipiert. Die Vernetzung von Spielerterminals, vor allem über das Internet, erhöht nicht nur die Komplexität und den Reiz des Spiels. Durch die heutigen technologischen Möglichkeiten spielen nicht selten mehrere Tausend Spieler miteinander – obwohl sie an den verschiedensten Plätzen der Welt vor ihren Rechnern sitzen. Auch für Computerspiele gilt: Wollen sie ihren Siegeszug durch die ganze Welt antreten, müssen sie bestimmte Eigenschaften haben, die ihnen das mühelose Wandern durch die Kulturen erlauben. Welche Eigenschaften das genau sind, weiß noch keiner. Viele gut ausgetüftelte Spiele schaffen es nie, sich auszubreiten. Auch große Firmen, die es gewohnt sind, den Weltmarkt aufzurollen, erleben da Pleiten.

Ob etwas ein Publikumserfolg wird, ist offenbar schwer vorherzusagen. So gibt es sportliche Spiele, die nur vergleichsweise wenige Menschen aktiv spielen, die aber weltweit Zuschauer anlocken. Beispiele globalen Erfolgs sind Tennis und Fußball und in großen Regionen, zum Beispiel weiten Teilen Asiens, Hockey und Badminton. Andere Sportarten haben das nie geschafft. Mitunter sind die Wege der Verbreitung faszinierend. So hat die deutsch-schweizerische Kitschfigur Heidi aus den berühmten Romanen ihren Welterfolg erst erreicht, nachdem sie in Japan für eine 52-teilige Anime-Trickfilmserie adaptiert und dann von amerikanischen Medienmachern als marktgängiges Spielzeug entdeckt wurde. Nicht nur in Japan ist Heidi heute Standard. Sie steht für Natürlichkeit und einfaches Leben. Da hätte sich Hanna Spyri, die Schweizer Jugendschriftstellerin, die sie 1880 ersonnen hat, gefreut. Auch in Ujung Pandang laufen die Heidi-Filme im Fernsehen. Dass die Figur ihren Ursprung in einer ganz anderen Kultur hat, interessiert die indonesischen Kinder nicht.

Virtuelle Welten ohne Computer

Spiele sind Gegenwelten, abgegrenzt vom restlichen Leben. Im Spiel verschaffen sich Menschen einen Freiraum. Das gilt auch für Maskierungen und Scheinkämpfe. Die Grenzen der Realität verschieben sich unter dem Einfluss der Fantasie. Die Menschen sind mitten im Leben, fühlen sich jedoch dem Alltag enthoben. Das verbindet Spiel mit Sport und Fest. Angesichts dieser Gemeinsamkeiten ist es kein Wunder, dass es in so vielen Kulturen Mischformen gibt. Nicht nur bei uns werden »Festspiele« und »Sportfeste« abgehalten.

Was ist das Besondere am Spielen? Was macht es so typisch menschlich? Auch Tiere spielen schließlich. Viele Säugetiere haben eine artspezifische Neugier und spielen sowohl alleine als auch in der Gruppe. Besonders Jungtiere stürzen sich mutig in neue Situationen, solange sie noch nicht dem vollen Ernst des Lebens ausgesetzt sind. Tiere probieren oft unbekannte Objekte aus, sie betreiben Kampf-, Jagd- und Bewegungsspiele. Der Unterschied besteht darin, dass es beim menschlichen Spielen immer um Dinge geht, die man sich vorstellt. Es geht um Fiktion und Fantasie. Und Menschen wissen das. Entscheidend ist, dass gemeinsam Erfundenes mit Realem verknüpft wird. Die Straßennamen beim Monopoly gibt es tatsächlich in unseren Städten. Der Haus- und Wohnungsmarkt ist knallharte Realität. Dazu kommen erfundene Dinge: »Gehe über Los!«. So entsteht eine Doppelebene, in der man über beides Bescheid weiß.

Durch Spiele haben wir einen Zugriff auf mögliche Welten neben der Alltagswelt.

Überall finden wir Menschen, die etwas Überflüssiges tun und damit gegen die Sphäre des Notwendigen aufbegehren. Spiele haben universelle Eigenschaften. Sie machen Freude und folgen Regeln. Aber anders als die Regeln des gewöhnlichen Lebens befolgen wir diese aus freien Stücken. Dennoch sind es oft Regeln des Umgangs. Sozialität pur; das interessiert Menschen, überall. Das sind die allgemeinen Eigenschaften, die es manchen Spielen ermöglicht haben, so leicht von einer Kultur zur nächsten zu wandern. Das Spielen als solches war schon immer global. Spiele zeigen uns damit, dass sich bestimmte Teile der menschlichen Kultur besonders gut als Brücke zwischen verschiedenen Kulturen eignen. Spiele haben das Potenzial, Kulturen miteinander zu verbinden.

Spiel mit dem Feuer — Spiele fürs Leben

Am Abend schaue ich aus meinem Arbeitszimmer und sehe die drei Jungen wieder. Diesmal spielen sie mit Feuer. Sie springen lebhaft herum, in ihren Stimmen mischt sich Lachen mit kurzen Schmerzenslauten. In allen Gesellschaften spielen Kinder gern mit dem Feuer. Es tut häufig weh, und es wird ihnen aus guten Gründen immer wieder verboten. Trotzdem zieht Feuer uns magisch an, Flammen faszinieren uns bis ins hohe Alter. Wir fürchten sie und wollen sie beherrschen. Im spielerischen Umgang mit Feuer lernen wir viel. Wir erfahren, dass Feuer tödlich sein kann und dass man es nutzen kann. Die Fähigkeit, das Feuer zu zähmen, war in der Evolution des Homo sapiens entscheidend wichtig. Sie ist eine grundmenschliche Anpassungsweise. Bis mindestens ins 17. Jahrhundert gab es allerdings auch Kulturen, die Feuer zwar kannten, aber es nicht selbst erzeugen konnten. Sie holten es sich entweder bei zufällig entstandenen Buschfeuern oder borgten sich die Flammen bei Nachbarkulturen. Wir wissen nicht, wie viele Kulturen die Kenntnis des Feuermachens und Feuergebrauchs von anderen übernahmen und wie viele es unabhängig voneinander entdeckten. Das einfache Beispiel des Spielens mit dem Feuer macht uns zweierlei klar. Im Spiel erschließen sich Menschen die Welt, es ist daher grundlegend wichtig für das Leben der Kulturen. Und: Die Kenntnis des Feuergebrauchs ist heute universal, aber die Fähigkeiten im Umgang mit dem riskanten Element üben wir als Einzelwesen im Spiel ein.

Die Scharia-Barbie
*Globalisierung macht gleich
und ungleich – zugleich*

In Shanghai schlendere ich durch die Einkaufsstraßen der extrem quirligen und sehr westlichen Stadt und entdecke, dass auf der Huaihai Liu ein wahrer Barbie-Tempel eröffnet hat. Das »House of Barbie« hat sechs Stockwerke und ist der erste Barbie Department Store der Welt. Mattel hat 30 Millionen US-Dollar in das Flaggschiff im Reich der Mitte investiert, denn die Firma braucht den chinesischen Markt, um weiter auf Wachstumskurs zu bleiben. Ein 32 Meter hohes Poster an der Baustelle hat die Shanghaier neugierig gemacht. Ich gehe hinein und stecke sofort in der Menschenmenge fest. Auf einer Fläche von 3500 Quadratmetern wird in diesem Flagship-Store weit mehr geboten als nur das Kultpüppchen. Es gibt mehrere Cafés, Shops für Kleidung und Kosmetika und ein Schmink- und Nagelstudio. Der Barbie-Spa bietet Behandlungen wie den *Plastic Smooth* an, für den 380 Yuan oder 55 US-Dollar zu berappen sind. Entsprechend sind es hier in Shanghai auch nicht die kleinen Mädchen, die für Barbie schwach werden. Die Kunden sind die jungen Angestellten aus den schicken Büros der globalen Metropole. Seit 2009 gibt es die meistverkaufte Puppe der Welt nun auch in China. Das kalifornische Fräuleinwunder brauchte 50 Jahre, um nach China zu kommen.

Auch ich musste erst fünfzig werden, bevor ich begann, diese Puppen interessant zu finden. Ich besitze nur fünf, während ein deutsches Mädchen im Schnitt sieben Barbies zu Hause hat. Dafür kommen meine Exemplare aus fernen Ländern und sehen ganz verschieden aus. Eine stammt von den Philippinen, eine aus Kairo, eine aus Malaysia, und zwei habe ich in Indien gekauft. Während die Barbie aus Kairo sich mit einem keuschen Schleier verhüllt, tragen meine indischen Barbies prächtige, mit Perlchen bestickte Saris und haben goldene Kettchen an den Füßen. Die exotischen Puppen stehen nicht bei mir zu Hause, sondern in meinem Arbeitszimmer in der Universität. Dort dienen sie natürlich nicht zum Spielen, sondern ernsthaften ethnologischen Studien ...

Die Barbie-Welt

Blonde Mähne, Stupsnase, Wespentaille, endlos lange Beine, voller Busen. Das ist Barbie, eine Modepuppe im Maßstab 1:6. Barbie liebt schöne Kleider und schnelle Cabrios, ihr Pferd und natürlich Ken, ihren gut gebauten und treuen Freund. Hersteller ist die 1945 von Ruth und Elliott Handler gegründete US-amerikanische Firma Mattel. Barbara, die Tochter der Handlers, spielte gern mit Ankleidepuppen, die damals sehr teuer waren. Auf einer Europareise entdeckte Ruth in Luzern in einem Schaufenster eine 30 Zentimeter große Puppe mit blonder Pferdeschwanzfrisur, die an ein Mannequin erinnerte. Sie kaufte die Puppe für Barbara. Ihre Schöpfer waren Reinhard Beuthin, der damals für *Bild* zeichnete, und der Designer Max Weißbrodt. Die *Bild-Lilli* war nach einem Comic gestaltet und wurde von der Firma Hausser in Coburg produziert. Die Idee für die Barbie war geboren. Die Ur-Barbie, in Sammlerkreisen als *Ponytail Nr. 1* bekannt, wurde am 9. März 1959 aus der Taufe gehoben und im

Die Scharia-Barbie

Badeanzug verkauft. Sie war 29 Zentimeter groß und kostete drei US-Dollar.

Mattel, zunächst eine Garagenfirma, die Bilderrahmen und Minimöbel für Puppenhäuser herstellte, vertrieb die Puppen anfangs ausschließlich in den Staaten. Nachdem sie die Vermarktungsrechte der *Bild-Lilli* erworben hatten, brachten die Handlers Barbie 1966 auf den deutschen Markt. Und von hier aus begann ihr globaler Siegeszug. Bald wurde Mattel zur Aktiengesellschaft und erwirtschaftete an der Börse das Kapital, um in die weite Welt zu expandieren. Mittlerweile ist Barbie ein Spielzeugklassiker, der Name ist weltweit zum Synonym für Modepuppen überhaupt geworden. Bis heute hat der Marktriese in 43 Ländern 800 Millionen Exemplare abgesetzt, vor allem an kleine Mädchen, aber auch an solche zwischen 8 und 80 und mitunter sogar an Jungen oder Männer.

Der Welterfolg hat gute Gründe. Barbie ist eine beweglich gestaltete Ankleidepuppe mit einer reichhaltigen Garderobe, die sich in Schnitten und Farben immer an aktuellen Modetrends orientiert. Vor allem ist sie die Hauptfigur einer ganzen »Puppenwelt«, zu der neben Ken, den es seit 1961 gibt, weitere Puppenpersonen gehören – und eine Vielzahl von Waren des gehobenen Bedarfs im Miniformat. Seit Mitte der 1960er Jahre werden die Puppen in pinkfarbene Klarsichtkartons verpackt, dieses spezielle Rosa ist als *Barbie-Pink* geschützt. Mit der Zeit brachte der Hersteller immer neue Zusatzausstattungen heraus, von Stoffmalfarben und färbbaren Haaren über knickbare Beine bis hin zu sprechenden Blondinen. Später kamen landestypische Accessoires, »ethnische Barbies« und die Serie *Dolls of the World* mit Landestrachten dazu.

Barbies dienen längst nicht mehr nur der stillen Beschäftigung im Kinderzimmer. Es gibt umfangreiche Sammlungen mit seltenen Stücken, und für alte Originale oder Fehlproduktionen werden horrende Preise gezahlt. Für Sammler wurden eigene Linien entwickelt, sogar Barbies aus Porzellan. 2006 schickten zwei Produzenten von Welterfolgen eine große Ausstellung auf Tournee. »Die wunderbare Welt von Barbie und Lego« tourte durch elf deutsche Städte und als »World of Barbie« durch viele Länder Europas. Die Schau zeigte über 1000 Barbies, inszeniert in unzähligen Varianten und Accessoires: von Marilyn Monroe über Shakira und Beyoncé bis zur kleinen Meerjungfrau. »Barbie wurde vom Spielzeug zum Mythos«, verkündet der bunte Prospekt. Zum Geburtstag 2009 kleideten führende Modedesigner die Miniaturfrau in ultrahippe Klamotten.

Barbie ist rund um den Erdball präsent und hat andere lokale Puppen aus den Kinderzimmern verdrängt. Als Ikone der globalen Konsumkultur ist sie deshalb auch ins Kreuzfeuer der Kritik geraten. Amerikanisierung, Uniformierung und Kommerzialisierung der kindlichen Spielwelt werden dem Hersteller vorgeworfen. Tatsächlich ist die Puppe ein Paradebeispiel globaler Produktion und zeigt die Konzentration der Weltwirtschaft auf das Dreieck Nordamerika – Westeuropa – Ost- und Südostasien. Das Plastik kommt aus Taiwan. Die Haare werden in Japan produziert, die Kleider in China geschneidert. Den Zusammenbau erledigen Arbeiterinnen in Malaysia und Indonesien. Sie montieren die sexy Püppchen in heißen Produktionshallen im Akkord zusammen – und tragen dabei selber schwarze Kopftücher. Nur die abschließende Qualitätskontrolle wird in den USA erledigt. Niedrige Löhne und geringe Transportkosten machen es möglich.

Ethnic Barbies

Barbie ist ein Lehrstück der Globalisierung. Sie zeigt nicht nur, dass echte *Global Players* heute Produktion und Wertschöpfung erdumspannend organisieren, sondern auch, dass sie im Rahmen einer auf Einheit bedachten Marke gezwungen sind, auf die weltweiten kulturellen Unterschiede zu reagieren. In gewissem Umfang bildet die *Barbie World* mittlerweile die Komplexität unserer multikulturellen Welt ab.

In den Anfangsjahrzehnten waren alle Barbies hellhäutig. Die ersten *Ethnic Barbies* kamen 1980 auf den Markt. Die USA sind ein multikulturelles Land, wo Hautfarben eine große Rolle spielen und politische Korrektheit inzwischen zum guten Ton gehört. Minderheiten werden berücksichtigt, wofür ihre Besonderheiten herausgestrichen werden. Eine zweischneidige Sache. Jedenfalls ist angesichts der multikulturellen Kundschaft *Ethnic Marketing* angesagt. Bald gab es von vielen der Barbie-Modelle sogenannte afroamerikanische, hispanische und asiatische Versionen. Auch ihre Schwestern und ihren Freund Ken produzierte man in diversen Hautfarbenvariationen für die entsprechende Kundschaft, ebenso wie die vielen Freundinnen und Verwandten, die Mattel in regelmäßigen Abständen herausbringt. Auch die Barbie-Welt wird also immer bunter und unübersichtlicher.

Mattel hat schon seit längerem Produkte für die islamische Kundschaft im Programm. Die *Leyla-Barbie* und die *Marokko-Barbie* waren Puppen nach historischen Vorbildern. Sie sollten Tänzerinnen der Sultane im 18. Jahrhundert darstellen und erinnern eher an parfümierte Haremsdamen als an brave Mädchen. Der muslimischen Kundschaft sind sie zu freizügig. Im Iran, wo sich die Frauen unter ihrem Schleier durchaus stark schminken, sind seit 1996 nicht nur diese *Marokko-Barbies*, sondern auch die normalen Barbies verboten, nicht zuletzt, da sie zu Zeiten des Schahs auf Erfolgskurs gingen. Die muslimischen Herrscher erklärten sie kurzerhand für »unislamisch« und sprachen von der »verwestlichten Barbie-Kultur«. Die stummen Botschafterinnen des weltlichen Kapitalismus hatten einfach zu viele kleine Liebhaberinnen im Gottesstaat gefunden.

Der Gegenangriff kam 2002 aus dem staatlichen »Zentrum zur Verbreitung von Kultur für Kinder« und hieß Sara. Sara hat dunkle kurze Haare, von denen man aber recht wenig sieht, denn sie ist in einen *Tschador* gehüllt, der nicht nur bis zur Schulter reicht, sondern fast bis zum Boden. Sie trägt iranische Volkstracht. Eigentlich hat Sara keinen Freund, aber es gibt ein Gegenstück: Er heißt Dara. Die iranische Barbie ist kleiner, kindlicher und deutlich weniger figurbetont als ihre kesse US-Konkurrentin. Mit ihren breiten Köpfen erscheinen Sara und Dara als »Wiedergänger des DDR-Sandmännchens«, wie der *Spiegel* urteilte. Und vor allem: Das Umziehen oder gar Ausziehen entfällt. Die langen Hüllen sind mit der Figur moralisch korrekt verklebt. Madjid Ghaderii, Sprecher der sittenstrengen Behörde, kommentiert: »Wir müssen unsere eigenen Modelle entwickeln, um den westlichen Stereotypen etwas entgegenzuhalten.« Das Kulturzentrum unterhält enge Kontakte zu ähnlichen Einrichtungen in anderen islamischen Ländern wie Pakistan und Malaysia.

Razanne — die islamische Antwort auf Barbie

Bei diesem Streit im Iran geht es nur vordergründig um den »Kampf der Kulturen«, in dem die islamische Kulturpuppe gegen das kapitalistische Kommerzpüppchen antritt. Letztlich geht es

Die Scharia-Barbie

um ein funktionierendes Rollenvorbild für die Frau im Himmel der modernen Konsumwelt. Deshalb wurde auch nicht die betuliche Sara der Hardliner zur modernen islamischen Anti-Barbie, sondern die weltoffenere Razanne.

Razanne bedeutet auf Arabisch so viel wie »Zurückhaltung«. Konnte man sie in den USA seit 1996 in normalen Spielgeschäften kaufen und im Netz ordern, gab es die religiöse Puppe in Deutschland zunächst nur in Moscheen. Razanne ist dann auch recht zugeknöpft. Ihre kindliche Figur ist komplett angezogen. Sie trägt bodenlange Kleider und lächelt sanft. Ihr Kopf ist mit einem weißen Kopftuch verhüllt, das bis zur Schulter reicht. Im Unterschied zu Barbie hat Razanne auch keinen Freund. Auf einen Ahmed wird sie vergeblich warten. Erfinderin Noor Sadeeh erklärt ganz einfach: »So etwas würde nicht zu ihr passen.« Razanne bleibt für sich und kann das Leben zu Hause genießen. Sie hat Wichtigeres im Kopf als coole Partys oder Männer. Sie liest lieber im Koran. Dafür gibt es Razanne in zwei Varianten: mit blonden und mit schwarzen Haaren. Man kann sie zwar nicht umziehen, dafür stehen aber mittlerweile Figuren in sieben Outfits zur Verfügung, mehrere Alltags- und Festtagskleider sowie Freizeitkleidung, zum Beispiel Razanne als muslimische Pfadfinderin.

In den USA wurde die Zurückhaltende ganz schnell ein echter Renner, vor allem bei der großen islamischen Klientel. Der Hersteller, NoorArt in Michigan, verkündet auf seiner Website, die Puppe, die je nach Ausführung zwischen 10 und 22 Dollar kostet, fördere muslimische Identität und lehre islamisches Verhalten. Allein über die Website hatte die Firma des Ehepaars Noor und Ammar Sadeh bis 2004 insgesamt 300 000 Razannes verkauft. In der multikulturellen Konsumwelt der USA war es nur konsequent, dass bald auch ethnisch orientierte Ausgaben herauskamen, ganz nach dem Vorbild der *Ethnic Barbies*. Mittlerweile gibt es alle Razannes außer dem neuesten Modell laut Katalog in drei Varianten: mit blondem Haar und weißer Haut sowie mit schwarzem Haar und schwarzer oder olivfarbener Haut – die betende und die spielende Razanne, das Schulmädchen, die Pfadfinderin und die *Eid Mubarak Razanne*. Dies ist eine Spezialpuppe zur Feier des islamischen Feiertags *Eidul Fitri*, und der Hersteller schreibt dazu: »Heute feiert Razanne das hohe islamische Fest. Sie hat ihr neues Kleid mit Blumenmustern in Rosa oder Blau angezogen, und die Einladungskarten für ihre Freundinnen liegen bereit. Mit Luftballons kann sie den Raum für die Party schmücken.«

Die ebenfalls in allen Haut- und Haarfarben lieferbare »Drinnen-und-Draußen-Razanne« bietet NoorArt als Puppenpaar an. Die Packung für Kinder von vier bis acht Jahren kostet 17,99 Dollar und enthält eine verhüllte Figur mit Kopftuch zum Ausgehen und eine mit offenem Haar und peppigem Dress für zu Hause. Das farbenfrohe Kittelkleid ist wadenlang und hat einen deutlichen Ausschnitt. Während für den Ausgang Zurückhaltendes angezeigt ist, sei die Hausversion der letzte Schrei, betont der Hersteller: »Zu Hause liebt es Razanne, sich nach der neuesten Mode zu kleiden. Aber in einer Minute ist sie fertig und kann in ihrem traditionellen *Jilbab*-Mantel ausgehen.«

Mittlerweile hat das Unternehmen ein Razanne-Malbuch, das Brettspiel »Von Mekka nach Medina« und das »Heitere Koran-Quiz« nachgeschoben und ihr klug angepasstes Produkt in Kuwait und in den Vereinigten Arabischen Emiraten auf den Markt gebracht. In arabischen Ländern könnte Razanne ein Kassenschlager werden.

Es gibt jedoch ernst zu nehmende Konkurrenz aus dem islamischen Bereich. Seit 2003 wird die in China produzierte *Fulla* von einer syrischen Firma im gesamten Vorderen Orient vermarktet. Und zwar mit großem Erfolg, denn sie ist billiger als ihre Schwestern. Das betrifft allerdings nur den Kaufpreis. Als Frau ist sie alles andere als billig. Sie ist zwar geschminkt, aber das Kopftuch reicht bis zur Armbeuge. Die ebenfalls pink eingepackte Puppe ist benannt nach dem Jasmin, der in der Levante wächst. Ob in Syrien oder Ägypten, in Jordanien oder Katar: kaum ein Ecklädchen ohne Fulla-Puppen, Fulla-Cornflakes oder Fulla-Frühstück. Es gibt Fulla-Kaugummi und Fahrräder der Marke Fulla Pink.

Ob Barbie, Sara, Fulla oder Razanne, sie alle vermitteln eine bestimmte Sicht der Frau. Auf den ersten Blick sind das sehr verschiedene Frauenrollen. Die westliche Barbie kommt flott und sexy daher, während Razanne und ihre islamischen Schwestern sich brav und züchtig geben, hochgeschlossen statt offenherzig. Wo Barbie eher eine Ausziehpuppe ist, bleiben sie angezogen. Die kleine Muslima, die mit einer von ihnen spielt, soll sich an das Leben unter dem Schleier gewöhnen. Geht es also um eine Puppe Gottes gegen die Ikone der Weltlichkeit?

Razanne und Fulla sind zweifellos moderner als die museale *Marokko-Barbie*, und neuerdings sind sie so emanzipiert wie die westlichen Barbies, denn sie haben jetzt einen Beruf. Seit 2003 gibt es Razanne als Lehrerin, Fulla sogar als Lehrerin und Ärztin. Noor Sadeeh sagt: »Wir wollen zeigen, dass muslimische Frauen Karriere machen können.« Ganz auf islamischer Linie fragt sie, welcher Beruf denn wohl ehrenhafter sein könne als das Unterrichten. Zum bodenlangen Kleid trägt *Teacher Razanne* Sonnenbrille und ein Aktentäschchen. Und was ist drin? Ein Laptöpchen!

Volltreffer in die Psyche

Schaut man sich Barbie, Fulla und Razanne mit etwas Distanz an, erscheinen die Normen und Ideale, die sie transportieren, gar nicht so verschieden. Alle drei sind schön, gesund, hyperschlank und haben langes Haar. Sicher wirkt Barbie als Berufstätige selbständiger als Razanne und diese freier als die iranische Sara. Sie alle vermitteln einen globalen Lifestyle, der zwar im Westen seinen Ursprung hat, heute aber auf der ganzen Welt lokal angepasst und lokal interpretiert wird.

International aktive Firmen werden nur dann zum wirklichen *Global Player*, wenn sie universale Wünsche über eine wiedererkennbare Marke mit lokalen Verhältnissen in Einklang bringen können. Solche Produkte sind weder welteinheitlich standardisiert noch ausschließlich für eine lokale Kundschaft konzipiert. Wer Welterfolg will, muss den Spagat hinbekommen, Produkte zu »glokalisieren«. In den Vereinigten Staaten gibt es mittlerweile sogar Indianerfiguren als Spielzeug, deren Figur exakt den Barbie- und Ken-Maßen entspricht.

Produkte lassen sich nicht einfach durch viel Werbung global durchsetzen. Lokale Anpassung ist wichtig, aber auch das reicht nicht für einen echten Welterfolg. Solche Produkte müssen mehr leisten. Sie müssen Themen ansprechen, die alle Menschen stark interessieren, und sie müssen schön sein. Barbie bedient den Dauerbrenner Verwandtschaft in allen Kulturen: Freundschaft, Liebe, Familie. Schon früh hatte Barbie nicht nur einen Freund, sondern auch eine Freundin. Es kamen immer mehr Puppen hinzu, etwa Skipper, ihre kleine Schwester, oder Francine, ihre Cousine, die wiederum selbst Freundinnen hatten. Das unterscheidet Barbie von üblichen Puppen, zu denen es, wenn überhaupt, nur Mann und Kind gibt.

Diese Vielfalt ist mehr als einfach nur eine Strategie, viel zu verkaufen. Mattel gestaltete Barbies Freundinnen immer mit eigenen Gesichtern. Midge, seit 1963 auf dem Markt, ist Barbies älteste Begleiterin. Statt einem sexy Girl ist sie das unkomplizierte Mädel von nebenan. Barbie ist bis heute unverheiratet. Midge dagegen durfte heiraten, und zwar Kens Freund Allan. Die Firma baut eine ganze Lebenswelt um die Figuren auf. So lassen sich Geschichten erzählen, die sich um menschliche Kernthemen drehen. Der Hersteller entwickelte außerhalb der Barbie-Serie noch weitere Reihen von Modepuppen im gleichen Maßstab. Auf den Packungen ist vermerkt, dass ihnen die Barbie-Kleidung passt. Auch sie gehören also zu Barbies Welt. Mattel hat damit früh ein Grundprinzip des erfolgreichen Marketings entdeckt. Statt nur ein Püppchen zu verkaufen, stecken emotionalisierte Lebenswelten und ganze Geschichten im pinkfarbenen Paket.

Der Hersteller hat nicht nur die evolutionär geformten Vorlieben von kleinen Mädchen sehr genau studiert. Das Unternehmen verfolgt selbst eine Art evolutionäre Strategie von Versuch und Irrtum. Die Nebenfiguren werden in der Regel nur für einige Jahre verkauft. Jedes Jahr kommt etwa ein halbes Dutzend neuer Versionen auf den Markt, darunter viele Misserfolge. So gab es von Francine 1966 zusammen mit der weißhäutigen eine dunkelhäutige Version, die aber als Flop schnell vom Markt genommen wurde. Schon 1968 war ihre afroamerikanische Freundin Christie mit etwas veränderter Kopfform ein Erfolg, wie später auch ihre asiatischen Freundinnen Kira und Lea sowie die hispanische Kayla. Mattel hat immer wieder mit dem Aussehen der Puppen experimentiert. Einige Kopfformen wurden bei Modellen ausprobiert, die selbst nur kurz im Programm waren, dann aber für andere Top- und Longseller verwendet.

Vermessene Schönheit

Psychologen sagen uns, dass es universale Schönheitskriterien gibt. Bei Schönheitsvorstellungen zu Kunstwerken gibt es eine ziemliche Streuung. Die Standards für die Beurteilung der Schönheit von Menschen sind dagegen weltweit recht ähnlich. Und es ist wichtig, darüber Bescheid zu wissen, denn Schönheit hat Folgen, auch wenn wir uns dagegen innerlich wehren. Wer als schön gilt, wird automatisch für zufriedener, sympathischer, intelligenter, kreativer und fleißiger gehalten als andere. Und vielleicht ist er oder sie deshalb dann tatsächlich erfolgreicher. Menschen sind sich weltweit ziemlich einig, wen sie gut aussehend finden. Überall werden große Menschen als schön empfunden, auch wenn das bei zwei Metern an seine Grenze stoßen mag. Danny-DeVito-Typen können noch so sympathisch sein, attraktiv sind sie für eine Frau nur bedingt, und auf dem Heiratsmarkt haben sie eindeutig die schlechteren Karten. Kleine Männer setzen im Schnitt deutlich weniger Kinder in die Welt als größere, und das hat nichts mit ihrer Potenz zu tun. Überall mag man Menschen mit einer sauberen und glatten Haut. In allen Kulturen findet man symmetrische Gesichter schöner als unsymmetrische. Beim Morphing wird am Computer aus vielen echten Porträts das Bild eines Gesichts künstlich erzeugt. Am allerbesten schneidet ein auf diese Weise hervorgebrachter Durchschnitt aus Gesichtern ab, die zuvor als schön bewertet wurden. Das Gleichmaß auf dem Siegerpodest.

Praktisch überall schätzen Männer schlanke Hüften und eine mittelbreite Taille bei Frauen. Devendra Sing stammt aus Indien, forscht als Psychologe an der University of Texas in Austin und interessiert sich für die Evolution der menschlichen Psyche. Singh kommt 1993 auf die Idee, Prosaliteratur, Gedichte und Theatertexte aus drei Jahrhunderten unter die Lupe zu nehmen, um nach Schönheitsvorstellungen zu fahnden. In den 66 romantischen Beschreibungen der Taille findet er keine einzige, in der eine dicke Körpermitte besungen wurde.

Es gibt eine ideale Proportion, die quer durch alle Zeiten und Kulturräume als schön gilt. Die Weltformel der Attraktivität ist ein Verhältnis von Taille zu Hüfte von 0,7. Evolutionsbiologen sagen uns, dass diese Körperform den Männern Fruchtbarkeit anzeige. Mediziner fügen hinzu, dass die damit erreichte Fettverteilung gesund sei. Vollschlanke können sich mit den ganz wenigen Kulturen trösten, in denen gewichtige Menschen allgemein als schön gelten. Es gibt einzelne Gesellschaften, in denen man nur richtig Füllige sexy findet. Sie müssen sich allerdings in die innere Sahara, an den oberen Amazonas oder in die Randgebiete Südafrikas begeben, um dort ihre Traumpartner zu finden.

Barbie hat wahrhaftig kein Problem mit überflüssigem Gewicht. Ihre Körperform ist gegenüber den wirklichen Menschen und selbst ihren Schönheitsidealen übertrieben. Arme und Beine sind überlang, die Hüften superschmal, die Taille ist extrem eng. Der geringe Fettgehalt ihres Körpers, wenn er nicht aus Plastik bestünde, wäre tödlich. Ihr Unterkörper wäre nicht in der Lage, die normalen Organe zu fassen. Im realen Leben wäre sie ein Pflegefall.

Verhaltensforscher haben allerdings herausgefunden, dass bestimmte Übertreibungen besonders anziehend wirken. Sie nennen das »überoptimale Auslöser«. Bekannt ist das sogenannte Kindchenschema mit hoher Stirn, großen Kinderaugen, kleinem Kinn und süßer Stupsnase. Das wurde von Puppenherstellern schon benutzt, bevor die Verhaltensforscher es entdeckten. Als Konrad Lorenz das Kindchenschema 1943 entdeckte, gab es noch keine Barbie-Puppen. Er hat mit anderen

Puppen gespielt. Neuere Untersuchungen zeigen, dass Männer und auch Frauen ein im Computer »gemorphtes« Gesicht besonders schön finden, wenn es die Proportionen einer Vierzehnjährigen hat. Mit der Verzerrung zum Babyface trifft Barbie auch hier ins Schwarze. Die übergroßen Augen, die Stupsnase, die langen Haare, der volle Busen und die Wespentaille – offenbar ist für alle Käufer der richtige Auslöser dabei. Die Puppe gefällt den Kindern und auch denen, die sie kaufen, den Eltern: ein kulturübergreifender Volltreffer in die Psyche der Menschen weltweit.

Burkini statt Bikini

In Berlin-Kreuzberg verkaufen polnische Männer amerikanische Razannes an kleine Türkinnen. In Marseille verkaufen marokkanische Händler chinesische Kopien amerikanischer Barbies an französische Kinder. Die Welt wird zunehmend vernetzt. An einzelnen Orten zeigen sich aber ganz eigene Antworten auf diese Welteinflüsse. Globale Einflüsse werden lokalisiert. »Glokalisierung« nennen Sozialwissenschaftler das.

Im Rahmen ihrer weltweiten Vermarktung passt man Produkte oder Firmenauftritte lokal an. Man islamisiert sie zum Beispiel. McDonald's offeriert in Mekka Hühnchen mit Reis statt Buletten. In Malaysia tragen die Burger-Verkäuferinnen am Freitag Kopftücher. Wenn in Indonesien die Amerikaner mal wieder unbeliebt sind, werden die Schilder in den Filialen der Fast-Food-Kette auf Arabisch umgestellt, auch wenn das kaum ein Kunde lesen kann. In Saudi-Arabien laben sich die Wüstensöhne mit Mecca-Cola.

Glokalisierung beobachten wir auch in Australien. Der Cogee Beach, einer der Hotspots des australischen Strandlebens, ist kein Kloster. Miniatur-Bikinis treffen auf hautenge Badehosen, Sex liegt in der Luft. Hier wie an vielen Stränden in Australien ist Oben-ohne nicht nur toleriert, sondern völlig normal. Normal aus wessen Sicht? Es verwundert nicht, dass die Zahl der Muslime hier am Strand übersichtlich bleibt. Auch wenn es heute, wo Australien zunehmend asiatisch wird, viele Islamgläubige im Land gibt, wird hier kaum eine Muslima ins Wasser gehen. Das wäre nicht sittsam, sondern würdelos, und sie bekäme zu Hause eine Menge Ärger.

Dieses Problem hat die Firma Ahiida gelöst: *Burkini* statt Bikini! Im Namen fusioniert der Bikini mit der islamischen *Burka*. Der schicke *Burkini* ist aus Lycra und bedeckt den ganzen Körper. Dazu gehört eine Kopfbedeckung namens *Hijihood*. Sie ersetzt das Kopftuch, den *Hijab*. Ahiida produziert seit 2004 religiös korrekte Freizeitkleidung. Die Firmengründerin Aheda Zanetti kam im Alter von vier Jahren nach Australien. Sie ist Mutter von vier Kindern und sagt: »Ich wurde durch kulturelle und religiöse Sitten und Bräuche eingeschränkt.« Jetzt ist den Muslimas ein Bad mit Würde möglich. Die australische Kommission für Außenhandel fand das gut und feierte Zanetti als herausragende Unternehmerin, die »Millionen von Frauen rund um den Globus einen aktiven Lebensstil ermöglicht«. Mecca Laallaa, 22, aus dem Libanon stammend, ist dank des Burkini nun Rettungsschwimmerin bei den *Life Savers* am Surfclub Cronulla in Sydney. Eine moderne islamische Frau in einer Männerdomäne, in der es bisher um wenig mehr ging als Sonne, Strand, Sex ... und *Four-X-Beer*.

Andere Länder — andere Zeiten?
*Sonne und Mond,
Kreis und Pfeil*

Es ist kurz nach sechs Uhr am frühen Abend in Ujung Pandang. Hier in Indonesien sind wir nahe am Äquator, also wird die Sonne bald und schnell untergehen. Sie wird ins Meer fallen, so wie sie morgens steil, geradezu explosionsartig aufgeht. Obwohl sie bereits tief steht, brennt sie immer noch intensiv auf der Haut. Meine Frau und ich warten auf den Beginn eines Badmintonspiels. Eigentlich wollte Maria erst bei dem Spiel ins Schwitzen kommen, aber nun rinnt uns der Schweiß schon vorher in Strömen.

Wir sind im Jahr 1991. In unserem Viertel läuft ein Badmintonturnier unter den Frauen, und für heute sind die Halbfinals und die Ermittlung der Gewinnerin angesetzt. Das Gebiet ist eine chaotische Ansammlung von Gebäuden und verwinkelten Wegen am Rand der Millionenstadt. Ein Hauptweg verbindet das Viertel mit einer lebendigen Straße, die von einer schier endlosen Reihe von Läden gesäumt wird. Hier in Rappocini wohnen Leute aus der Mittelschicht wie auch ganz Arme. Klapprige Hütten stehen neben veritablen Steinhäusern. Das Turnier läuft schon seit mehreren Wochen. Gespielt wird nach der Arbeit auf einem Platz einfachster Art, einer Baulücke zwischen zwei Häusern am Rand eines schmalen Wegs. Auf den Ascheplatz hat man mit weißer Farbe Linien gezeichnet und darüber ein Netz gespannt. Man trifft sich meist abends gegen sieben, um sechs Uhr ist Gebetszeit.

Nach der Siesta spielen schon am Nachmittag Kinder auf unbebauten Flächen im Viertel Fußball und Badminton. Da habe ich auch des Öfteren mitgemacht, nicht selten bis zur totalen Erschöpfung. Ich spiele gern Fußball, und außerdem bin ich Deutscher. Jeder kennt hier »Klänsmaaan« und viele auch noch »Bäkenbooor«. Früher wurden mitten in der Nacht Bundesligaspiele live nach Indonesien übertragen. Schalke gegen Mönchengladbach in voller Länge ... Heute kommen die Spiele eher aus der *Premier League*. Ich muss also die deutsche Fußballehre hochhalten. Kurz vor sechs Uhr hören die Kinder und Jugendlichen ziemlich schnell auf, ohne dass irgendjemand deutlich ein Zeichen gibt. Aber alle wissen: Jeder muss sich waschen, und dann geht's ab zum Gebet. Es gibt sechs Gebete am Tag, und Erwachsene begrüßen Kinder zu den Gebetszeiten oft mit einem: »*Sudah mandi?*« Das heißt so viel wie: »Warst du schon im Bad?«

Die Spiele beim Turnier wirken auf uns oft spontan, laut und chaotisch. Aber alles wird vorher langwierig besprochen und geplant. Es gibt eine Unzahl von Funktionen: Organisatoren, Spielleiter, Unterspielleiterinnen, Schiedsrichter, Spielfeldverwalterinnen, Protokollanten und, fast hätte ich es vergessen, die Spielerinnen selbst. Einige von ihnen haben keine eigene Sportkleidung oder müssen sich einen Schläger leihen. Alles muss organisiert werden, ebenso wie der Kauf der Preise für die Gewinnerin, die Zweite und Dritte. Unter den Organisatorinnen wird auch lang und breit darüber gesprochen, nach welchem Spielmodus gespielt wird. Notizformulare werden vorbereitet. Indonesier lästern ständig über die Bürokratie in ihrem Land, die sie, nach dem holländischen Wort, *birokrasi* nennen. Bürokratie ist eine Alltagserfahrung: endlose Mengen von Formularen, endloses Warten bei Behörden, die *instansi* heißen. Besondere Absurditäten der Verwaltung schaffen es immer wieder bis in die Schlagzeilen. Die Indonesier klagen über Bürokratie, aber sie lieben sie auch.

Entschleunigung – hinein in die »Gummizeit«

Die letzte Spieletappe sollte um 18 Uhr beginnen. In Indonesien sagt man »*Sore, jam enam*«, »Nachmittags, sechs Uhr«. Maria war bei den Vorbesprechungen dabei. Als es hieß: »Wir treffen uns um sechs«, wurde sie stutzig: »Aber da beten doch alle. Das ist doch eure Gebetszeit! Wie soll das gehen?« »Macht nichts, wir treffen uns trotzdem um sechs«, kam als Antwort. Maria wollte nachbohren, aber da hörte schon keiner mehr richtig hin. In Indonesien wird längst nicht alles und immer präzise besprochen. Insistieren ist hier überhaupt nicht in. Das gilt ganz besonders für Zeiten. Dafür wird ellenlang und immer wieder über verschiedene Möglichkeiten der Spielorganisation diskutiert. Es ist in Indonesien nicht üblich, etwas schnell zu entscheiden. Ruckzuck-Abstimmungen sind nichts für Indonesier. Sie reden so lange miteinander, bis eine Lösung gefunden ist, mit der alle leben können.

Maria und ich, ganz preußisch, sind natürlich pünktlich zur Stelle. Wir haben schon lange vorher die Sportsachen zusammengesucht und die Schläger bereitgelegt. Sorgsam haben wir an die hier wichtigen Dinge gedacht, Schweißband, Handtuch, mehre Shirts zum Wechseln und Sonnenbrille. Als wir Punkt sechs am Haus von Hasia, der Organisatorin, stehen, ist kein Mensch am verabredeten Treffpunkt. Wir warten. Maria guckt um zehn nach sechs zum ersten Mal auf die Uhr. Es kommt niemand. Auch nicht um Viertel nach sechs. Ich halte mich für

Andere Länder – andere Zeiten?

geduldig, aber um halb sieben bekomme auch ich schlechte Laune. Ich habe meine Sonnenbrille jetzt schon mehrmals vom Schweiß befreit. Wir sind frustriert. Wir schwitzen. Wir warten weiter. Als ich zu bedenken gebe: »Vielleicht haben wir den Tag verwechselt«, streiten wir uns beinah.

Wir sind noch nicht lange in Indonesien, da kann es schon mal passieren, dass man den falschen Tag erwischt. Unser Turnier findet am Wochenende statt. Der Samstag heißt *hari sabtu*, der Sonntag *hari minggu*, das gesamte Wochenende *habis minggu*, im Alltagsumgang aber einfach *minggu*. Der Abend vor dem Sonntag, also Samstagabend, heißt *malam minggu*, der Sonntagabend *minggu malam*. Da gibt es auch unter Indonesiern Missverständnisse. Junge Indonesier denken oft nach westlichem Muster und meinen mit *malam minggu* den Sonntagabend statt des Samstagabends. Egal, wir warten. Wenn wirklich niemand kommt, gehen wir spazieren. Das ist immer schön in der tropischen Abenddämmerung, wenn es langsam frischer wird.

Die ersten Spielerinnen trudeln um acht Uhr ein. Wir begrüßen sie mit den Worten: »Schön, dass ihr auch schon da seid!« Die Ironie versteht zwar niemand, zur Ableitung unseres Ärgers ist sie aber gut. Man würde hier niemals auf solchen Kleinigkeiten herumreiten. Wir aber sind immer wieder irritiert. Natürlich habe ich in ethnologischen Büchern zu den Kulturen Indonesiens über *jam karét*, die »Gummizeit«, gelesen. Wir kennen das auch von unseren früheren Reisen, wo Indonesier das selbst oft erwähnten. Aber die Indonesier nehmen es mit der Zeit auch sehr genau. Zu den ersten Sachen, die man lernt, wenn man hier länger lebt, gehören die genauen Zeitangaben beim Begrüßen. Während man bei uns mit »Guten Morgen«, »Guten Tag« und »Guten Abend« über die Runden kommt, unterscheiden die Indonesier sehr exakt. *Selamat pagi*, wörtlich »Glücklicher Morgen«, gilt nur bis 10 Uhr. Während des heißen Teils des Tags von 10 bis 15 Uhr, wo die Sonne senkrecht über Indonesien steht, sagt man »Guten Mittag«, *selamat siang*. Und nachmittags ab 15 Uhr bis zur Dämmerung gegen 18 Uhr begrüßt man sich mit »Guten Nachmittag«, *selamat sore*. In einigen Regionen Indonesiens gibt es sogar noch eine spezielle Bezeichnung für die Zeit zwischen 16 und 19 Uhr: *selamat petang*. Ein einfaches »Guten Tag« dagegen gibt es gar nicht. Abends sagt man »Glücklicher Abend«, *selamat malam*.

Außerdem schätzen Indonesier durchaus die Pünktlichkeit! Wenn wir erzählen, dass wir aus Deutschland kommen, ist die erste Reaktion oft: »Oh, Deutschland, da kommt jeder Bus pünktlich. Super!« oder: »Deutsche Eisenbahnen fahren auf die Minute ab. Erstaunlich.« Ich frage mich dann insgeheim, wie erstaunt sie erst wären, wenn sie die deutsche Bahn-Wirklichkeit erlebten. Indonesier lieben Formales, beziehungsweise es wird ihnen von der Politik aufgenötigt. Deshalb gibt es immer wieder Versammlungen aller Art, manche formaler, andere lockerer. Bürger versammeln sich, Beamte versammeln sich, die Frauen von Beamten versammeln sich, Badmintonspielerinnen versammeln sich. Solche Versammlungen beginnen in der Regel pünktlich. Ich habe aber auch erlebt, dass 30 Frauen in einem knallheißen Raum ohne Murren 20 Minuten warten, bis eine Veranstaltung beginnt, nur weil die Frau, die sie begrüßen soll, noch nicht da ist. Als sie dann eintrifft, hört man höchstens ein geflüstertes *maaf*, »Entschuldigung«. Kinofilme starten in Indonesien pünktlich. Gesellschaftliche Veranstaltungen beginnen mal mehr, mal weniger pünktlich. Andere Aufführungen fangen schon mal eine halbe Stunde verspätet an. Ältere Kollegen sagen mir aber, dass die Pünktlichkeit allgemein zugenommen hat.

Dennoch ist die Gummizeit verbreitet, besonders bei privaten Verabredungen. Wird das Gummi bis zum Reißen gespannt, gibt es auch einmal mehrstündige Verspätungen. Auf Einladungen zu Hochzeitsempfängen, zu denen meistens mehrere Hundert Leute erscheinen, steht die Zeit des Beginns. Tatsächlich fangen sie häufig später an, und die Gäste kommen zum Teil noch sehr viel später. Das ist nicht unhöflich. Es kommt aber auch vor, dass ein Hochzeitsempfang früher beginnt. So etwas stört hier niemanden. Jedenfalls beklagt sich keiner. Wenn man sich mit Freunden oder Verwandten trifft und es nicht unbedingt erforderlich ist, pünktlich zu sein, kann man ruhig später kommen. Dafür kann man aber auch früher erscheinen, wenn man jemanden besucht. Sind die Besuchten noch nicht da, macht einem irgendjemand auf. Auf Sulawesi steht im Empfangszimmer oft ein großes Sofa oder sogar ein Bett. Wenn ich dort bin, mache ich erst mal ein Nickerchen, bis die Leute des Hauses eintreffen. Eine wunderbare Sitte, finde ich.

Es gibt aber klare Ausnahmen von der Gummizeit. Dabei ist meist Status, Macht oder Prestige im Spiel. Ranghohe Personen erwarten von Ausländern absolute Pünktlichkeit. Das ist eine Frage des Respekts. Die Indonesier wissen auch vom Pünktlichkeitsfetischismus der modernen Welt. Wenn Geschäftsleute und hochrangige Personen einladen, steht auf der Einladungskarte sogar oft: »Kommen Sie bitte eine halbe Stunde früher!« Man soll überpünktlich sein, auch wenn die Veranstaltung viel später beginnt, nach der Devise: »Spute dich, um zu warten.«

Zeitlose Indianer?

Verschiedene Kulturen haben offenbar verschiedene Konzepte von Zeit. Zeit ist grenzenlos, kontinuierlich und eigentlich unteilbar. Dennoch wird sie ganz verschieden erfahren. Einige Gesellschaften halten Zeit für linear, andere für kreisförmig oder für eine statische Größe. Die Aborigines Australiens haben mit ihrer »Traumzeit« eine Vorstellung, die weder linear noch zyklisch ist. Sie glauben, dass sich die Vergangenheit »wiederholen« und »vergegenwärtigen« kann. Einige Kulturen halten die Zeit für einteilbar. In manchen Gesellschaften, zum Beispiel bei uns, denken die Menschen, dass man Zeit sparen, verlieren oder vergeuden könne. Das erscheint anderen Kulturen absurd: »Wie kann man denn Zeit verschwenden? Wenn man irgendetwas nicht macht, tut man doch dafür etwas anderes.« Die Indonesier zeigen uns, dass es innerhalb einer Gesellschaft verschiedene Zeitideale nebeneinander geben kann. Ein Konzept der Zeit ist also weit mehr als die herrschende Vorstellung über Pünktlichkeit. So wie der Raum ist die Zeit eine elementare Grunddimension des Lebens. Sie bestimmt das Alltagsleben von Menschen, egal in welcher Kultur sie leben.

Zeitvorstellungen sind ein gern benutztes Beispiel für kulturelle Vielfalt und ihre Unterschiedlichkeit ein häufiges Argument gegen Universalität. Die strittige Frage ist, ob es trotz der verschiedenen Zeitkonzepte in allen Kulturen auch die Vorstellung einer gerichteten Zeit gibt. Es geht um das Konzept der Zeit als horizontaler Pfeil. Ein Zeitstrahl kommt aus der Vergangenheit, geht durch die Gegenwart und zielt in die Zukunft. Diese Vorstellung des gerichteten Pfeils ist bei uns eng mit dem Konzept des Fortschritts verknüpft. Die Ethnologen haben deshalb lange bezweifelt, dass es gerichtete Zeit in allen Kulturen gibt.

In vielen asiatischen Gesellschaften denkt man sich die Gegenwart als untrennbar mit der Vergangenheit verknüpft. In diesen Kulturen macht man Dinge eher gleichzeitig, als die Aufgaben nacheinander zu erledigen. In indonesischen Büros spielen die Angestellten neben der eigentlichen Arbeit auch Glücksspiel oder telefonieren ausgiebig mit der Ehefrau. In großen

Büros halten manche auch mal ein Nickerchen. Während der Dienstzeit wird vor dem Amtsgebäude Badminton gespielt. Dafür bleiben viele aber auch länger im Büro oder empfangen Kunden bei sich zu Hause. Die Entdeckung solcher vertikaler Zeitkulturen hat es bereits bis ins Fachvokabular geschafft. Wissenschaftler sprechen von »polychronen« im Gegensatz zu »monochronen« Kulturen.

Andererseits denkt sich die Mehrheit der Menschen die Zeit in Vergangenheit, Gegenwart und Zukunft und erlebt sie als Dauer. Jede bekannte Kultur thematisiert das Sonnenjahr. Und das haben wohl alle Menschen aller Kulturen schon immer getan. Manche Ethnologen bezweifeln die Universalität des Zeitpfeils dennoch bis heute. Warum?

Benjamin Lee Whorf, ein amerikanischer Sprachwissenschaftler, hatte in den 1930er Jahren die Hopi untersucht, eine Indianergruppe in den USA. Sein Ergebnis ließ die Fachwelt aufhorchen: Whorf behauptete, die Sprache dieser Indianer habe keine Worte für das, was wir »Zeit« nennen. Sie kenne auch keine grammatischen Formen, Konstruktionen oder Ausdrücke, die sich direkt auf Zeit beziehen, das gelte ebenso für die Vergangenheit wie für die Zukunft. Während wir Zeit durch Worte des Raumes ausdrücken, »nach kurzer Zeit«, »eine Zeitlang«, stellten die Hopi den wiederkehrenden Aspekt heraus. Statt »in der Nacht« sagten sie »wenn es Nacht ist«. Die Hopi haben nach Whorf auch keine Ausdrücke für Dauer. Als Zusammenfassung seiner Untersuchungen formulierte Whorf 1936 einen sehr folgenreichen Satz: »Die Sprache der Hopi beinhaltet keinen Bezug zu ›Zeit‹, weder ausdrücklich noch implizit.«

Was war an dieser Aussage so schwerwiegend, da sie doch nur etwas über eine einzige von Tausenden Kulturen dieser Welt sagt? Weil der gut dokumentierte Fall einer Kultur, der ein Merkmal fehlt, reicht, um zu zeigen, dass dieses Merkmal nicht universal sein kann. Whorf schloss von der Sprache auf das Denken der Hopi. Wenn sie keine Zeitwörter in ihrer Sprache haben, haben sie auch kein Zeitkonzept. Später wurde er etwas vorsichtiger und meinte nun, ihre Zeitvorstellungen seien »sehr anders« als die westlichen. Die Hopi hätten eine »psychologische Zeitvorstellung«. Zeit werde bei ihnen nicht objektiviert, nicht in Einheiten gedacht, die man ansammeln kann. Die Hopi würden nicht von »zehn Tagen« sprechen so wie von »zehn Menschen«. Den Plural und die Aufzählung gebe es bei ihnen nur für Dinge, die eine objektive Menge bilden können. Zeit existiere für sie aber nicht in solchen physikalischen Einheiten. Statt zu sagen »Sie blieben zehn Tage«, sagten sie deshalb »Sie gingen am zehnten Tag«.

Nach Whorf haben die Hopi jedenfalls keine Vorstellung in der Art, dass die Zeit fließt und ein Kontinuum bildet. Er leitete aus seinen Ergebnissen ab, dass die Hopi eine völlig andere Vorstellung von Zeit hätten als andere Kulturen. Whorf war ein Relativist, und das westliche Zeitkonzept war damit vom Sockel der Allgemeingültigkeit geholt, es war ein besonderes unter vielen anderen Konzepten der Zeit. Was für eine befreiende Vorstellung: Anders als wir im Westen interessieren sich die Hopi nicht für exakte Abfolgen im Leben. Datierung und Chronologie sind ihnen egal. Sie brauchen keine Kalender! Das passte gut zusammen mit Informationen über nichtindustrielle Kulturen, die sich nach den Kreisläufen der Natur richten statt nach Uhren. Ihnen reichen die Zyklen von Tag und Nacht, die Mondphasen und der Wechsel der Jahreszeiten.

Tatsächlich leben viele Kulturen in einer solchen »Ereigniszeit«. Wenn sich ein Bauer in Burundi in Afrika mit seinem Freund verabredet, nennt er keine Uhrzeit. Er sagt: »Wir treffen uns, wenn die Kühe trinken.« Beide wissen, dass das etwa mittags ist und dass die Kühe darüber entscheiden, wann genau sie sich treffen. Es gilt die ökologische Zeit statt der Uhrzeit. Robert Lauer hat die Nuer erforscht, die als Viehhirten im trockenen Sudan in Afrika leben. Der Nuer-Kalender richtet sich nach den Jahreszeiten der Natur und ihren eigenen Aktivitäten. Im Monat *Kur* beispielsweise errichten sie Fischsperren im Fluss und Lager bei den Viehweiden. Wann ist der Monat *Kur*? *Kur* ist, wenn Dämme und Lager gebaut werden!

Das erinnert an den Witz des amerikanischen Blitztouristen in Europa. Jemand fragt ihn, ob er weiß, wo er gerade ist. »Ja, klar, heute ist Dienstag, also muss das hier Belgien sein.« Was würde ihm der traditionell aufgewachsene Nuer, der gerade aus dem Sudan in Brüssel angekommen ist und unserem Amerikaner Kunsthandwerk verkauft, auf die Frage antworten, welcher Tag gerade sei? »Ich bin hier in Belgien, also ist heute Dienstag!« Diese Ereigniszeit-Kulturen achten auf die Uhr der Natur. Die Hopi, die Leute in Burundi, die Nuer und viele andere Kulturen können gelassener sein als wir. Entschleunigung ist angesagt.

Ethno-Mythen

Für viele Menschen im Westen ist das eine schöne Vorstellung, aber ist das auch die ganze Wahrheit? Gibt es bei ihnen neben den anderen Zeitkonzepten nicht auch den gerichteten Zeitstrahl? Haben sie nicht auch manchmal Zeitdruck? Westliche Träume werden immer wieder gern auf andere Völker projiziert. So werden Indianer gerne als »Ökoheilige« verehrt, die immer hegend mit der Natur umgehen – ganz anders als der »böse weiße Mann«. Wir wissen heute, dass die Wirklichkeit anders aussah. Die Bisonherden waren schon weitgehend massakriert, bevor die Siedler und Cowboys kamen. Die bunten Indianerbücher für Kinder und die Esoterikliteratur in den Wohlfühlecken unserer Buchhandlungen geben solche Mythen aber gerne weiter. Aus diesem Grund ist auch der Begriff »Naturvölker« so populär, obwohl kein Ethnologe ihn heute mehr verwendet.

Das Zerrbild der entspannten »Naturvölker« ist für gehetzte Stadtmenschen attraktiv. Es ist aber so überzogen, dass es falsch ist. Diese Kulturen leben nicht im Zustand paradiesischer Zeitlosigkeit. Zunächst einmal spricht der Mythos diesen Völkern ab, dass sie sich wandeln, dass sie eine eigene Geschichte haben. Vor 100 Jahren haben selbst Ethnologen noch geglaubt, dass es Völker ohne Geschichte gebe. Man nannte sie »Völker der ewigen Wiederkehr« und dachte, sie würden von sich aus in einer statischen Tradition verharren, ihre Lebensweise würde sich nur durch Kontakt mit den progressiven westlichen Kulturen wandeln. Noch heute redet man gern von »traditionellen« Kulturen und stellt sie dem dynamischen Westen gegenüber. Wir wissen es eigentlich schon lange besser. Alle Kulturen wandeln sich ständig. Außerdem unterschlägt der Mythos von der paradiesischen Zeitvergessenheit die Tatsache, dass in diesen Kulturen die Saat ausgebracht und die Ernte gesichert werden muss, dass Netze eingeholt und Familien ernährt werden müssen. Die »Naturvölker« sind nicht im Dauerurlaub.

Was sagt die heutige Forschung zu Whorfs Thesen? Ekkehart Malotki, ein deutschstämmiger Sprachwissenschaftler in den USA, hat die Zeitvorstellungen der Hopi einer erneuten Analyse unterzogen. Da Whorfs Thesen in der Diskussion fast immer in zugespitzter Form wiedergegeben wurden, schaute er sich zunächst einmal die Aussagen des Altmeisters gründlich an. Dabei wurde ihm klar, dass Whorf das westliche Zeitkonzept wesentlich genauer beschrieben hatte als das der Hopi. Malotki ging in seiner Darstellung deshalb sehr viel mehr ins Detail, als Whorf das getan hatte. Weder Whorf noch die Nachbeter seiner Thesen hatten sich ausführlich mit der Grammatik und mit Texten der Hopi befasst und genaue Wörterbücher erstellt.

Malotki beginnt seine Neuanalyse in den frühen 1970er Jahren. Diese Detailarbeit braucht Zeit, und Malotki nimmt sie sich. Er ist ein engagierter Forscher und setzt sich auch außerhalb der reinen Wissenschaft für die Hopi ein. Neben Fachaufsätzen veröffentlicht er ihre Märchen, ihre Felsbilder und schreibt Kinderbücher über sie. Er berät Filmteams, zum Beispiel für den wunderbaren Streifen »Koyaanisquatsi« von Godfrey Reggio aus dem Jahr 1982, der völlig ohne Sprache und in extremer Langsamkeit die Entfremdung der Menschen von der Natur darstellt. 1983 veröffentlicht er seine Resultate schließlich. Auf der ersten Seite seines Buchs zitiert er einen Satz der Hopi, übersetzt ihn Wort für Wort und formuliert ihn schließlich in grammatisch korrektem Englisch so: »Then indeed, the following day, quite early in the morning at the hour when people pray to the sun, around that time he woke up the girl again.« So viel zur Zeitlosigkeit des Denkens der Hopi! Das sollte eigentlich reichen, um Whorfs Thesen als unhaltbar zu entlarven.

Malotki ärgert sich aber offenbar über die Kraft dieses Mythos. Als fleißiger Wissenschaftler zerlegt er auf 677 eng bedruckten Seiten die Aussagen von Whorf Stück für Stück. Die Hopi kennen Zeiteinheiten, wie Tag, Teile des Tags, Wochen, Monate. Sie haben Wörter für »gestern« und »morgen«. Sie kennen auch die Messung von Zeit in Form eines Himmelskalenders. Es gibt Ausdrücke für »alt«, »schnell«, »lange Zeit«, »beendet«. Nun hatte Whorf den Hopi ja nicht jeden Sinn für Zeit abgesprochen, aber auch seine Aussagen, dass es keine Objektivierung der Zeit gebe, sind falsch, genauso wie sein Befund, die Hopi hätten keine Raummetaphern für zeitliche Prozesse. Die Hopi sagen durchaus »zehn Tage«, und sie sagen solche Wörter nicht etwa erst, seit sie Kontakt mit westlichen Menschen haben. Diese Ausdrücke lassen sich nämlich in Texten finden, die lange vor Whorf geschrieben wurden. Malotki, ganz Detektiv, fand sogar in einem Wörterbuch, das Whorf selbst erstellt, aber nicht veröffentlicht hatte, ein Raum-Wort, das Zeit ausdrückt.

Malotki zeigt, dass die Hopi Aufzeichnungen über Zeitdaten machen, ja regelrechte Chronologien. Sie haben einen Sonnenkalender, einen Knotenkalender und Kalenderstöcke aus Holz. Sie benennen exakte Zeitpunkte für Zeremonien und erfassen vergangene Zeiten mit Strichen auf den Wänden ihrer Behausungen. Das alles heißt nicht, dass die Hopi nun mit Zeit genauso umgehen wie wir. Sie benutzen Kalender nicht so umfassend, wie wir das tun. Uhren spielen bei ihnen eine geringe Rolle. Nach diesen Ergebnissen ist aber klar, dass die Hopi nicht in einer ganz anderen Zeit-Welt leben. Eine heilige Kuh der Linguistik war als Mythos entlarvt.

Warum hat Whorf das alles nicht gesehen? Wir wissen es nicht. Hat er es nicht wahrnehmen wollen? Das mag ein Grund sein, aber sicher nicht der einzige. Whorf baute seine weitreichenden Schlüsse auf unvollständigen Daten auf – und er hatte starke mystische Interessen. Viele seiner Arbeiten erschienen in einer theosophischen Zeitschrift, die in der indischen Stadt Madras veröffentlicht wird. Für ihn war die Erforschung von Sprache ein Weg des Yoga. Vielleicht wollte er seine Ergebnisse auch einfach sehr bedeutend aussehen lassen. Die Erforschung einer indianischen Sprache lässt sich besser rechtfertigen, wenn sie von philosophischer Tragweite ist und nicht nur eine Sammlung von Daten.

Manche seiner Beobachtungen waren durchaus richtig, aber seine Schlüsse auf eine unüberbrückbare Unterschiedlichkeit der Kulturen waren vollkommen überzogen. So stimmt es, dass die Hopi manche Zeiteinheiten nicht im Plural kennen. Aber eben nur manche. Und es gibt weitere Gründe für Whorfs Irrtum. Einige der Techniken der Zeitmessung wurden von den Hopi bereits zu Whorfs Zeit kaum mehr verwendet. Dazu kommt, dass manches davon mit Ritualen und Geheimwissen verknüpft ist. Die Hopi wollten dem neugierigen Ethnologen einfach nicht alles offenbaren.

Wie so oft wurden Whorfs Thesen in der anschließenden Diskussion weit radikaler wiedergegeben, als er sie selbst formuliert hatte. Malotki hingegen erhielt für seine detaillierte empirische Widerlegung dieses Mythos kaum Anerkennung. Seine Arbeit ist im Unterschied zu Whorfs Thesen kaum bekannt. In der Linguistik hatte man die Whorf'schen Thesen zwar auch ohne Malotkis Mammutwerk in den 1980ern still begraben. Dennoch geistern sie unbeirrt weiter durch Einführungsbücher und Proseminare. So kann Wissenschaft sein.

Die Vielfalt von Zeitkonzepten ist lange Zeit überschätzt worden. Wir wissen heute, dass Zeit in allen Kulturen aufgeteilt wird in Vergangenheit, Gegenwart und Zukunft. Auch wenn Zeit unterschiedlich bewertet wird, spiegelt sich Zeitbewusstsein in allen Dimensionen des Lebens: im Lebenszyklus, in der Wirtschaft und in den Mythen. In jeder Kultur auf diesem Planeten dient der Lauf der Sonne als Basis der Berechnung langer Zeiträume. Für landwirtschaftlich geprägte Kulturen hat der Jahreszyklus absolut zentrale Bedeutung. Der Jahreslauf bestimmt auch das soziale Leben, etwa die Riten und Feste. Deshalb bleiben Ethnologen mindestens ein Jahr »im Feld«, um alles Wichtige wenigstens ein Mal mitzuerleben.

Überall werden Tag und Nacht deutlich voneinander unterschieden. Fast in allen Kulturen gilt die Nacht als Schattenreich, als eine Art Gegenwelt. Sie bildet die Umkehr des Tages, eine Zeit, in der soziale Regeln weniger stark gelten. In der Nacht finden die verbotenen Spiele, der heimliche Sex und die

Prostitution statt. Nachts verliert man sein Gesicht nicht so leicht. Die Nacht ist die Zeit der Subversion, der am Tag verbotenen Opposition und der Umkehrriten. Die Nacht gilt als bedrohlich. Und sie ist in allen Kulturen auch tatsächlich gefährlicher als der Tag: Frauen, Kinder, Alte und Fremde bleiben besser zu Hause. Alles das haben die Kulturen wahrscheinlich unabhängig voneinander selbst entdeckt.

Trotz dieser gleichen Muster gibt es frappante Unterschiede. In vielen Kulturen pflegt man nicht wie bei uns seinen Achtstundenschlaf in der Nacht. In Siesta-Kulturen wird nachts weniger und dafür am Tag einmal richtig geschlafen. Indonesien ist eher eine »Nickerchenkultur«, wo man nachts wenig schläft und am Tag öfter mal kurz eindöst.

Universal sind dagegen die Vorstellungen zu kurzen Zeiten im Alltagsleben. Sämtliche Sprachen verfügen über Zeiteinheiten und ermöglichen zumindest implizit die Angabe der Zeitdauer. Anna Wierzbicka, eine der aktivsten Linguisten, die weltweite Vergleiche anstellen, benennt acht Zeitkonzepte, die sich in allen bekannten Sprachen finden lassen: »wann«, »jetzt«, »nach«, »vorher«, »eine lange Zeit«, »eine kurze Zeit«, »für einige Zeit« und »Moment«. Beim Vergleich von Zeitkonzepten ist die Unterscheidung zwischen Alltagsvorstellungen von Zeit, wo Dauer im Mittelpunkt steht, und spezielleren Zeitvorstellungen zur Geschichte in Ritualen, Mythen oder Kosmologien entscheidend. Man konnte bislang keine Kultur finden, in der die Zeit im alltäglichen Handeln nicht als Pfeil gedacht wird, auch wenn es daneben zyklische oder andere Konzepte gibt. Vermutlich sind lineare wie zyklische Zeitkonzepte universal. Für beide gibt es Vorgaben in der alltäglichen Erfahrungswelt.

Whorf hatte unter anderem behauptet, dass die Hopi die Zeit nicht mit räumlichen Wörtern umschreiben. Ausdrücke wie »eine lange Zeit« gebe es bei ihnen schlichtweg nicht. Auch das wurde von Malotki widerlegt. In allen bekannten Kulturen werden Zeitphänomene mit Hilfe raumbezogener Ausdrücke beschrieben, zum Beispiel »im März«, »vor dem Essen« und »nach dem Krieg«. Entgegen den Thesen von Whorf nutzen wohl sämtliche bekannten Sprachen räumliche Wörter metaphorisch für das Ausdrücken von Zeit. Dies konnte in einer Studie von Zeitadverbien in 50 Sprachen eines weltweiten Samples gezeigt werden. Die These fundamentaler Unterschiede in der Auffassung von Zeit kann damit getrost zu den Akten gelegt werden.

Kulturschock ist Temposchock

Der Ethnologe James Spradley und der Soziologe Mark Phillips haben eine Liste mit 33 Problemen bei der kulturellen Anpassung im Ausland erstellt. Darunter finden sich Klassiker wie fremdes Essen, Sauberkeit und die Bevölkerungsdichte. Diese Liste legten sie einer Gruppe zurückgekehrter Entwicklungshelfer des amerikanischen *Peace Corps* vor. Die sollten sie nach dem Aufwand anordnen, der ihnen bei der kulturellen Anpassung abverlangt worden war. Auf Platz eins landeten die Schwierigkeiten mit der fremden Sprache, Platz zwei und drei belegten Zeitthemen: »das allgemeine Tempo des Lebens im Gastland«, dicht gefolgt von dem Problem, »wie pünktlich die meisten Menschen sind«. Das Phänomen des Kulturschocks ist häufig vor allem ein Problem mit einem anderen Umgang mit Zeit. Missverständnisse über Zeit sind ein klassisches Thema in den Kulturratgebern für gestresste westliche Kaufleute. In Trainingskursen für Manager vor ihrem Auslandseinsatz ist Zeit ein Standardthema. Wenn Kulturen nicht synchron schwingen, macht das Probleme vor allem in der Kommunikation.

Sonne und Mond, Kreis und Pfeil

Auch in den dicken Traveller-Handbüchern für Rucksackreisende dürfen solche Tipps nicht fehlen. Eine ganze Kulturschockvermeidungsindustrie widmet sich Zeitproblemen zwischen den Kulturen. Ein Kultur-Knigge für Indonesien spiegelt den Ärger der Autoren wider: »*Jam karet* ist eine opportunistische Redewendung, mit der man für Terminschlampereien um Vergebung bittet.« Ich erinnere mich an viele Gespräche mit westlichen Kaufleuten, Ingenieuren oder Managern, die in Indonesien arbeiten. Diese *Expatriates* schätzen die Gelassenheit des Lebens und Arbeitens in Indonesien. Sie denken mit Unbehagen daran, dass sie bei der Rückkehr in ihre Firmen wieder mit »Zeitmanagement«, *Just-in-time*-Produktion, der Verringerung von Pufferzeiten und anderem Stress durch den modernen Zeittakt zu tun haben werden. Denken sie an den ständigen Veränderungsdruck nach dem Motto: »Wer nicht mit der Zeit geht, muss mit der Zeit gehen«, würden sie am liebsten in Indonesien bleiben.

Gleichzeitig haben sie massive Probleme mit der Gummizeit, klagen unisono über Unpünktlichkeit. Hausangestellte sind ein konstantes Ärgernis, denn sie dehnen das Gummiband besonders weit. Wenn deren eigene Familie ein Notsignal sendet, wird dagegen ruck, zuck gehandelt. Ist jemand aus der Familie krank, verletzt oder gestorben, wird sofort gepackt, oft ohne den verzweifelten Arbeitgeber zu informieren. Das ist fast jeder ausländischen Familie in Indonesien passiert.

Wir stehen vor der Rückreise. Nach einem Jahr müssen wir zurück nach Deutschland. Meine Forschungsgenehmigung ist abgelaufen, und Maria ist am Ende ihres Erziehungsjahrs. Die vergangenen Wochen waren etwas stressig und ziemlich emotional. Ich habe die letzten Interviews geführt und meine Felddaten komplettiert. Wir haben sehr viele Leute besucht, die uns alle ausführlich verabschieden wollten. Wir beteuern, dass wir

Andere Länder – andere Zeiten?

bald wiederkommen. Ganz schön aufreibend. Nun planen wir unsere Rückreise. Unsere Gastfamilie wird uns zum Flughafen bringen. Das ist praktisch, weil wir sehr viel Gepäck haben. Für ein horrendes Porto wurde zwar bereits eine riesige Aluminiumkiste nach Deutschland expediert, aber es bleibt viel. All die Bücher, Notizen und Disketten, die kleinen Holzmodelle traditioneller Häuser und andere Mitbringsel müssen transportiert werden. Immer mal wieder fragen wir unsere Familie, wann wir denn wohl am Tag unseres Fluges aufbrechen werden. Wir haken auch nach, wer von der Familie uns fahren wird. Wir wollen zwar keinen Stress verbreiten, aber wir denken an Verkehrsstaus, Straßensperren, immer mögliche Achsenbrüche und Überschwemmungen durch Monsunregen.

Alle unsere Fragen gehen ins Leere. »Wir machen das schon. Keine Sorge. Ist noch viel Zeit.« So geht es über mehrere Tage. Da ist Vertrauen gefordert. In der Nacht vor dem Abfahrtstag steht mit einem Mal ein fescher Jeep vor der Tür. Wir fahren schließlich im Morgengrauen ab. Es ist eine ruhige Fahrt in der noch frischen Luft. Das haben wir immer wieder erlebt: Wenn es darauf ankommt, können Indonesier sehr pünktlich sein. Aber sie lassen keine unnötige Hektik aufkommen. Am Ende sind wir überpünktlich am Flughafen, drei statt zwei Stunden vor dem Abflug. Alle sind traurig wegen des Abschieds und haben überhaupt keine Lust zum Reden. Wir wissen nicht recht, wie wir die endlose Zeit totschlagen sollen. Den Flughafen kennen wir schon in- und auswendig. Irgendwann haben wir im drei mal drei Meter großen »Duty Free Shop« wirklich alles gesehen. Wir kaufen lauwarme Cola und trinken übersüßten Kaffee. Dann endlich gehen wir zum Einchecken und in die Kontrollen. Kurzes Winken, und wir sind fort.

Beschleunigung – raus aus der »Gummizeit«

Als wir wieder zurück in Köln sind, kommt uns alles hier irrsinnig schnell vor. Die Menschen gehen schnell, handeln schnell und reden schnell. Maria und ich rufen unsere besten Freunde an. Die sagen: »Toll, dass ihr wieder da seid, aber wir sind gerade auf dem Sprung.« In drei Tagen hätten sie Zeit, damit wir uns sehen können. »Lasst uns aber vorher noch telefonieren, wann genau wir uns treffen!« In Indonesien wären wir einfach unangekündigt hingegangen und hätten gewartet, bis jemand Zeit hat, auch wenn das zwei Stunden dauert. Andere Freunde treffen wir zufällig in der Nähe am Brüsseler Platz. Sie fragen nach unseren Erlebnissen und erwarten knappe Antworten. Tempo, Tempo. Es heißt »Na, wie war's?« oder, noch schlimmer, »War's gut?« mit der Erwartung, dass wir mit »Ja« oder »Nein« antworten. Unglaublich. Wir waren ein Jahr in Indonesien und haben dort mehr erlebt als in fünf Jahren vorher in Köln. Für uns ist das deutsche Tempo Kulturschock pur. Wir brauchen ein gutes halbes Jahr, um uns an den rasanten Takt von Köln zu gewöhnen.

Gleich am ersten Tag muss ich in die Apotheke, weil ich Kopfschmerzen habe, vom Jetlag nach 15 Stunden Flug und von der ungewohnten Hektik. Durch das Schaufenster sehe ich die Apothekerin im Gespräch mit einer Kundin. Die hat ihre Sachen schon eingepackt, aber sie reden wohl noch ein bisschen. Als ich eintrete und der Klingelton erschallt, bricht die Apothekerin das Gespräch sofort ab. »Was kann ich für Sie tun?« Die Kundin ist schon draußen. Ich bin völlig geschockt und stottere, was sonst nicht meine Art ist. In Indonesien wäre die Situation ganz anders. Dort stehen mindestens fünf Kunden in

Andere Länder – andere Zeiten?

der Apotheke, wenn ich sie betrete. Sie sind meistens schon eine ganze Weile da, es gibt aber ebenso viele Apothekerinnen. Ich gehe hinein und schaue mir erst einmal in aller Ruhe die Regale an. Nach mehreren Minuten begrüße ich eine Apothekerin mit den Worten: »Guten Mittag, was macht die Familie ...? Nach zehn Minuten Plaudern fragt sie mich dann: »Wollten Sie eigentlich etwas Bestimmtes?«

Erst später, als sich die Kopfschmerzen gelegt haben, erinnere mich, dass ich auch in Indonesien Zeitdruck und Hektik erlebt habe. Kaum bin ich wieder in Deutschland, schon fange ich an, Indonesien zu idealisieren! Umgekehrt läuft auch in Köln nicht alles schnell. Kulturen sind gleich und verschieden zugleich. Auch in unserer Kultur gibt es ganz unterschiedliche Umgangsweisen mit Zeit, sogar in Unternehmen. Mein Kollege und Freund Michael Schönhuth interessiert sich wie ich dafür, wie verschiedene Kulturen der Zeit Sinn und Struktur geben. Als erfahrener Spezialist für Organisationsethnologie weiß er, dass sich auch in unserer postindustriellen Gesellschaft nicht alles beschleunigen lässt. Manche Dinge brauchen einfach Zeit, »Ereigniszeit«. Wenn Vertrauen zwischen Geschäftspartnern entstehen soll, dauert das. Entscheidungen in Firmen brauchen Zeit, wenn sie wirklich gut sein sollen. Die Regelung von Konflikten geht selten ruck, zuck. Die fixen Jungmanager in unserer schnellen Kultur entdecken das sehr langsam. Da können wir von anderen Kulturen lernen.

Michael sieht nicht nur den engen Zeittakt in der Wirtschaft, sondern auch in unserer Gesellschaft. Er meint, dass auch unser Privatleben durch mehr Gelassenheit gewinnen kann. Entschleunigung täte uns allen gut. Eines Tages entdeckt er per Zufall den »Verein zur Verzögerung der Zeit«. Die 1990 von Professor Peter Heintel gegründete und im geruhsamen Klagenfurt ansässige Organisation setzt sich für ein ruhigeres Leben ein. Um wieder Zeit für sich zu gewinnen und der Beschleunigung zu entkommen, müsse man vor allem »Nein« sagen können. Immerhin haben schon über 1000 Mitglieder »Nein« zum ewigen Zeitdruck gesagt. Michael will auch gleich Mitglied werden, »zeitnah«, wie man heute sagt. Umgehend besorgt er sich das Anmeldeformular und schickt es postwendend ein. Er bekommt auch eine Bestätigung – nach einem halben Jahr!

Riskante Rituale
Initiationsriten bei uns und überall

Köln, 13. November 1995. Die Tür geht auf, ich werde hereingebeten in den großen feierlichen Raum der »Universität zu Köln«. Etwa 120 Professoren stehen auf und applaudieren mir. Es ist ein bedeckter Tag in der Domstadt. Ich habe heute meinen Habilitationsvortrag gehalten, und die Philosophische Fakultät hat ihn offensichtlich für gut befunden. Damit liegt der wichtigste Schritt in einem komplexen Aufnahmeritual hinter mir. Bislang war ich eher der kleine Lehrling, der manchmal etwas zu vorlaut ist. Mit der Aufnahme in die Akademie werde ich in den Stand einer Autorität erhoben.

Schon die Formulierungen zeigen, wer hier oben und wer unten ist. Der Kandidat »wird habilitiert« von der Fakultät der Universität. Manche Jungforscher sind unvorsichtig und sagen »Ich habilitiere bald« oder »Ich will mich habilitieren«. Beides verstößt gegen die akademischen Sitten. Man darf das Wort nur transitiv verwenden. Der sogenannte interne Vortrag steht am Ende eines mehrjährigen Weges, er ist aber noch nicht der letzte Schritt, und bis zum Schluss ist Bescheidenheit angesagt. Viele scheitern an den Hürden unterwegs. Ich habe es bis jetzt glücklich überstanden, sonst hätten die ehrwürdigen Professoren nicht geklatscht, beziehungsweise ich wäre gar nicht bis zu diesem entscheidenden Akt gekommen. Das ist jetzt rund 15 Jahre her, aber ich erinnere mich noch so genau, als wäre es gestern gewesen.

Initiationsriten bei uns und überall

Alice Springs, Northern Territories, Zentralaustralien, 13. November 1895. Auf der anderen Seite der Erde, 100 Jahre früher, lebt Romo. Er ist gerade 15 Jahre alt und ein Aranda. Die 25 000 Menschen leben in der Mitte des weiten Kontinents und sind wohl die bekannteste Gruppe der australischen Aborigines. Berühmt wurden sie für ihre Vorstellung von der »Traumzeit«, die ewig mythische Zeit, in der nach ihrem Glauben Kulturheroen die Erde erschaffen haben. Die realen Zeiten ändern sich. Seit einem Jahr lebt ein lutherischer Missionar, Carl Strehlow, in der Missionsstation Hermannsburg. Die Missionierung zeigt ihre Wirkungen. Was sich aber seit Menschengedenken nicht geändert hat, ist die Reifefeier, die für Jungen und Mädchen durchgeführt wird. Und der Geistliche aus der Uckermark hat sie in seinem siebenbändigen Werk über die Kultur der australischen Ureinwohner für die Nachwelt überliefert.

Das Ritual wird Romo das Tor zum erwachsenen Aranda-Leben öffnen. Entsprechend gespannt erwartet er, was da kommt. Durch seine Initiation wird er vom Jungen zum Mann. Er darf heiraten und die geheimen Lieder und Riten lernen. Bisher waren ihm die heiligen Objekte und geheimen Orte unbekannt. Er war also ausgeschlossen vom wichtigsten Wissen seiner Kultur. Erst jetzt wird er etwas über die Traumzeit erfahren. Also freut er sich auf seine Einweihung, auch wenn er weiß, dass es hart wird. Er muss zwei Ritualfolgen durchlaufen, die mehrere Jahre auseinanderliegen.

Heute beginnt die erste mit dem »Zum-Himmel-geworfen-Werden«. Verwandte seiner Mutter führen Romo von seiner Familie weg zu den älteren Männern. Die bemalen ihn erst einmal. Dann greifen sie ihn, werfen ihn mehrmals hoch in die Luft und fangen ihn wieder auf. Der nächste Schritt ist die Beschneidung. Davor werden ihm und den anderen Novizen geheime Rituale vorgeführt. Nach der schmerzhaften Prozedur tanzen Frauen und Mädchen für sie. Als Zeichen der neuen Würde bekommt Romo am nächsten Tag ein Schwirrholz. Er wird es ab jetzt immer dabeihaben im *Outback*.

Romo weiß, dass die nächsten Tage sehr anstrengend werden. Er und seine Freunde müssen dem Wohnlager fernbleiben. Draußen im Busch erhalten sie Lektionen. Sie dürfen kaum etwas essen und lernen eine Geheimsprache. Nach sechs Wochen kommt der nächste Ritus, der Romo in schlimmer Erinnerung bleiben wird. In einer blutigen Zeremonie wird ihm nun die Harnröhre eingeschnitten, eine Radikalkur, die Gehorsam verbürgt; sie manifestiert die Autorität der älteren Männer. Nach weiteren sechs Wochen kommt die »Räucherung«, ein Reinigungsakt. Erst danach sieht Romo endlich wieder Frauen und Kinder und auch seine Familie. Er ist froh, das hier hinter sich zu haben. Jetzt ist er ein Erwachsener, und es gibt eine erste Feier mit Tänzen.

Genau besehen ist er noch nicht ganz erwachsen. Er muss noch die zweite Reihe an Initiationsritualen hinter sich bringen. Die sind kaum weniger hart und können bis zu zwei Monate dauern. Das kommt aber erst in einigen Jahren auf ihn zu. Dann wird er weitere komplizierte Mythen kennenlernen und darf zum ersten Mal die heiligen Figuren ansehen, in denen die Totem-Ahnen wohnen. Ganz am Ende steht ein großes Fest für Romo und die anderen Novizen. Die jungen Männer erhalten ein weiteres spezielles Schwirrholz. Gäste aus anderen Aborigines-Siedlungen kommen dazu. An die 300 Menschen werden den Festtag zusammen begehen. Bei meiner Habilitationsfeier 100 Jahre später sind es ungefähr 30. Meine Initiation in die akademische Welt der Universität gestaltete sich auch nicht ganz so hart. Ein echtes Reiferitual war sie dennoch.

Drehbücher und harte Schnitte

Rituale laufen nach einem Drehbuch ab. Ein klarer Anfang, mehrere deutlich abgegrenzte Schritte, ein Höhepunkt, manchmal mehrere, das krönende Ende. Aus ethnologischer Sicht sind Rituale kein Privileg exotischer Gesellschaften. Auch unser Leben in der modernen Gesellschaft wird durch sie geprägt und strukturiert. Wir versenden Glückwunschkarten oder besondere Mails zum Geburtstag an Freunde. Wir backen spezielle Kuchen zu Festtagen und Jubiläen oder sitzen zusammen beim Leichenschmaus nach der Beisetzung der Oma. Wir hören Ansprachen zur Einweihung des Kindergartens. Besonders häufig und wichtig sind Rituale beim Übergang von einem Lebensabschnitt zum nächsten. Diese mit Bedeutung aufgeladenen Prozeduren bestätigen öffentlich den Fortschritt eines Menschen. Der Prüfling will zu einer bestimmten Gruppe gehören oder einen höheren Rang bekommen. Zuvor muss er Wissen, Geschick, Besonnenheit, Ausdauer, Stärke und Mut unter Beweis stellen. Ein Paar will den weiteren Lebensweg miteinander gehen. Eltern, Freunde, Staat und eventuell die Kirche geben ihren Segen dazu.

Menschen aller Kulturen kennen solche Übergangsrituale *(rites de passage)*. Klassisch sind die Reiferiten zur Zeit der Pubertät. In allen Kulturen wird man rituell zum Erwachsenen gemacht und übernimmt gleichzeitig die Geschlechtsrolle. Der Zeitpunkt dafür ist aber sehr unterschiedlich, vom 5. bis zum 17. Lebensjahr. Es geht also eher um »soziale Pubertät« als um körperliche. Übergangsriten fangen mit der Geburt an und enden mit dem Tod, manche sogar erst lange danach. Bestimmte Rituale markieren auch Übergänge im Raum, wie den Umzug in ein neues Haus oder das Auswandern in ein anderes Land.

Die meisten wichtigen Veränderungen im Leben werden so verdeutlicht. Ein neuer Mitarbeiter wird in der Abteilung aufgenommen. Ein junger Priester wird ordiniert. Ein Mensch ist zu einem Glauben konvertiert, und das wird gefeiert.

Reiferiten sind fast immer Dreiteiler. Wachsen die Kinder meist sehr frei und verwöhnt auf, beginnt der neue Lebensabschnitt mit einem harten Schnitt. Im ersten Akt wird die oder der Jugendliche vom bisherigen Leben getrennt. Gesellschaftlich und auch räumlich. Kleine Jungen in Ghana müssen außerhalb des Dorfs allein im Busch übernachten. Jungen im brasilianischen Regenwald müssen tagelang rohes Fleisch und ungekochte Pflanzen essen.

Dann kommt als zweiter Schritt das Lernen in Abgeschlossenheit. Ältere Menschen vermitteln das Repertoire der Werte und Handlungen, die man ab jetzt können soll. Diese Phase kann durchaus einige Wochen dauern. Die Ältesten weihen den kleinen Jungen bei den Inuit in die Grundlagen des Überlebens ein, in die Techniken der Robbenjagd oder des Geschlechtsverkehrs. In Köln zeigen die »alten Herren« dem neuen Burschenschaftsmitglied, wo es beim »Corps Romania« langgeht. Und die anderen Corpsstudenten, die das schon hinter sich haben, zeigen dem Greenhorn seine Grenzen beim Trinken. Der hängt dann mitternachts im Keller über dem fest installierten Kotzbecken.

Als dritter Schritt steht im Drehbuch des Passagerituals die öffentliche Wiedereingliederung in das normale Leben und ein überschwängliches Fest. Ob bei der Beschneidung im Busch, bei der Hochzeit oder der Habilitation, am Ende sind immer alle da. Es wird zusammen gegessen und getrunken.

Diese Reifefeiern sind für die Gesellschaft oder eine ihrer Subkulturen so wichtig wie für den Einzelnen. Oft werden mehrere Menschen gemeinsam »initiiert« und bilden dann ihr Leben lang eine Gruppe. Ein klassisches Beispiel sind sogenannte

Generationsklassen. Das sind etwa Männer durchaus unterschiedlichen Alters, die gemeinsam eine Probe bestanden haben, eine Aufgabe gemeistert haben. Das kann die zusammen überstandene Beschneidung sein oder ein riskanter Überfall auf die Nachbargruppe. Den Initianden werden die Regeln einer Gesellschaft oder einer Subkultur beigebracht. Für die anderen, die dabei sind, bieten Passageritual eine gute Gelegenheit, ihre Werte gemeinschaftlich zu bekräftigen. Beides fördert die Solidarität und dient dem Zusammenleben.

Übergangsriten sind soziale Dramen. Sie inszenieren zentrale Werte einer Gesellschaft und sind für den Einzelnen aufregend und eindrücklich. Schmerzen und Mutproben gehören dazu. Der Rücken wird tätowiert, die Zunge durchbohrt, die Zähne gefeilt, der Penis beschnitten. Und der Jugendliche weiß oft nicht, was als Nächstes kommt. Die Unsicherheit wird von denen, die schon eingeweiht sind, wissentlich geschürt. Furcht ist fester Bestandteil solcher Riten. Die Hauptperson soll eine neue Identität übernehmen und dafür die alte ablegen. Romo kann ein Lied davon singen. Deshalb sind in allen Kulturen Menschen aus der Verwandtschaft oder gute Bekannte dabei. Vertraute Menschen als Begleiter erleichtern dem Initianden seinen schweren Gang. Gleichzeitig machen die Begleiter den Übergang öffentlich.

Übergangsriten an der Universität

Auch das akademische Passageritual, das ich durchlebt habe, dauert in der Regel mehrere Jahre und bringt gleich eine ganze Kaskade von Verunsicherungen mit sich. Die Habilitation ist ein Einweihungsritus, der mich in den Stand erhebt, an einer Universität zu unterrichten. Und sie ist ein sehr deutsches Ritual. Es gibt sie auch in Österreich, der Schweiz, in Polen, der Slowakei, in Ungarn, der Ukraine und in Russland, aber sonst nicht in Europa. In den außereuropäischen Ländern hat das Verfahren nie Fuß gefasst, auch nicht in den USA. In abgemilderter Form finden sich diese Prozeduren jedoch an allen Hochschulen dieser Welt anlässlich der Doktorprüfungen.

Heutzutage schreibt eine ordentlich gedruckte und juristisch abgesicherte Habilitationsordnung vor, welche Schritte in welcher Reihenfolge zu erledigen sind. Aber nicht nur die schriftlosen Aranda vor 100 Jahren, sondern auch wir leben in einer Kultur, in der vieles mündlich ist. Wichtig ist die Kommission, die mein Habilitationsverfahren durchführt. Die Wahl der Mitglieder kann das Endergebnis vorherbestimmen. Das sind in diesem Falle sieben Herren, die ich nicht kenne. Sie kommen fast alle aus anderen Disziplinen, und man weiß nie, ob sie dem Fach des »Habilitanden«, in diesem Fall der Ethnologie, gewogen sind. Da spielt das Image des Fachs in der jeweiligen Universität und die Reputation der hiesigen Kollegen immer mit herein. Alles schwer greifbar, aber von großer Tragweite.

Ein bedeutender Schritt im Drehbuch der Habilitation ist der interne Vortrag, von dessen glücklichem Ausgang ich bereits berichtet habe. Anwesend sind nur die bereits »Eingeweihten«, nämlich die Mitglieder der Philosophischen Fakultät, allerdings möglichst vollzählig. Einige Wochen zuvor wurde ich »gebeten«, drei Themen für den Vortrag vorzuschlagen. Eine Woche vor dem Termin wird mir dann mitgeteilt, für welches Thema sich die ehrwürdige Kommission entschieden hat. Eine klassische Prüfungssituation. Die Themen dürfen sich nicht mit dem Thema meiner Habilitationsforschung decken. Mehr wird offiziell nicht gesagt. Man braucht kein Ethnologe zu sein, um zu wissen, dass es hier wohl ungeschriebene Gesetze gibt. Aber was besagen sie?

Initiationsriten bei uns und überall

Ich frage meine Betreuer, was zu beachten ist. Ihr Rat: Ich soll meine Fachkompetenz als Ethnologe klarmachen, das Thema soll aber auch nicht zu ethnologisch sein. Vor allem wird mir stark abgeraten, irgendetwas Programmatisches anzubieten. »Häng dich bloß nicht zu weit aus dem Fenster«, »Theorie ist tödlich« sind die Ratschläge. Aber ich soll auch nichts empirisch Banales anbieten. Leicht irritiert höre ich mich bei Kollegen anderer Fächer um. Einige haben das Verfahren bereits hinter sich, mancher ist auch erst einmal gescheitert. So mangelt es nicht an guten Tipps, vor allem im Hinblick auf bestimmte Mitglieder des Gremiums: »Mach ja nichts Politisches«, »Die Philosophen können hart sein«, »Vermeide das Thema Kunst«.

Es gibt auch Tipps zum Vortragen: »Lesen Sie bloß vom Blatt ab. Beim freien Reden laufen Sie Gefahr, über die halbe Stunde zu kommen.« Eine der wichtigsten Regeln ist nämlich verblüffenderweise, die vorgegebene Zeit auch nicht um eine Minute zu überschreiten. Das hat auch praktische Gründe, denn die Fakultät muss noch jede Menge weitere Tagesordnungspunkte abarbeiten. Beim Nachbohren erfahre ich weitere ungeschriebene Regeln. Üblicherweise wird nur das erste oder zweite Thema gewählt. Das dritte Thema wird vom Prüfling oft nur angegeben, aber nicht wirklich vorbereitet. Die Empfehlung ist, ein »langweiliges« Thema zu nennen, dass auf jeden Fall abgelehnt wird, zum Beispiel ein extrem lokales Fallbeispiel. Ein Restrisiko bleibt. Wie beim ganzen Verfahren. Auch das dritte Thema wird manchmal gewählt.

Ich habe also systematisch nach sinnvollen Themen geforscht und mich nach längerem Ringen für drei entschieden. Das »Abschussthema« ist stark auf Süd-Sulawesi bezogen. Falls es doch genommen wird, bin ich aufgrund meiner Forschung gut im Material. Zehn Tage vor dem Vortrag bekomme ich einen Brief. Die Herren haben sich für Vorschlag eins entschieden:

»Universalien: Forschungsproblematik und ethnologische Befunde«. Das Gebiet ist damals noch neu für mich, aber ich habe es genommen, damit mir die Vorbereitung bei all dem Stress auch ein bisschen Freude macht.

Die symbolische Zerstückelung

Alle Kulturen arbeiten bei Reiferitualen effektiv mit existenziellen Grunderfahrungen, indem sie das Ablegen der alten Identität dramatisch als symbolischen Tod inszenieren. Bei den Aborigines in Australien und in vielen Südseekulturen verfällt der junge Initiand in eine todesartige Starre, in Ostindonesien wird er symbolisch zu Grabe getragen. In anderen Weltgegenden weißt man die Person mit Asche oder Kalk wie die Toten. Ich trage für meinen Habilitationsvortrag Anzug und Schlips wie zu meiner eigenen Beerdigung. Wie muss ich den Rektor anreden, wenn ich anfange? Als »Spectabilis«, »Eure Spektabilität« oder »Magnifizenz«? Ich bin nervös und schon eine Stunde vorher da. Mein Wissen, dass der folgende Teil des Rituals die symbolische Zerstückelung darstellt und ich die irgendwie überleben werde, hilft mir jetzt wenig.

Der interne Vortrag ist der am meisten gefürchtete Schritt im ganzen Habilitationsritual. Ich habe in den letzten Jahren viele Erzählungen darüber gehört, wie leicht man hier »abgeschossen« wird. Häufig kennen sich die Herren im Gremium schon lange und bekämpfen einander seit Jahren erbittert. Die Vorträge der Nachwuchswissenschaftler sind willkommene Gelegenheiten in der akademischen Kampfarena. Hinderte der werte Kollege einen eigenen Kandidaten früher am Weiterkommen, kann jetzt zurückgeschlagen werden. Möglicherweise hat nach endloser Gremienarbeit mancher in der erlauchten Runde gerade zu diesem Zeitpunkt auch einfach keine Lust mehr. Der Frust kann sich unvorhersehbar entladen. Dann ist nach diesem Vortrag für den Bewerber erst mal Schluss. Genauer gesagt heißt es: »Gehe zurück auf Los.« Man darf noch einmal antreten, muss dafür aber neue Themen benennen.

Endlich geht es los. Ich soll hereinkommen. Bei Initiationsritualen schreitet ein Mensch öffentlich von einer Stufe des Lebens auf die nächste. Das gilt auch für akademische Rituale. Das Habilitationsritual ist eines der Statuserhöhung, aber kleine oder auch größere Erniedrigungen gehören dazu. Die rituelle Würdigung enthält immer auch »entwürdigende« Schritte. Der Lehrling bleibt man bis zum Abschluss der Zeremonie. So werde ich nach meinem Vortrag »herausgebeten«, während die über 100 Herren und wenige Damen hinter verschlossenen Türen über meine Zukunft »beraten«.

Es liegt in ihrer Hand, mich zurückzuweisen oder herabzustufen. Zur Einführung meines internen Vortrags hat der Sitzungsleiter verkündet, dass ich die *Venia Legendi* für Allgemeine Ethnologie beantragt habe. Diese Lehrbefugnis besagt, wie breit das Gebiet ist, über das ich später lehren darf. Wenn es dem Gremium gefällt, können sie mir »die *Venia*«, wie es unter Akademikern heißt, nur für die Ethnologie Südostasiens zugestehen. Das hat nicht nur konkrete Folgen für später, es ist auch peinlich. Nichts macht schneller die Runde, als wenn einem die *Venia* eingeschränkt wurde oder der Kandidat nochmals antreten muss. Und beides passiert gar nicht so selten. Gilt ein »Befriedigend« bei der Promotion schon fast als Beleidigung, wird hier wirklich scharf geschossen.

Da kann das Warten draußen im zugigen Gang zum Psychotrip werden. Das Selbstbewusstsein wird auf eine harte Probe gestellt. Aber ich bekomme auch Unterstützung: Meine Kollegen haben im Kaffeeraum des Instituts gespannt gewartet. Sie empfangen mich und fragen neugierig, wie es gelaufen sei. Den glücklichen Ausgang kennen Sie bereits. Nachdem ich nach allen Regeln der Kunst auseinandergenommen wurde, haben mich die Professoren der Uni Köln durch ihren abschließenden Beifall rituell wieder zusammengesetzt. Ich wurde quasi wiedergeboren.

Grade der Einweihung

Typisch Ritual wird eine Antrittsvorlesung heute ungefähr so begangen wie vor 100 Jahren. Dieser zweite Auftritt findet einige Monate nach dem ersten internen Vortrag statt und ist, frei von Prüfungsdruck, eher Formsache. Wo sonst fast alles in den Unis per E-Mail abläuft, werden hier schriftliche Einladungen verschickt. Auf der weißen, querformatigen Karte steht, dass sich die Fakultät die Ehre gibt, zu einem öffentlichen Vortrag einzuladen. Für manchen wichtiger als das Thema ist der kleine Vermerk am Rande: »Anschließend wird zum Umtrunk geladen.«

Die Antrittsvorlesung ist noch nicht der letzte Schritt auf dem Weg zum Professor. Im Zusammenhang der Habilitation markiert sie nicht etwa den Antritt einer Stelle. Das kann Jahre dauern oder auch nie geschehen. Ich trete stattdessen in den Rang eines »Privatdozenten«, im Uni-Jargon »PD«, eine Position so klein, wie die Abkürzung kurz ist. Als Privatdozent werde ich nämlich nichts verdienen. Für die Ehre, dass mich die Philosophische Fakultät habilitiert hat, muss ich ohne Gehalt jedes Semester eine Lehrveranstaltung abhalten.

Wie der »PD« nicht die letzte Stufe auf dem Weg zum Ziel ist, sind ihm einige Etappen vorausgegangen, die es zu absolvieren galt. Jahre zuvor hatte ich ein anderes Ritual durchlaufen, die Promotion. 1987 erschien meine Doktorarbeit als Buch.

Erst nachdem sie publiziert war, durfte ich offiziell den Doktortitel »tragen«. Ich war in die Riege der »Nachwuchsforscher« aufgerückt. Mit der Promotion hatte ich meine Initiation in die Gelehrtenwelt, in die Akademie erhalten. Die Ethnologie ist aber ein stark empirisch ausgerichtetes Fach, und meine »Diss« war eine theoretische Arbeit. Die eigentliche Initiation in den Stamm der Ethnologen brachte meine Feldforschung 1990 bis 1991. Das Ergebnis der Auswertung war eine Habilitationsschrift, die 2001 als auf 532 Seiten gekürztes Buch erschien: *Stadtkultur und Mobilität in Süd-Sulawesi. Wohn- und Umzugsentscheidungen im interethnischen Migrationsfeld von Ujung Pandang.* Es folgten Bewerbungen in Berufungsverfahren um Lehrstühle – ebenfalls ein hochgradig ritualisiertes Verfahren. Zehn Jahre nach Veröffentlichung der »Diss« habe ich meine Antrittsvorlesung als Professor in Trier gehalten.

Die typische Stufenfolge mit Zwischenrängen kennzeichnet längere Rituale überall, in ehrwürdigen Traditionen genauso wie im schnellen *Cyberspace*. Die Oromo sind Getreidebauern und Viehhirten im äthiopischen Hochland und in Kenia. Bis das Christentum und der Islam im 19. Jahrhundert zu ihnen kamen, hatten sie ein besonders ausgetüfteltes Rangsystem. Jede »Karrierestufe« dauerte bei ihnen acht Jahre. Erst nach dem Durchlaufen von fünf Klassen erreichte ein Mann die höchste Stufe der Würde. Nach weiteren 40 Jahren schied er, wenn er dann noch lebte, mit einer großen Feier aus dem Karrieresystem aus. Er war dann übrigens ein Nobody ohne Rechte. Da hat es ein emeritierter Professor doch ein wenig besser.

Die öffentlichen Feiern bei Ritualen sind wichtig. Da reisen alle von überall her an, vertilgen ganze Viehherden und bleiben eine Mondphase lang. Die öffentliche Bezeugung gehört unablösbar dazu, denn in Ritualen zeigt sich die Gesellschaft ihre eigenen Werte. Selbstbespiegelung kann wichtig sein.

Stufenfolgen, riskante Prüfungsrituale und die Öffentlichkeit kennzeichnen auch die wichtigen Computerspiele unserer Zeit. Jeder »Rangaufstieg« wird bei »Counterstrike« mit virtuellem Geld vergütet. Damit kann man sich Mitstreiter, Fähigkeiten und Waffen besorgen, um den mit jedem neuen Level höheren Schwierigkeitsgrad zu meistern. Passenderweise heißt eine der Denkfabriken, die spezielle Elemente für dieses Spiel entwickelte, *Ritual Entertainment*. »Massively Multiplayer Online Role-Playing Games« sind die derzeit am meisten gespielten Computerspiele. In fast jedem dieser *MMORPG*, zu denen auch das berühmte »World of Warcraft« gehört, gibt es ein Level-System. Der Aufstieg erfolgt aufgrund bestandener Herausforderungen. Vor allem am Anfang der Karriere sind das weniger Siege über Mitspieler als Kämpfe gegen große Tiere oder andere starke Wesen, in denen man seine Geschicklichkeit unter Beweis stellt. Das alles findet in einer virtuellen, aber permanenten Öffentlichkeit statt. Wer die rituellen Prüfungen wirklich ernst nimmt, dem reicht das nicht. Die Speerspitze der Bewegung trifft sich seit einiger Zeit regelmäßig bei den *Game Conventions*. Reale Öffentlichkeit ist bei Ritualen kaum ersetzbar.

»Die Öffentlichkeit«, die bei meiner Antrittsvorlesung erscheint, ist ziemlich übersichtlich. Außer den Mitgliedern der Kommission und einigen Leuten vom Institut sind die stolzen Eltern gekommen und fühlen sich etwas seltsam in dieser fremden Welt. Der Vortrag soll anregend und rhetorisch gut, aber auch für alle verständlich sein. Ein Kunststück, das nur wenige fertigbringen. Denn bei der Vorbereitung wird den Käsehäppchen, dem Orangensaft und dem Sektempfang fast mehr Aufmerksamkeit gewidmet als dem Manuskript. Für Männer besteht Anzugpflicht, für die Jungakademikerin ist das »kleine Schwarze« angesagt. Aber bitte nicht zu klein.

Dieser formelle Vortrag ist ein eigenes Ritual im Ritual. Viele

Initiationsriten bei uns und überall

ältere Universitäten verfügen für solche Anlässe über Säle mit gewichtiger Atmosphäre. Bei mir ist es dagegen Hörsaal F. Ich blicke durch schlecht geputzte Fenster auf eine Wand mit Graffiti. Eindrucksvoll wird es trotzdem. »Seine Magnifizenz«, der Rektor, begrüßt alle, »ganz besonders natürlich die Kollegen der Berufungskommission« und mich. Als »Kollegen Antweiler«. Dann verliest er eine Laudatio, in der meine bisherige Laufbahn als einziger Erfolg dargestellt wird. Ich lerne viel über mich dazu! Der Name meines Feldforschungsortes in Indonesien stellt für ihn ganz offensichtlich heute die schwierigste Hürde dar.

Auch bei diesem akademischen Ritual gibt es wieder ungeschriebene Gesetze. Eines besagt, dass nach dem öffentlichen Vortrag nicht diskutiert wird. Stattdessen wird es am Ende ganz feierlich. Die Inszenierung nähert sich ihrem Ende. Im Hintergrund rascheln schon Blumengebinde. Seine »Magnifizenz« steht auf und bittet mich neben sich. Er verkündet mit breitem Lächeln: »Herr Antweiler hat hiermit den letzten Schritt seiner Habilitation erfolgreich hinter sich gebracht.« Ganz vorsichtig holt er die Urkunde aus einer violetten Mappe im Format DIN A2 heraus. Ich sehe, dass sie auf dickem Büttenpapier gedruckt ist. Er liest den lateinischen Text vor, einige Zeilen übersetzt er ins Deutsche. Hier sitzen nicht nur Mitglieder der Philosophischen Fakultät. Er weiß also, dass nur mancher hier im Raum den Text versteht. Was er nicht weiß, ist, dass ich zwar das große Latinum habe, aber nie über eine Vier minus hinausgekommen bin.

Dann Glückwunsch und Blumen. Die Eltern und meine Frau sind glücklich, die Kollegen gratulieren. Ich bin geschafft. Jetzt wird es locker, aber auch der Umtrunk gehört dazu. Gemeinsames Essen und Trinken ist in allen Kulturen ein unverzichtbarer Bestandteil wichtiger Rituale. Draußen vor dem Hörsaal sind ein paar einfache Tische mit Häppchen und Sekt aufgebaut. Vom Prüfling und Vortragenden wandele ich mich zum Gastgeber. Ich bezweifle, dass ich das besonders gut hinbekommen habe, denn ich will nicht mehr viel reden, sondern am liebsten ganz schnell ins Bett.

Strange German Rituals

Alice Springs, Northern Territories, Australien, Dezember 1997. Romos Urururenkel Jaco ist ein junger Aranda von jetzt 20 Jahren. Er ist einer der heute rund 50 000 Aborigines. Die Aranda-Kultur hat in den 100 Jahren seit Romos Initiation stark unter dem Druck der weißen Gesellschaft gelitten. Heute sind die Aranda aber wieder 25 000 Menschen, wie früher. Die meisten von ihnen leben nicht mehr im *Outback*, sondern am Rande der modernen Gesellschaft und arbeiten in schlecht bezahlten Jobs in Fabriken. Jaco hat seine Eltern früh verloren. Seine Mutter wurde überfahren, der Vater starb im Suff. Er wuchs bei weißen Pflegeeltern in der Stadt Alice Springs auf und wurde nicht initiiert wie viele seiner Freunde.

In Ethnologiebüchern hat er viel über die Aranda gelesen. Ihn interessieren vor allem ihre frühere Lebensweise als Jäger und Sammler, ihr enormes Wissen über die Natur und ihre mit der Erde verbundene Religion. Bei seinen Pflegeeltern war immer alles auf den Himmel bezogen. Außerdem fasziniert ihn das auf Gleichheit basierende soziale Leben und der Totemismus. Jaco ist stolz auf seine Herkunft und möchte mehr darüber erfahren. Er ist aufgebracht, dass sich in Australien kaum jemand um die Kultur der Aranda schert. Für ihre Traditionen interessieren sich fast nur noch Touristen. Die wollen alte Tänze sehen, haben aber keine Geduld. Sie wollen vor allem Fotos machen. Ansonsten kommen Leute aus der weiten Welt hergejettet, denen es nicht um die Menschen geht, sondern um *Aboriginal Art*. Dafür werden auf dem internationalen Kunstmarkt hohe Preise bezahlt.

Jaco beschließt, Ethnologie zu studieren. Er geht nach Melbourne, wo es eine Universität mit internationalem Ruf gibt, und erlebt die englischen Initiationsriten der Studentenclubs für die *Freshmen*. Im Vergleich zu dem, was er über die Initiation bei den Aranda weiß, erscheint das eher spaßig. Auch die australische Ethnologie ist von der englischen Vergangenheit des Landes geprägt. Als fleißiger Student liest Jaco erst einmal die dicken Ethnografien der Klassiker: Bronislaw Malinowski, Alfred Reginald Radcliffe-Brown, Edward Evan Evans-Pritchard… Im Studium merkt er aber bald, wie sich die Ethnologie verändert hat. Seine Dozenten stammen aus Indonesien und Singapur. Die heutigen Ethnografen in Australien machen ihre Feldforschung weniger bei seinen Aranda oder anderen Aborigines, sondern bei indonesischen Flüchtlingen in Darwin an der Nordküste oder bei Griechen, die sich seit Jahrzehnten zu Tausenden in Perth angesiedelt haben. Kollegen aus Hongkong leben gerade zu Forschungszwecken bei Vietnamesen in Melbourne, nicht weit von Jacos Uni.

Mancher Ethnologe fährt heute mit der Metro ins Feld. Viele forschen im eigenen Land, ja sogar in der eigenen Kultur. Wer weiß, vielleicht macht Jaco, um in den Stamm der Ethnologen aufgenommen zu werden, einmal eine Feldforschung in dem Lager, in dem er geboren wurde. Er könnte die heutige Dynamik und die Probleme des Lebens untersuchen, die man in den alten Texten nicht findet. Er könnte es aber auch wie die Klassiker machen: weit weg und möglichst exotisch, zum Beispiel auf der anderen Seite des Globus – nach Deutschland.

Eine Vorreiterin der Ethnologie des umgedrehten Spießes ist meine Studienkollegin Diana Bonnelame. Sie wird 1942 als

Kreolin auf Mahé, der Hauptinsel der Seychellen im Indischen Ozean, geboren, lernt bei katholischen Nonnen Französisch und später auf einer britischen Schule im kenianischen Mombasa Englisch. Als junge Frau kommt sie Mitte der 1960er Jahre nach Deutschland und arbeitet als polyglotte Übersetzerin, die fünf Sprachen beherrscht, in der Industrie. Der konstante Leistungsdruck macht ihr zu schaffen, sie steigt aus, beginnt 1978 das Studium der Ethnologie. 1982 beschließt sie, eine Feldforschung über Konfirmationsriten zu machen. Als Schwarze unter Weißen. Im Ruhrgebiet.

Ethnologen betonen immer, dass Feldforschung kein Zuckerschlecken ist. Was man seltener hört, ist, dass sie auch sehr langweilig sein kann. Für die kontaktfreudige Frau von den Seychellen sind die nicht enden wollenden, sehr protestantischen Vorbereitungskurse eine harte Strecke. Artige Jugendliche sitzen auf Schwedenstühlen im Kreis, am Kopf der Jungpastor in Jeans und Hanf-T-Shirt, an der Wand Plakate zur Solidarität mit Nicaragua. Der progressive Pastor, in Dianas Analyse der »Initiator« oder »Zauberer«, sagt Sätze wie: »Wir sind jetzt drei Jahre in der Dienstgruppenarbeit zusammen, fünf Jahre im Konfirmandenunterricht. Ich habe euch nichts erspart. Was bringt das eigentlich?«

Alles ist sehr rational, ernsthaft und körperverneinend. Diana muss zum Lachen in den Keller gehen. Aber sie ist hart im Nehmen. Sie bekommt das Arbeitsethos hautnah mit und lernt die präzise Zeitordnung. Irgendwann entdeckt sie sogar die Phasen, wo es nicht ganz so ernst ist. Diana erkennt in der Karriere der kleinen Konfirmanden die klassischen Stufen des Rituals, die sie aus den religionsethnologischen Lehrbüchern kennt. Sie findet viele für sie überraschende und belustigende Details, allerdings auch weniger amüsante, wie den Alltagsrassismus. Vor allem frappiert sie die schlechte Stellung der Frauen.

Bei ihr zu Hause in Mahé werden die Männer über die Mütter definiert. Die vergleichende und distanzierte Perspektive schafft neue Einsichten.

Für Jaco würde Deutschland ein reiches Forschungsfeld für Riten aller Art abgeben, traditionelle wie moderne. Er könnte die Rituale beim Abitur, bei der Heirat und bei der Beerdigung unter die Lupe nehmen. Er wäre von der Vielfalt der regionalen Riten überrascht. Karneval gibt es nicht überall, Maibaumsetzen in Köln-Sülz ist nicht dasselbe wie in Kall in der Eifel. Von seinen Informanten würde er hören, dass es auch immer wieder neue Elemente in den alten Riten gibt. Jaco könnte sich mit deutschen Volkskundlern treffen, die solche Themen schon immer untersuchen. Der Vergleich der Ergebnisse wäre interessant. Jacos distanzierte Sicht könnte andere Einblicke geben.

Jacos Untersuchung würde zeigen, dass viele Menschen in Deutschland mit Ritualen hadern. Junge Paare lassen sich traditionell mit allem Brimborium trauen, aber wollen es schnell hinter sich bringen. Menschen auf dem Friedhof vertrauen ihm als Fremdem vielleicht an, dass die heruntergespulte Beerdigungszeremonie vollkommen an ihnen vorbeigeht. Wenn aber Kölner Jugendliche am Deutzer Bahnhof von gefährlichen Ritualen erzählen wie dem riskanten S-Bahn-Surfen und wie allein man dabei manchmal mit seiner Angst ist, wird Jaco an die Riten zu Hause im *Outback* denken. Irgendwann ist jede Feldforschung zu Ende. Es ist interessant in der Fremde, aber Deutschland ist eng und kalt. Jaco wird in sein weites und heißes Australien zurückkehren. Falls er in seinem Land Ethnologieprofessor werden will, wird er etliche akademische Riten überstehen müssen, aber nicht die Habilitation – *that funny German academic ritual*.

Brücken in Babylon
*Anders sprechen und doch
gleich denken*

Mithridates, König von Pontos im ersten Jahrhundert vor Christus, konnte die Sprachen aller Völker sprechen, die er unterworfen hatte. Das waren rund um das Schwarze Meer zwischen 20 und 50 verschiedene Idiome, eine reife Leistung für einen einzelnen Menschen! Der polyglotte König ist der Pate der vergleichenden Sprachwissenschaft. Jahrhundertelang galt er als Sinnbild für die enorme Vielzahl menschlicher Sprachen.

Kaum ein Thema verdeutlicht die Vielfalt der Kulturen so gut wie ihre Verständigungsformen. Auch wenn ihre Zahl rapide abgenommen hat, finden sich derzeit zwischen rund 3000 und 7000 Sprachen auf der Welt. Die Unterschiede kommen dadurch zustande, dass verschiedene Sprachwissenschaftler unterschiedliche Kriterien zur Abgrenzung heranziehen. Was für den einen Linguisten ein Unterschied zwischen sehr verschiedenen Dialekten einer Sprache ist, ist für seinen Kollegen schon eine Grenze zwischen zwei ähnlichen Sprachen. Menschen, die eine Sprache sprechen, haben oft auch ein gemeinsames Wir-Gefühl und stellen so eine ethnische Gruppe dar. Die Zahl der Sprachen ist deshalb auch etwa die Zahl der Kulturen, die Ethnologen unterscheiden. Das gilt aber nur grob, denn manche Ethnien sprechen dieselbe Sprache. Wenn man wirklich alle kleinen Völker und Kleinstsprachen, wie das Ainu in Japan, die

Anders sprechen und doch gleich denken

nur noch von einer Handvoll Menschen gesprochen werden, mitzählt, ist die Zahl von knapp 7000 realistischer als niedrigere Zahlen.

Sprache ist etwas zutiefst Menschliches. Alle Menschen können sprechen; jede uns bekannte Gesellschaft hat eine Lautsprache, deren Elemente nach Regeln zu Wörtern und Sätzen kombiniert werden. Überall nutzen Menschen die Sprache nicht nur, um Inhalte zu übermitteln, sondern auch, um sich kundzutun, soziale Beziehungen zu pflegen und an andere zu appellieren. Wir können abstrahieren und über Dinge sprechen, die nicht da sind, zumindest nicht präsent. Sprache macht den Menschen zum Menschen. Nur wir können Dinge mit frei gewählten Wörtern benennen, deren Klang nichts mit dem gemeinten Ding zu tun hat. Die Freiheit scheint schon darin unbegrenzt, wie eine Sprache einen Gegenstand bezeichnet. Das Farbspektrum zwischen Blau und Grün ist physikalisch fließend. In einigen asiatischen Sprachen sind die Wörter für beides gleich, anders als wir das für »natürlich« halten, gibt's bei ihnen »blün«. Angesichts dieser Freiheitsgrade und der Vielzahl von Sprachen wirkt die Frage nach Gleichheiten zwischen allen Sprachen auf den ersten Blick absurd.

Fast alle Länder der Welt sind mehrsprachig. Der einheitliche Nationalstaat oder die Kulturnation mit einer Kultur und einer Sprache ist eher ein Fantasieprodukt als verwirklichte Realität. In vielen Ländern gibt es mehrere Dutzend, in manchen sogar mehrere Hundert Sprachen. In Indonesien mit seiner kontinentalen Ausdehnung und seinen rund 15 000 Inseln sind es mindestens so viele, wie das Jahr Tage hat, nach manchen Angaben sogar über 700. Das Land beherbergt Hunderte von ethnischen Gruppen, und fast jede hat ihre eigene Sprache. Die rund 230 Millionen Menschen leben aber zusammen in einem Land und müssen miteinander umgehen und auskommen. Als

Brücken in Babylon

Lösung des Problems wurde von Nationalisten noch zur holländischen Kolonialzeit ab den frühen 1930ern eine nationale Verständigungssprache propagiert, *Bahasa Indonesia*, die »indonesische Sprache«, die in unserer Schrift geschrieben wird. Es ist eine Variante des Malaiischen, wie es auch im Nachbarland Malaysia gesprochen wird. Das Malaiische hatte sich seit 1600 vor allem durch islamische Händler im ganzen Inselraum zwischen Burma, China und Australien verbreitet. Langsam entstand ein »Basar-Malaiisch«. Als Kontakt- und Verkehrssprache zwischen verschiedensten Völkern hatte die Sprache Wörter aus deren Sprachen aufgenommen: indische, arabische, chinesische und auch holländische. Diese historisch gewachsene Promenadenmischung wurde erst nachträglich systematisiert und erhielt eine Grammatik. Der Modernisierungsprozess des Indonesischen dauert bis heute an. Jedes Jahr lässt die Sprachenbehörde in Jakarta mehrere Hundert neue Wörter offiziell zu.

Mit der schieren Zahl der lokal verbreiteten Dialekte und Sprachen ist die Vielfalt noch lange nicht erschöpft. In den meisten Sprachen haben spezielle soziale Gruppen bestimmte Sondersprachen, etwa Grubenarbeiter, Gauner oder Gebildete. Das nennt man Soziolekte. In einigen Sprachen gibt es unterschiedliche Sprachebenen, je nachdem, mit wem man spricht. Ist der Gesprächspartner sozial höher gestellt als ich oder niedriger? Und was ist mit der dritten Person, die uns beiden zuhört? Diese Fragen musste sich ein Mensch im traditionellen Java jeden Tag stellen. Javanisch ist eine der indigenen Sprachen des indonesischen Vielvölkerstaats. Wie gesagt, nahmen die Javaner sozialen Status sehr ernst, egal ob sie in der sozialen Pyramide oben oder unten standen. In ihrer Sprache gab es bis ins 19. Jahrhundert je nach Stand der am Gespräch Beteiligten sechs verschiedene Sprachebenen.

Die Inflation der Schneewörter

Immer wieder kann man hören oder lesen, die Eskimo *(Inuit)* hätten sage und schreibe 80 oder mehr Begriffe für »Schnee«. Wie beim populären Ethno-Mythos über die Zeitvorstellung bei den Hopi handelt es sich hier um eine der vielen weithin wirksamen Falschmeldungen. Die Eskimo kennen kaum mehr Wörter als das Deutsche oder Englische für die weiße Pracht. Auch wir sprechen ja von »Firn«, »Harsch«, »Pulverschnee«, »Sulz« und »Matsch«. Vor allem nutzen sie nicht mehr Wörter für Schnee, als bei uns oder im Englischen für Wasser gebraucht werden. Etwas anderes ist auch von keinem Kenner der Familie der Inuit- und Yupik-Sprachen, die am Polarkreis von Grönland bis Sibirien gesprochen werden, jemals behauptet worden.

Die Mär von den vielen Schneewörtern geistert unbeirrt durch Medien und Pop-Ethnologie, obwohl sie Schnee von gestern ist und die Wissenschaft sie längst widerlegt hat. Lieb gewordene Klischees tauen nur sehr langsam. So werden den meisten Deutschen die 80 Schneewörter automatisch einfallen, wenn sie über die fremden Völker im Norden staunen. Gleich nach dem Iglu, den kaum ein Eskimo von heute je in seinem Leben von nahem sehen wird. Wie kommt es zu solchen Falschmeldungen der Wissenschaft, und warum überleben diese Legenden so hartnäckig?

Laura Martin, eine Ethnologin, und der Sprachwissenschaftler Geoffrey Pullum, beide US-Amerikaner, haben nachgehakt. Martin ging der Inflation der Schneewörter als Erste nach und präsentierte ihre Befunde zur Eskimolegende 1982 auf einer Tagung. 1986 wurde ihr kurzer Aufsatz veröffentlicht, aber zunächst praktisch gar nicht beachtet. Erst einige Jahre später macht Pullum die wichtigen Ergebnisse bekannt. Er berichtet, dass Laura Martin den Aufsatz kurz nach der Tagung bei der ethnologischen Zeitschrift eingereicht hatte. Es dauert vier Jahre, bis er nach Prüfungen durch viele Gutachter von der Zeitschrift gedruckt wurde. Die »knochenköpfigen« Gutachter, wie Pullum sie nennt, hatten derweil das Papier noch um ein Drittel gekürzt und wichtige Zitate gestrichen. Erbarmungslos gekürzt erschien das Ganze auf fünf Seiten unter der Rubrik »Forschungsberichte«.

Geoffrey Pullum war ursprünglich Soulmusiker, bevor er sich entschied, Sprachwissenschaften zu studieren. Für ihn liegt in der Grammatik und anderen Themen der Linguistik noch mehr Musik als im Soul. In einer Zeitungskolumne nimmt er immer wieder wissenschaftliche Legenden in Sachen Sprache aufs Korn. Sein ebenso kritisches wie humorvolles Buch heißt frei übersetzt »Der große Eskimo-Schwindel. Respektlose Essays über das Studium der Sprache«.

Seinen Anfang nimmt der Schwindel noch ganz honorig. Franz Boas, einer der Urväter der Ethnologie, stammte aus Minden in Westfalen, emigrierte in die USA und begründete dort die Kulturanthropologie. Boas und Edward Sapir, ebenfalls ein Deutscher, der schon als Kind mit seinen Eltern einwanderte, interessieren sich für Indianersprachen. Im Reisegepäck haben sie Ideen von Humboldt und Herder. Jede Sprache ist einzigartig, und die Sprache bestimmt das Denken und die Kultur. In der Einleitung zu einem Handbuch erwähnt Boas 1911 eher beiläufig die Schneewörter der Eskimos. Er sagt, dass es bei ihnen vier lexikalisch voneinander unabhängige Wörter für Schnee gibt. Am Boden heißt er *aput*, *qana* ist fallender Schnee, *piqsirpoq* driftender Schnee, und *qimuqsuq* steht für eine Schneeverwehung. Boas merkt Ähnlichkeiten mit den vielen Wörtern für Wasser im Englischen an: *liquid, lake, river, brook, rain, dew, wave* und *foam*. Er stellt dann noch fest, dass die Schneeformen im Englischen durch die Verbindung von *snow* mit Zusatzwörtern gebildet werden. Interessante, aber nicht gerade umwerfende Erkenntnisse.

Edward Sapir fördert ein Nachwuchstalent, das uns schon begegnet ist: Benjamin Lee Whorf, den gewagten Kontrastverschärfer. Der redegewandte junge Mann kann andere für den Sprachrelativismus von Sapir begeistern. Whorf arbeitete als Agent einer Feuerversicherung in Connecticut und war durch einen Versicherungsfall zum Amateurlinguisten geworden. Ein Tank, der zwar kein Öl, aber noch Gas enthielt, war explodiert. Im Konflikt bestand der Versicherte darauf, der Kessel sei leer gewesen, alles Öl war schließlich entnommen. Die Versicherung dagegen argumentierte, er sei voll gewesen, nämlich mit Gas. Whorf begreift, dass die Bedeutung von Wörtern enorme Konsequenzen für das Denken und Handeln hat. Sein Mentor Sapir ist Spezialist für Indianersprachen, Whorf selbst aber hat kaum eine sprachwissenschaftliche Ausbildung oder gar echte Kenntnisse des Eskimoischen. Er liest Boas Bemerkungen und macht in einem eigenen Buch daraus kurzerhand einen kulturellen Kontrast zwischen der Eskimosprache und sämtlichen westlichen Sprachen. Das Buch wird ein Riesenerfolg und ist auch in Deutsch bis heute erhältlich: *Sprache, Denken, Wirklichkeit*.

Whorf stellt fest, dass Engländer die verschiedenen Vorkommensweisen von Schnee mit ein und demselben Wort beschreiben, und meint, ein solcher Generalbegriff sei für die Lebenswelt der Eskimo zu umfassend, er sei für sie »undenkbar«. Deshalb hätten sie – neben den von Boas genannten – weitere Begriffe für »Schnee, hart gepackt wie Eis«, »matschigen Schnee« und »windgetriebenen fallenden Schnee«. Die entsprechenden Eskimowörter gibt er allerdings nicht an. Pullum weist darauf hin, dass Whorf damit erstens eine falsche Aussage über das Englische trifft und zweitens aus vier Wörtern unter der Hand sieben macht. Statt seine Behauptung mit Daten, Zahlen und wissenschaftlichen Quellen abzusichern, lässt Whorf anklingen, es gebe noch weit mehr solcher Wörter. Spätere Autoren, die das Beispiel verallgemeinern und populär machen, beziehen sich fast nur noch auf Whorf, statt die Originalstelle von Boas oder andere zuverlässige Quellen zu nutzen.

Bald kümmert sich keiner mehr groß darum, wie viele Wörter die Eskimo tatsächlich für Schnee verwenden. Wie bei einer Klatschgeschichte wird der an sich kümmerliche Befund mächtig aufgebläht. Das kleine Beispiel, mit dem Boas vor oberflächlichem Sprachvergleich warnen wollte, ist zum kulturrelativistischen Selbstläufer geworden und wird genutzt, um Kulturen extrem zu kontrastieren. In den 1960er und 1970er Jahren avanciert es zum Standardinhalt in amerikanischen College-Lehrbüchern der Sprachwissenschaft. Ein populäres Lexikon wartet mit der drolligen Erklärung auf, in der Umwelt der Eskimo gebe es so wenig, über das sich zu sprechen lohnt, dass sie ihre Konversation mit Schneewörtern aufpeppten.

Die Inflation der Schneewörter nimmt ihren Lauf. Im Jahr 1978 behauptet jemand, es handle sich um 50 verschiedene Begriffe. Ein Kolumnist der angesehenen *New York Times* erhöht 1984 auf 100. Das *Cleveland TV* in der amerikanischen Provinz lässt sich nicht lumpen und reichert den Wetterbericht in kalten Wintern immer wieder mit der Behauptung an, die Eskimo hätten 200 Wörter für Schnee. Pullum sucht weitere Quellen. Er stellt fest, dass die *New York Times*, »das amerikanische Periodikum, das einer ernsthaften Zeitung am nächsten kommt«, wie er so schön sagt, 1988, also nur vier Jahre später, die Zahl auf vier Dutzend herunterschraubt. Ohne jede Begründung wird sie einfach halbiert, im Wissenschaftsteil! Die ganze Haltung dazu: Egal, ob die Eskimo 3, 9, 100, 200 oder 400 Schneewörter haben, Hauptsache, es sind sehr viele.

Seit 1983 lehrt Pullum an der Uni in Santa Cruz im sonnigen Kalifornien. Der Sprachwissenschaftler hat es satt, dass in populären Schriften Falschmeldungen grassieren. Ihn ärgert, dass die Kollegen nichts dagegen unternehmen. Im Gegenteil, Textbücher der Linguistik wiederholen das Schneemärchen Auflage für Auflage. Er findet es unerhört, dass niemand Laura Martins Forschung zur Kenntnis nimmt. Schließlich hält Pullum 1985 einen öffentlichen Vortrag an seiner Uni. Im Publikum sind Kollegen, Studenten und interessierte Laien. Als Fachmann macht er mit sarkastischen Worten und reichlich Humor auf die Legende aufmerksam. Er hofft, dem Spuk damit ein Ende zu bereiten.

Es kommt ganz anders. In den nächsten Monaten sitzen immer wieder Studenten in seiner Sprechstunde. Dozenten anderer Fächer haben ihnen begeistert vom ausgefeilten Schneevokabular der Eskimo erzählt. Sein Sohn kommt von der Junior High School nach Hause und erzählt mit leuchtenden Augen dasselbe. Die Wochenzeitung von Santa Cruz bringt das Wissenschaftsmärchen unter der Rubrik »Faszinierende Fakten«. Es ist wie verhext, Pullum erlebt immer wieder, wie junge Managementpsychologen und dynamische Verwaltungswissenschaftler die Eskimolegende in ihre Vorträge einbauen. Das Publikum liebt die Geschichte wie die Spinne in der Yuccapalme.

Pullum hat in seinem Windmühlenkampf den kalifornischen Humor nicht verloren. In seiner Kolumne fordert er seine Leser auf, Mut zu beweisen. Sie sollen bei solchen Vorträgen aufstehen und den Redner in die Enge treiben: »Im klassischen Wörterbuch des Eskimoischen stehen zwei Basiswörter für Schnee: *aput* und *quanik*. Können Sie mir mehr zitieren?« Allerdings warnt der aufrechte Wissenschaftler, dass man sich auf diese Weise nicht unbedingt zur beliebtesten Person im Saal macht. Vermutlich aus eigener Erfahrung meint er, es habe den

Effekt, als würde man während einer feinsinnigen Aufführung von Barockmusik ein paar Gallonen Weizenmehl in die Orgel schütten.

Gottesanbeterinnen und Rohfleischesser

Wie viele Wörter haben die Eskimo nun tatsächlich für Schnee? Die wenigen Spezialisten für diese Sprache sind sich über die genaue Zahl nicht völlig einig. Fest steht: Es ist bestenfalls rund ein Dutzend. Und das ist nicht weiter verwunderlich, auch bei Wüstenbewohnern werden Sandfarben und Dünenformen etwas genauer unterschieden. Selbst wenn es eine Sprache mit einer Unzahl an Wörtern für verschiedene Schneetypen gäbe, wäre das intellektuell nicht besonders interessant. Niemanden wundert es, dass Pferdezüchter viele Bezeichnungen für Pferdetypen, -größen und Altersstufen haben, dass Kaffeeröster viele Sorten und Röstgrade kennen und Drucker viele Fonts unterscheiden. Diese Feststellungen sind ebenso zutreffend wie unspektakulär. Je besonderer die Umwelt oder Lebensweise einer Kultur, Subkultur oder Expertengruppe ist, desto differenzierter ist ihre darauf bezogene Sprache.

Hat die Öffentlichkeit aber eine wissenschaftliche »Tatsache« erst einmal als faszinierend entdeckt, lässt sie so schnell nicht mehr davon ab. Auf diese Weise hat sich auch eine bestimmte Art von Fluginsekten im öffentlichen Bewusstsein eingenistet: die Gottesanbeterinnen. Die Gänsehaut erzeugende Behauptung, die Weibchen dieser zu den »Fangschrecken« gehörenden Insekten würden während der Paarung beginnen, ihre Männchen zu verspeisen, beruht auf einem einzigen Foto. Wie man heute annimmt, handelte es sich dabei um ein krankes Exemplar. Egal, die Legende lebt. Die Vorstellung ist einfach zu schön, vor allem für Männer mit masochistischen Neigungen. Aufgrund ihres Unterhaltungswertes haben solche Märchen einen festen Platz in den Medien. Aber auch gestresste Pädagogen greifen in ihrer Not darauf zurück. Kaum ein Ethnologe wird von sich behaupten können, dass er nie versucht hat, Studenten mit der Eskimo-Story wach zu bekommen.

Warum mussten gerade die Eskimo für ein solches Ethno-Märchen herhalten? Und warum wurde es so erfolgreich, wo doch die intellektuelle Tatsache, selbst wenn sie stimmte, nicht besonders spannend wäre? In unserer Vorstellung sind Eskimo so anders und so besonders, und das gleich in vielerlei Hinsicht, »polythetisch pervers«, wie der bekannte Linguist Steven Pinker witzelt. Als Grundnahrung knabbern sie an rohem Speck. Sie sind »Rohfleischesser«, wie schon ihr Name, ursprünglich eine Bezeichnung durch ihre indianischen Nachbarn, behauptet. Ich erinnere mich noch gut, wie ich als Kind hörte, dass einander liebende Eskimo die Nase reiben, statt sich zu küssen wie »normale« Leute. Als ich etwas älter war, wurde ich in die schlüpfrige Tatsache eingeweiht, dass die Männer ihren Gästen die eigene Frau für die Nacht anbieten. Das ist ein Dauerbrenner in Witzzeichnungen und steht in jeder zehnten Ausgabe des *Playboy*. Angeblich töten die Eskimo Kinder, wenn zu viele Esser für zu wenig Fleisch da sind, und sie werfen die Großmutter den Eisbären zum Fraß vor, wenn es im Iglu zu eng wird. Bei Ethnologen heißt das »Infantizid« und »Gerontozid«. All das ist aber entweder völlig übertrieben, gilt nur in ganz seltenen Fällen oder ist schlicht erfunden.

Über Kulturen, die uns fremd sind, sind wir bereit, fast alles zu glauben. Vor allem akzeptieren wir alles, was sie uns noch fremder macht. Die absurden Kapriolen und grausigen Riten fremder Stämme geben eine interessantere Meldung ab als die Nachricht über ein Volk, bei dem es wie bei uns ein lineares

Zeitsystem gibt, wo im Dezimalsystem gerechnet wird und die Menschen wie wir mehr schlecht als recht die Monogamie praktizieren. Eine an sich banale Beobachtung wird mit Bedeutung überfrachtet, die Tatsachen werden um der Pointe willen verzerrt. Die Inflation der Schneewörter ist aber nicht nur ein Ergebnis der Tendenz, Kulturunterschiede zu übertreiben. Sie hat auch mit der Idee des »edlen Wilden« zu tun und zeigt, dass wir die Kultur der Eskimo nicht nur bestaunen, sondern auch bewundern.

Das Wörterbuch der Menschheit

Gibt es im Meer der Sprachenvielfalt Wörter, die überall vorkommen? Schon die Frage mutet auf den ersten Blick unsinnig an. Aber schließlich leben die Menschen doch alle in einer physischen Umwelt. Gegenstände fallen überall nach unten. Wasser fließt einem weg, wenn man es nicht eingrenzt. Gegenstände wehren sich träge dagegen, bewegt zu werden. Wie könnte man solche Basiswörter finden? Eine einfache Möglichkeit besteht darin, viele zweisprachige Wörterbücher zu vergleichen.

Diese Fleißarbeit haben einige »deskriptiv vergleichende« Linguisten unternommen. Dabei erhält man ein grundlegendes Vokabular zu Naturphänomenen (»Berg«), Körperteilen (»Arm«) und anderen konkreten Objekten (»Stein«). Es scheint tatsächlich eine Art Basiswortschatz zu geben. Mit dieser Methode stößt man allerdings an Grenzen, denn Wörterbücher übertreiben die Eins-zu-eins-Entsprechung zwischen Begriffen. Wenn ich im Wörterbuch Deutsch–Indonesisch unter »Dorf« nachschaue, steht dort das indonesische Wort *desa*. Das stimmt, aber nur in etwa. Für Indonesier ist ein *desa* nicht unbedingt eine geschlossene Einheit. Das kann durchaus auch eine kilometer-

Anders sprechen und doch gleich denken

lang ausgedehnte Streusiedlung sein. Im Indonesischen gibt es auch noch andere Wörter, wie *dusun* und *kampung*, die Ähnliches wie das deutsche »Dorf« meinen, aber eben nur Ähnliches. Ein *kampung* kann nämlich auch in der Stadt sein. Wir müssen also näher an den Alltagsgebrauch hinter den Vokabellisten, an das Denken hinter dem Sprechen kommen.

Schon der Philosoph und Supergelehrte Leibniz hatte im 17. Jahrhundert die Idee »eines Alphabets der menschlichen Gedanken« entwickelt, einer Universalsprache, die auf grundlegenden Ähnlichkeiten im Denken aller Menschen aufbaut. Die polnische Linguistin Anna Wierzbicka und ihre Mitarbeiter an der Australian National University suchen seit 1960 nach den Grundausdrücken der Bedeutung in den Sprachen der Welt. Sie durchforsten dafür gezielt Sprachen, die nicht miteinander verwandt sind, darunter auch etliche nichtwestliche. Außerdem betreiben sie spezielle Forschungen zu Sprachen und Sprechern. Sie nehmen verschiedene thematische Bereiche unter die Lupe, wie Werte, Emotionen, Gegenstände, Religion, schauen sich spezifische »kulturelle Schlüsselwörter« und sogenannte Sprechakte an, bei denen man durch Sprache sozial handelt. Das Team hat auf diese Weise bislang gut 60 universelle Grundbegriffe gefunden. Wie sieht dieses minimale Wörterbuch der Menschheit aus?

ich, du, jemand, etwas, Menschen, Körper;
dies, dasselbe, anderes;
eins, zwei, einige, viele/viel, alle;
gut, schlecht, groß, klein;
denken, wissen, wollen, fühlen, sehen, hören;
sagen, Wort, wahr;
tun, passieren, bewegen;
da ist, haben;

leben, sterben;
nicht, vielleicht, können, weil, falls;
wann, jetzt, nach, bevor, eine lange Zeit, eine kurze Zeit, für einige Zeit, Moment;
wo, hier, über, unter, weit, nahe, seitlich, innen;
sehr, mehr;
eine Art von, ein Teil von;
wie.

Diese »semantischen Primitive«, wie Wierzbicka sie nennt, gruppieren sich um 15 Themen-Cluster und sind in Form spezifischer Wörter oder Wortelemente in jeder Sprache zu finden. Auch bestimmte Kombinationen dieser Wörter lassen sich in allen Sprachen nachweisen. Die abstrakten Begriffe sind fast alle noch einfacher als die eben genannten Vokabeln aus dem Basiswortschatz, die aus der Erfahrung der Kulturen mit ihrer Umwelt stammen. Wierzbicka und ihre Kollegen haben damit nicht etwa durch Spekulation, sondern durch die Beschreibung von Sprachen klare Hinweise auf eine kognitive Metasprache der Menschheit gefunden, eine *Lingua mentalis*.

Auf den ersten Blick mag die Liste banal erscheinen. Aber das ist sie ganz und gar nicht. Zunächst fällt auf, wie wenige Hauptwörter vorkommen. Dann sind offenbar manche für uns grundlegende Wörter nicht universal. Ich finde es vor allem überraschend, dass »ja« und »nein« nicht in der Liste auftauchen. Das erinnert mich daran, dass es im Indonesischen das Wort »nein« zwar gibt, Verneinung aber in der Regel anders umschrieben wird. Statt zu sagen »Das weiß ich nicht«, sagen die Indonesier »Das weiß ich weniger«. Wollen Indonesier deutlich machen, dass sie nicht zu einer Einladung kommen können, sagen sie nicht »Ich komme nicht«. Das wäre zu brüsk. Sie sagen »Ich komme später«. Der Nachweis dieser universellen

Bedeutungswörter ist also alles andere als trivial. Kulturvergleichende Studien zeigen, dass viele vermeintlich unverzichtbare Wörter – beispielsweise des Englischen, wie *go, water, eat, sit, angry, hot, tree* und *sun* – in etlichen anderen Sprachen keine Entsprechungen haben.

Wierzbicka und ihre Mitarbeiter gehen davon aus, dass sich mit ihren Grundbegriffen sämtliche universalen Ideen der Menschheit äußern und vermitteln lassen. Wierzbicka und ihr Team sehen den Nutzen ihres Miniwörterbuchs vor allem darin, überhaupt eine Grundlage zu haben, mit der man kulturvergleichend forschen kann, ohne den eigenen Sprachvorurteilen zu erliegen. Eine solche auf gemeinsamen mentalen Verknüpfungen aufgebaute Sprache wäre ein wirklicher Durchbruch im babylonischen Durcheinander und zweifellos weit leistungsstärker als die gut gemeinte Plansprache Esperanto. Esperanto war Ende des 19. Jahrhunderts ein Meilenstein, weil es die Idee einer neutralen Universalsprache stark machte. Nicht umsonst ist das Wort auch eine Metapher für Vermischtes, Internationales oder Vermittelndes in anderen Lebensbereichen. Als Sprache kombiniert *Esperanto* aber fast nur Wörter aus westlichen Sprachen, vor allem aus romanischen. Gemeinsame Denkinhalte werden kaum berücksichtigt, vor allem nicht universelle Strukturen. Kein Wunder, dass die Kunstsprache nicht Fuß fassen konnte.

Um von Wierzbickas Liste zu einer globalen Basissprache zu gelangen, müssten die »semantischen Primitive« mit einer universalen Grammatik verknüpft werden. Und das ist noch Zukunftsmusik – aber eine wichtige Vision, denn eine solche Megasprache könnte Verständigung über alle kulturellen Grenzen hinweg möglich machen, weil sie auf universellen Denkstrukturen beruht.

Der Big Bang des Sprachlernens

Noam Chomsky, der Großmeister der theoretischen Linguistik, sieht hinter der immensen Vielfalt der Sprachen und ihren einzelnen Grammatiken ein Grundmuster, die »Tiefengrammatik«. Chomsky, der sich mit Basisstrukturen befasst, ist viel universalistischer als Wierzbicka, die von Einzelsprachen ausgeht. Ist Whorf der extreme Relativist, nimmt Chomsky die Position am anderen Ende der Skala ein, er ist extremer Universalist. Für ihn und seinen Popularisierer außerhalb des Elfenbeinturms, Steven Pinker, ist die Tiefengrammatik angeboren. Kein Wunder, dass manche seiner Annahmen heftig umstritten sind, aber es gibt harte Fakten, die auf seiner Seite stehen.

Jedes gesunde Kind auf der Welt kann jede Sprache erlernen, sein Gehirn behandelt die als erste angebotene Sprache als Muttersprache. Zwischen dem zweiten und dritten Lebensjahr sind Kinder regelrecht sprachsüchtig, ihre Sprachfähigkeit explodiert. Es gibt den *Big Bang* der Sprachentwicklung. In jeder bekannten Gesellschaft gehen die Kinder mit Vollgas vom Einwortstammeln zu grammatisch korrekten Sätzen über. Dabei scheint eine deutlich gerichtete Lernbereitschaft zu bestehen. Kinder besitzen offenbar ein apriorisches Wissen über wahrscheinliche Gesprächsinhalte.

Jedes organisch normale Kind, das in frühem Alter in irgendeine Gesellschaft gebracht und dort aufgezogen wird, hat die Lernfähigkeit, die dortige Umgangssprache zu erlernen. Das spricht dafür, dass wir alle mit einem kulturübergreifenden Wissen über sprachliche Grundstrukturen zur Welt kommen. Selbst Kinder von Eltern mit Sprachstörungen sprechen schnell grammatisch richtige Sätze. Im Widerspruch zu frühen Behauptungen Chomskys stehen jedoch Forschungsergebnisse, die zeigen, dass Kinder im Alltag eine ungeheure Menge von Sprachbeispielen von ihren Eltern oder Geschwistern mitbekommen. Sie hören also viel mehr halbwegs korrekt formulierte Vorbildsätze, als Chomsky dachte. Und so hat der Hardliner selbst seine Ansichten über die angeborene Grammatik in den letzten Jahren merklich relativiert.

Die Forschung ist also noch in Bewegung. Fest steht: Das Zeitfenster fürs natürliche Sprachlernen ist sehr kurz. Wenn wir älter sind, müssen wir jede neue Sprache mit viel Mühe lernen. Ich erinnere mich noch gut an meine jahrelangen Qualen mit dem Latein. Wir alle hätten die Klicklautsprache der !Kung in Südafrika lernen können. Falls Sie wie ich nicht bei den !Kung aufgewachsen sind, werden Sie diese Sprache allerdings nicht sprechen und auch nie perfekt lernen. Ein Kind, das eine zweite Sprache sehr früh nach der normalen Phase des Lernens der Muttersprache erlernt, kann diese noch fast perfekt beherrschen. Aber eben nur fast perfekt. Von echten Muttersprachlern wird auch ein solcher Sprecher sein Leben lang erkannt werden, und das kann mitunter fatale Konsequenzen haben. In ethnisch aufgeheizten Kriegen, wie in Ex-Jugoslawien, kommt es immer wieder vor, dass Menschen für die Exekution ausgelesen werden, indem man sie zwingt, bestimmte Worte auszusprechen ...

Mit Metaphern leben

In den Sprachen aller Kulturen verwendet man Sprachbilder. Schon als Kinder hören wir vom Löwen als dem »König der Tiere«. Wir alle leben mit Metaphern. Sprachbilder sind ein Kernelement des menschlichen Denkens. Oft werden Eigenschaften des Raums oder des Körperlichen genutzt, um treffende Ausdrücke zu bilden. Das sehen wir bei Aussagen, die auf die aufrechte Haltung des Menschen anspielen und in denen »oben« gleich »mehr« ist: »Die durchschnittliche Lebenserwartung steigt.« Verbreitet ist die Übertragung physischer Eigenschaften auf psychische. Ich habe hier von »erhitzten« Debatten berichtet. Bei der Feldforschung in Indonesien hörte ich immer wieder Erzählungen über die »heißen Makassar«. Die Hauptgruppe in Ujung Pandang gilt als wenig kultiviert, unkontrolliert, leicht aufbrausend und damit gefährlich. Man sagt: »Das Blut der Makassar steigt schnell hoch.« Menschen machen immer wieder gleiche Erfahrungen im Umgang mit Objekten und Ereignissen. Daraus entstehen Sprachbilder wie »untergehen« oder »begreifen«.

Kulturübergreifende körperliche und emotionale Erfahrungen erzeugen allgemeinmenschliche Metaphern. Beispiele dafür sind »Fortschritt ist Vorwärtsbewegung« und »Ursachen sind Kräfte«. Welches dieser schematischen Sprachbilder favorisiert wird, variiert je nach Umweltsituation und Kultur. Das metaphorische Beziehen auf physische Dinge hat in ganz verschiedenen Sprachen identische Konnotationen. In vielen Sprachen wird »rechts« mit »recht«, »richtig« und »gut« assoziiert. So ist es im Englischen, einer indogermanischen Sprache, und in der *Bahasa Indonesia*, die einer ganz anderen Sprachfamilie angehört. Neuere sprachwissenschaftliche und kognitionspsychologische Untersuchungen über miteinander nicht verwandte Sprachen zeigen, dass es in allen menschlichen Gesellschaften nicht nur einzelne Metaphern, sondern eine große Fülle von Metaphorik gibt. Auch die Verwendung von Pars-pro-Toto-Ausdrücken, die Linguisten »Metonymien« nennen, ist universal. In einer Kölner Gaststätte weist eine Kellnerin ihre Kollegin darauf hin, das ein Gast noch zahlen muss: »Hanni, das Schnitzel hat noch nicht bezahlt!«

Der Ton macht die Musik

In sämtlichen bekannten Kulturen werden Tonfall und Timing für die Modulierung des sprachlichen Ausdrucks eingesetzt. Auch Lautmalerei findet sich überall. Der deutsche Frosch »quakt«, sein indonesischer Kollege wird *kodok* genannt und macht *guik-uik*. Linguisten bezeichnen das mit dem Zungenbrecher »Onomatopoesie«. In allen Kulturen wird gedichtet. Freunde der Poesie mögen in manchen Gesellschaften in der Minderheit sein, wie in unserer eigenen. Dennoch gibt es überall Gedichte, die in Einheiten mit Wiederholungen und Pausen vorgetragen werden. Die Länge von Gedichtstrophen ist sehr unterschiedlich. Wenn ein Gedicht jedoch vorgelesen wird, macht der oder die Vortragende etwa alle drei Sekunden eine Pause, völlig unbewusst. Überall bestehen Vorstellungen über passende Standards in Poesie und Rhetorik, auch wenn diese Standards verschieden sind.

Es gibt universale Regeln der Höflichkeit der Sprache. In allen bislang daraufhin untersuchten Sprachen gilt, dass eine Rede desto länger ist, je höflicher sie gemeint ist. Die Erfahrung zeigt, dass man das allerdings auch übertreiben kann. In allen menschlichen Sprachen existieren zudem mehrere Spezialformen, Spracharten für besondere Situationen, wie Rituale oder Ansprachen. Überall ist es üblich, den Sprachcode je nach Sprecher, Adressat und Situation zu variieren. Dazu passt, dass gute Sprachkenntnis offenbar in allen Gesellschaften mit hohem Prestige verbunden ist. In vielen Kulturen ist üblich, was ich von Deutschtürken oder Türkdeutschen aus Köln kenne. Sie wechseln ständig zwischen zwei Sprachen. Oft sogar mitten im Satz.

Sprachuniversalien werden zunehmend auch von Forschern gefunden, die eigentlich primär an kultureller Differenz interessiert sind, etwa bei der sprachlichen Strukturierung sozialer Handlungen. Bei Informationsfragen werden überall Pronomen und eine erhöhte Stimme eingesetzt. Ähnlich verbreitet sind auch die Formen der Zustimmung sowie die Verwendung von Anhängen wie »nicht wahr« oder »o.k.?«, wenn man die Bestätigung einer Aussage einholen möchte. Universale Formen gibt es auch, wenn Sprecher die Qualität von Informationen oder ihren emotionalen Zustand anzeigen wollen. Um die Unsicherheit von Aussagen oder die indirekte Basis von Wissen zu markieren, zögert man überall die Worte hinaus und umrahmt das Gesagte. Unser »Ich denke, dass…« entspricht dem indonesischen *saya rasa* … – »Ich fühle, dass …«.

Die meisten der detaillierten Sprachuniversalien, die man in Büchern von Linguisten findet, sind an besondere Bedingungen geknüpft. Sie kommen in der Wenn-dann-Form daher: Wenn eine Sprache X hat, dann hat sie auch Y. In jeder Sprache mit einem Futur gibt es auch ein Präteritum, während das Umgekehrte nicht gilt. Jede Sprache, die gerundete Frontvokale hat, wie das »t« im französischen *tu*, verfügt auch über korrespondierende ungerundete, wie das »d« im Wort *dire*. Dominiert die Wortstellung Subjekt–Objekt–Verb wie beim Japanischen, dann hat diese Sprache nur Post- statt Präpositionen. Gilt die Wortstellungsregel Adjektiv vor Nomen, dann steht auch das Numeral vor dem Nomen.

Universalien? Ja!

Keine einzige Sprache weltweit bewegt sich auf dem Level des Tarzan-Idioms. Das tun nur einzelne Menschen, die eine Sprache nicht beherrschen – wie wir als Touristen in einem unvertrauten Urlaubsland. Alle Sprachen haben eine Grammatik.

Überall gibt es Subjekt, Objekt und Prädikat. Schon unsere Urahnen lallten nicht vor sich hin. Auch sie hatten höchstwahrscheinlich Konstruktionen wie: »Barbie weiß, dass Ken glaubt, dass sie mit Johnny flirtet.« Denn auch der Tratsch der Steinzeit brauchte solche rückbezüglichen Wendungen. Alle Sprachen bringen sie hervor, weil die Gespräche des Alltags sich ganz wesentlich um soziale Beziehungen drehen. Zwischenmenschliche Belange machen etwa zwei Drittel der Gespräche aus, überall auf der Welt. Unsere Sprache ist nicht in erster Linie dazu da, um kluge Gedanken auszutauschen. Deshalb ist es nicht weit hergeholt, wenn Robin Dunbar Klatsch und Tratsch zur evolutionären Basis der Sprache erklärt. Gemeinsamkeiten dieser Art sind zutiefst bodenständig. Sie gehen uns alle an und sind im Grunde weit interessanter als die exotischen Anekdoten aus der pop-ethnologischen Mottenkiste.

Gleichheiten oder Ähnlichkeiten zwischen Sprachen gibt es auf ganz unterschiedlichen Ebenen. Sie können sich in den Lauten, den Wörtern und in den Satzbaumustern finden, in der Sprechweise und wie wir sozial mit Sprache umgehen. Und sprachliche Universalien kommen in unterschiedlichen Graden vor. Manche lassen sich tatsächlich in allen bekannten Sprachen nachweisen. Andere finden sich »nur« in fast allen, oder sie sind viel häufiger, als zu erwarten wäre. Angesichts der fast 7000 Sprachen sind auch solche Fälle interessant und fordern eine Erklärung! Die Fast-Universalien können auf gemeinsame historische Wurzeln zurückgehen, zum Beispiel bei Ähnlichkeiten zwischen Sprachen einer Sprachfamilie. Gemeinsamkeiten von Sprachen können jedoch auch andere Ursachen haben, zum Beispiel die allmähliche Ausbreitung im Raum, etwa durch Händler oder Krieger.

Ein neuer Weltatlas der Lautstrukturen und Satzbaumuster, in dem 2560 Sprachen kartografisch erfasst sind, bringt Überraschungen. Sprachen haben in der Regel viele Gemeinsamkeiten mit benachbarten Sprachen, auch wenn sie nicht mit ihnen verwandt sind. Das Finnische beispielsweise ähnelt dem in den Nachbarländern gesprochenen Schwedisch und Russisch, also einer indogermanischen und einer slawischen Sprache, mehr als den mit ihm verwandten finnougrischen Sprachen, wenn man sämtliche Sprachmerkmale berücksichtigt.

Andere sprachvergleichende Werke zeigen, dass es in fast allen Sprachen fünf Vokale gibt, auch wenn es wenige Ausnahmen gibt, etwa die Aymara-Indianer am Amazonas, die nur drei haben. Auch nasale Konsonanten, wie »m« und »n« gibt es fast überall, außer bei den nordamerikanischen Wichita. In allen Sprachen findet sich bei den Phonemen der Kontrast zwischen Vokalen und Nichtvokalen sowie zwischen Stopps und Nichtstopps. Die Zahl der Phoneme ist nie weniger als 10 oder mehr als 70. Überall wird die erste und zweite Person mit Pronomen unterschieden. Ein Personalpronomen für die dritte Person ist dagegen nur fast universal. Dem Lateinischen beispielsweise fehlt es. Alle Sprachen unterscheiden zwischen Verben und Objekten. Alle trennen Prä- und Postpositionen.

In allen Sprachen gibt es Bejahung und Verneinung und Warum-Fragen. Auch wenn das noch nicht viel darüber sagt, wie häufig sie verwendet werden. In allen Sprachen existieren Wörter für Gegenstände hoher Alltagsbedeutung, zum Beispiel für Gesicht und Hand. Überall gibt es Farbkategorien. Es existieren zwischen zwei und elf Begriffe für Grundfarben. In den wenigen Sprachen, wo es tatsächlich nur zwei Farbwörter gibt, sind es immer »schwarz« und »weiß«. Sie tauchen wohl nur deshalb nicht in Wierzbickas Liste auf, weil einige wenige Sprachen, zum Beispiel in manchen Kulturen Neuguineas, gar keine eindeutigen Farbwörter haben, sondern nur »warm-hell« und »kühl-dunkel« unterscheiden.

Anders sprechen und doch gleich denken

Ein Vergleich von 100 Kulturen hat gezeigt, dass überall dieselben Primärfarben unterschieden werden, auch wenn sie nicht überall benannt werden. Die Zahl der Farbtermini nimmt mit der Komplexität von Wirtschaft und Technik zu. Die jeweils nächsten Begriffe lassen sich in einer weltweit einheitlichen Reihe angeben. Wenn eine Sprache neben schwarz und weiß nur noch ein weiteres Farbwort hat, ist es rot. Dann kommt grün oder gelb, dann blau und braun. Nur Sprachen, die alle diese Farben unterscheiden, kennen auch Wörter für orange, grau, rosa und purpur.

Häufig verwendete Wörter sind in allen bekannten Sprachen kürzer als seltener gebrauchte. Das ist vermutlich schlicht der Tatsache geschuldet, dass es das Leben vereinfacht. Die Kontraste zwischen gut und schlecht, tief und flach sowie breit und eng werden überall grundsätzlich in dieser einfachen Form ausgedrückt. Logisch wäre es ja auch möglich, dass man den gleichen Sachverhalt mit sogenannten »markierten« Formen wie »nicht gut« oder »untief« zum Ausdruck bringt. Das gibt es zwar ebenfalls überall, bleibt aber in allen Sprachen die Ausnahme. In allen Sprachen stellen die Sprecher ständig Bezüge auf Bewegung, Ort, Geschwindigkeit und andere Grunddimensionen her. In allen (daraufhin untersuchten) Sprachen der Welt beziehen sich zwei Drittel bis drei Viertel aller Wörter, die Sinneseindrücke beschreiben, auf Hören und Sehen, was die audiovisuelle Tendenz des Menschen widerspiegelt. Das verbleibende Drittel bis Viertel bleibt für Wörter, die sich auf die anderen Sinne beziehen, auf Geruch, Geschmack, Tasten, das Temperaturgespür und das Empfinden der Luftfeuchtigkeit.

Sämtliche Sprachen bilden ihre Sätze durch eine dominierende lexikalische Einheit am Kopf, beispielsweise ein Verb oder eine Präposition und eine Ergänzung, zum Beispiel ein Nomen oder Nominalausdruck – und schreiben eine verbindliche Reihenfolge beider vor. Bei immerhin 128 Kombinationsmöglichkeiten der wichtigsten Kopfeinheiten werden in 95 Prozent aller Sprachen nur zwei angewendet. Das sind die Reihung Verb vor Objekt (wie im Englischen) und Objekt vor Verb (wie im Japanischen). So lässt sich mit etwa einem Dutzend grundlegender Merkmale ein Großteil der Unterschiede der Grammatiken dieser Welt erklären. Über diese »Atome der Sprache« wird unter Linguisten allerdings erbittert gestritten. Die Grammatik ist in allen Sprachen in zumindest irgendeiner Hinsicht redundant. So zeigen im Englischen Subjekt und Verb die Anzahl an und im Spanischen Nomen und Adjektiv das Geschlecht.

Bei dieser Aufzählung darf nicht vergessen werden, dass viele der postulierten Sprachuniversalien unter Linguisten, die sich mit einzelnen Sprachen befassen, durchaus umstritten sind. Die strittigen Punkte ergeben sich manchmal einfach daraus, dass die meisten Sprachen keine Schrift haben, viele schlecht dokumentiert sind und Hunderte schon fast ausgestorben.

Sprache tönt das Denken, mehr nicht

Der Sprachrelativismus ist nur interessant, wenn er radikal ist. Und der radikale Relativismus ist empirisch falsch. Extremer Sprachrelativismus ist politisch gefährlich. Wenn die Menschen in ihren Sprachen gefangen wären, könnte es keine Verständigung zwischen Kulturen geben. Wenn wir uns sowieso nicht verstehen können, brauchen wir es auch gar nicht erst zu versuchen. Jede Kultur könnte für sich alleine weitermachen – oder um sich schlagen und die anderen kleinkriegen! Mit der These, dass Menschen ganz anders denken, weil sie ganz anders sprechen, landet man ungewollt, aber schnell beim Sprachrassismus und kündigt die Chance interkulturellen Austauschs und gegenseitigen Lernens auf.

Nun geht es in der empirischen Wissenschaft nicht um das Sollen, sondern um das Sein. Und auch was nicht sein soll, könnte ja dennoch bittere Realität sein. Die Gemeinsamkeiten der menschlichen Sprachen haben uns jedoch gezeigt, dass radikaler Sprachrelativismus nicht nur politisch brisant ist, sondern auch wissenschaftlich falsch.

Eine Sprache ist alles andere als ein Korsett des Denkens. Jede Sprache lässt Freiheiten, jede enthält vage Äußerungen. Über die Unbestimmtheit etwa der Bedeutung von Wörtern klagen Menschen aller Kulturen. Die Unbestimmtheiten bieten aber auch Möglichkeiten. Und es gibt eine innere Distanz zu dem, was ausgesprochen wird. Jeder von uns kennt das Gefühl, einen Gedanken nicht in Worte fassen zu können. Weltweit ist man sich bewusst, dass Sprache Manipulation erlaubt. Gerüchte und Klatsch sind so universal verbreitet wie das Lügen und die Achtsamkeit gegenüber gezielten Unwahrheiten. Wir können also etwas anderes denken, als wir sagen. Wenn Sprachphilosophen behaupten, ein innerliches Sprechen sei auch von der erlernten Sprache bestimmt, haben sie recht. Sie haben aber in dem Moment unrecht, wenn sie das »auch« weglassen. Sprachen beeinflussen das Denken vielleicht, aber sie bestimmen es nicht. Der Linguist Jürgen Trabant sagt es noch besser: Sprachen »tönen« unser Denken.

Kulturen sind nicht in ihre Sprache eingeschlossen. Italiener können selbstverständlich eine Leiter von einer Treppe unterscheiden, auch wenn sie für beides nur das Wort *scala* haben. Wir Deutschen kennen die Unterscheidung zwischen *Oheim* und *Onkel* nicht mehr. Unsere Familienfeiern enden dennoch nicht im Desaster, denn man kann die Brüder von Mutter und Vater durch Zusatzinformationen identifizieren. Wir können das

Haar auf dem Kopf durchaus vom Körperhaar unterscheiden, auch wenn wir nicht wie die Franzosen zwischen *cheveux* und *poil* trennen. Sprachen sind keine Gefängnisse. Sie schließen das Denken der Menschen nicht derart ein, dass diese vieles gar nicht denken könnten. Das gilt für die Wörter genauso wie für die Grammatik. Die Sprecher können mehr denken und sagen, als ihnen die Struktur ihrer Muttersprache vorgibt. Der Altmeister der Sprachwissenschaft, der Russe Roman Jakobson, hat es auf den Punkt gebracht: Sprachen unterscheiden sich darin, was sie sagen müssen, nicht darin, was sie sagen können.

Die Liste der universalen Bedeutungswörter von Anna Wierzbicka ist ein schönes Beispiel dafür, dass universale Postulate kulturelle Vielfalt nicht ausblenden müssen. Erstaunlich ist ja, dass sich in jahrzehntelanger Forschung nur gut 60 wirklich universale Bedeutungswörter finden ließen. Das heißt schließlich auch, dass der ganz überwiegende Teil des Vokabulars und der Syntax aller Sprachen gerade nicht universal, sondern lokalspezifisch ist. Der Nachweis semantischer Universalien untermauert die Aussage, dass alle Sprachen beides haben, universelle, sprachunabhängige Konzepte und dazu eine je kulturspezifische »Ethno-Syntax«. Eine Feststellung, die ganz ähnlich schon Wilhelm von Humboldt Anfang des 19. Jahrhunderts getroffen hat.

Kritiker der sprachlichen Universalienforschung bemängeln, viele Aussagen über »alle« Sprachen seien zirkulär, sie resultierten schlicht und einfach aus der Definition von Sprache. Das wären triviale Feststellungen wie: »Alle Sprachen bestehen aus Einheiten mit Symbolcharakter« oder »Alle Sprachen bestehen mindestens aus Verben und Substantiven«. Wir finden aber empirisch nachweisbare Universalien sowohl auf der Ebene der einzelnen Sprachen und ihrer Strukturen als auch auf dem Level der menschlichen Fähigkeit zu sprechen. Wir können mit

Fug und Recht beides sagen: »Alle Menschen können angeborenermaßen sprechen« und »Jede Kultur hat eine Sprache«. Das sind zwei verschiedene Aussagen, und beide sind nicht banal. Wierzbicka und ihre Kollegen haben ihre Ergebnisse durch den Vergleich verschiedener Gesellschaften gefunden, und deshalb ist auch der Satz richtig: »Die Sprachen aller Kulturen weisen grundlegende Gemeinsamkeiten auf.« Ein erstaunliches Ergebnis angesichts der unglaublichen babylonischen Vielfalt. Ob Mithridates das geahnt hat?

Romeo in der Südsee
Romanzen weltweit

Romeo würde den Ausnahmezustand, in den allein der Gedanke an Julia ihn versetzt, 100-prozentig in der Liste von Professor Fisher und Professor Jankowiak wiederfinden. Die beiden US-amerikanischen Anthropologen haben in einer jahrzehntelangen Forschung versucht, der romantischen Liebe auf die Spur zu kommen, und am Ende ein ganzes Bündel von Merkmalen zusammengestellt: Die geliebte Person ist für mich einzigartig und nicht ersetzbar. Es ist mir egal, ob sie über oder unter mir steht – oder einer verfeindeten Gruppe angehört. Ich sehe nur die guten Aspekte des geliebten Menschen. Wenn ich an ihn denke, fühle ich Energie, das Herz rast, dann bin ich wieder völlig erschöpft. Mir ist die geliebte Person manchmal am nächsten, wenn sie gerade nicht da ist. Ich möchte sie besitzen und von ihr abhängig sein. Ich ordne meine Prioritäten nach ihr. Ich will mit ihr schlafen, vor allem mit ihr eins werden, mich um sie kümmern. Diese Gefühle lassen sich nicht kontrollieren, die Liebe kommt ungerufen, und sie hat mich im Griff. Ich will, dass es immer so weiterläuft. Julia bringt es auf den Punkt: »So grenzenlos ist meine Huld, die Liebe so tief ja wie das Meer. Je mehr ich gebe, je mehr auch hab ich: beides ist unendlich.«

William Jankowiak ist einer der Ersten, der der romantischen Liebe mit einem breiten Kulturvergleich zu Leibe rückt. Er will schon in den späten 1980ern nicht mehr hinnehmen, dass sich Ethnologen zwar sehr für exotischen Sex, aber wenig für die

Liebe interessieren und einfach behaupten, sie sei außerhalb des Westens irrelevant. Jankowiak nennt sich selbst einen »gnadenlosen Feldethnologen«. Bei eigenen Feldstudien in China, in der Mongolei und bei den polygamen Mormonen im eigenen Land hat er es anders erlebt. Er setzt sich mit seinem Kollegen Edward Fisher zusammen und stellt Daten von 166 Gesellschaften zusammen. Sie sind aus der großen interkulturellen Datensammlung so ausgewählt, dass alle Weltgegenden und alle Typen von Kulturen repräsentiert sind. Jäger-und-Sammler-Gesellschaften, die eine einfache Wirtschaft haben und soziale Gleichheit leben, sind ebenso vertreten wie Kulturen mit gesellschaftlichen Schichten und einer komplexen Wirtschaft. Die erste Veröffentlichung ihrer Ergebnisse im Jahr 1992 weist in 146 von ihnen ganz klar das Vorkommen romantischer Liebe nach. Die kritische Überprüfung ihrer Ergebnisse förderte inzwischen sogar eine noch höhere Zahl zutage.

Bei vielen Sozial- und Kulturwissenschaftlern sind diese Fakten bis heute nicht angekommen. Die Räder der Wissenschaft mahlen manchmal langsam. Vor allem, wenn die Resultate nicht ins gängige Bild passen. Kaum einer von ihnen zweifelt daran, dass sich Mutterliebe oder Geschwisterliebe weltweit überall finden. Die romantische Liebe aber gilt als typisch westliches Kulturprodukt. Die Feudalgesellschaft des Mittelalters habe sie quasi als Nebeneffekt der höfischen Liebe »erfunden«. Die schwärmerische Umwerbung von Adelsfrauen durch Ritter und Minnesänger war bar jeder Körperlichkeit und damit keine Gefahr für die politisch kalkulierten Ehen des Adels. Im Unterschied zu heute, wo die Romantik am Anfang einer längeren Partnerschaft steht, war das höfische Anhimmeln eine Liebeserklärung ohne tatsächliche Beziehung.

In der Renaissance, der Aufklärung und der Moderne habe sich die romantische Liebe zu einer Herzensangelegenheit des

Bürgertums entwickelt. Im 19. Jahrhundert wurde die Idee als tragische Leidenschaft zum Romanstoff und damit richtig populär: Die Herzensglut bricht alle gesellschaftlichen Konventionen und muss deshalb grandios scheitern. Aber auch bei uns gibt es das vor allem auf der Bühne und im Groschenheft, so das herrschende Dogma. Im richtigen Leben sei Romantik selten.

Für die Sozialhistoriker ist das Phänomen ein Nebenprodukt besonderer Umstände. Romantische Liebe braucht gesellschaftliche Schichten, so das Argument. Sie kann nur da existieren, wo es eine Klasse gibt, die viel Freizeit hat und eine blühende literarische Tradition. Einige Ethnologen meinen, der Liebeszauber entfalte sich erst, wenn eine Kultur dem Einzelnen große Freiräume lässt. Das sei in Kulturen der Fall, die entweder sehr mobil sind, zum Beispiel Nomaden, deren soziale Netzwerke locker sind oder in denen es wenig andere Intimität gibt. In solchen Kulturen biete romantische Liebe dem Individuum die Möglichkeit, den Widersprüchen seiner Kultur für kurze Zeit zu entfliehen. Solche Gesellschaften kann man aber an einer Hand abzählen. Sie würden nichts am unromantischen Gesamtbild ändern.

Die Idee der entflammten Liebe gilt als ebenso westlich wie die Trennung von Privatsphäre und Öffentlichkeit, als Konvention unserer Breitengrade, wie man eine Beziehung beginnt. Als Erfindung von Dichtern könne sie nicht in der menschlichen Natur liegen, sie sei ein »Konstrukt westlicher Kulturen«. Viele Gesellschaften außerhalb Europas haben gar kein Wort für die romantische Leidenschaft. Findet man sie heute auch außerhalb unseres Kulturareals, sei das auf christliche Mission und die globale Popkultur zurückzuführen. Westliche Filme und Bücher würden Romanzen als Beginn einer langen Beziehung weltweit propagieren.

Warum beharren die Sozial- und Kulturwissenschaftler so

hartnäckig auf einer Feststellung, die unseren Intuitionen und gesicherten Forschungsergebnissen zuwiderläuft? Mein Verdacht ist, dass hier der besondere Ausdruck mit dem zugrunde liegenden Gefühl verwechselt wird. Wissenschaften können sich irren, mitunter sogar ziemlich dauerhaft, wenn ihr Horizont zu eng ist. Und kaum jemand hat den Blick so weit gefasst wie Fisher und Jankowiak.

Freizügige Südsee

Fremde Kulturen werden gern herangezogen, um zu zeigen, dass es auch ganz anders zugehen kann als hierzulande. Meist steht der kontraststarke Direktvergleich im Vordergrund. Es geht um die Frage: Wer macht es besser und kann zum Lehrmeister für den anderen werden? Lange Zeit wurde dem kultivierten und feinfühligen Liebesideal, das uns aus der eigenen Lebenswelt vertraut ist, eine angeblich primitive Praxis von Wilden gegenübergestellt, die sich wahllos aufeinanderstürzen. Roh und unzivilisiert, wie man sie sich vorstellt, geht es ihnen um unmittelbare sexuelle Befriedigung, und sie kommen direkt zur Sache. Für die Blumenkinder der 1960er Jahre wurden sie eben dadurch zu Vorbildern. Jetzt waren sie glückliche »Naturvölker«, die sich frei vom abendländischen Ballast ihren natürlichen Gefühlen hingeben konnten. Sie wurden zum Gegenbild der prüden westlichen Zwangskultur mit ihren künstlich auferlegten Grenzen. Bräuche anderer Kulturen werden immer wieder als Belegmaterial genutzt, um eigene Ideale zu stützen. Dabei blickt man mitunter großzügig darüber hinweg, wie sie tatsächlich leben. Das ist immer wieder auch Ethnologen so gegangen.

Der Amerikaner Donald Marshall hat 1950 die Kultur der

Mangaia auf den Cook-Inseln in der Mitte des Pazifiks untersucht. Er stellt die Polynesier als fundamental triebhaft dar, als regelrecht sexbesessen. Es gehe ihnen vor allem um Beischlaf, romantische Liebe sei bei ihnen ebenso unbekannt wie andere starke Gefühle. Die Sorge um andere Menschen, auch in Beziehungen, kennen die Mangaia-Leute nach Marshall nicht. Ihre Beziehungen seien locker, sie wechselten die Partner häufig und hätten oft mehrere nebeneinander. Ihr Liebesleben bestehe aus einer Serie von *One-Night-Stands*. Da scheint es zu passen, dass ihr Wort für Liebe, *tika*, einfach so viel heißt wie sexuelle Treue.

Als Helen Harris 40 Jahre später ihre Feldforschung bei den Mangaia beginnt, können ihre Informanten über solche Aussagen nur herzlich lachen. Tatsächlich spielen Romanzen bei ihnen eine eminent wichtige Rolle. Harris führt Ausdrücke wie *inangaru* an, das »wollen, brauchen, mögen und lieben« bedeutet. *Atingakau* heißt so viel wie »gebrochenes Herz«. Nicht gerade Hinweise auf fehlende Emotionen! In der Mangaia-Kultur finden sich alle Ingredienzien des universalen Cocktails romantischer Liebe. Der Partner wird angehimmelt. Es gibt Liebesgedichte und Liebesgesänge. Harris befragt alte Menschen nach ihrer Jugend und erfährt, dass diese Liebeslyrik auf der Insel bereits vor den christlichen Missionaren kursierte.

Warum hat Marshall das alles nicht gefunden? Wir wissen es nicht. Vielleicht war er ein prüder Amerikaner, der die größere Freizügigkeit der Insulaner anprangern wollte. Vielleicht sprach ihn aber auch gerade das an. In jedem Fall hatte er als wissenschaftlicher Südseereisender in seinem Gepäck die Annahme »primitiver Promiskuität«. So schob er auch Beobachtungen beiseite, die eigentlich auf romantische Liebe hinwiesen. Unter jungen Mangaia kommt es häufiger zu Selbstmord, wenn die Eltern den Wunschpartner ablehnen. Marshall versuchte die Tragödien als sexuelle Eifersucht herunterzuspielen. Die

Südsee ist der richtige Ort für falsche Vorstellungen. Für Westler war sie immer ein Land der Fantasien und Projektionen, nicht erst seit Gauguin. Eurozentrische Scheuklappen sind aber nicht das einzige Hindernis.

Geheime Zeichen

Die romantische Liebe macht es den Forschern schwer, etwas über sie herauszubekommen. Gibt es überhaupt klare Kriterien, ob sie vorliegt oder nicht? Das Wichtigste an romantischer Liebe spielt sich im Kopf ab. Und da kann auch der versierteste Ethnologe nicht hineingucken. Naheliegend ist es, Menschen über ihre Liebe und ihre Liebsten zu befragen. Das machen Psychologen und Ethnologen, aber es erfordert Vertrauen und Fingerspitzengefühl. Besonders in nichtwestlichen Kulturen. Welche Worte soll ich überhaupt verwenden? Einerseits besteht die Gefahr, dass meine Fragen bereits passende Antworten suggerieren. Andererseits kann es passieren, dass die Menschen eher so antworten, wie es sich in ihrer Kultur gehört. Sie interpretieren und filtern ihre Erlebnisse, bevor sie darüber reden. Das wirkliche Fühlen und Handeln steht eventuell auf einem ganz anderen Blatt.

Emotionen können versteckt werden, weil kultureller Druck das erzwingt. Und selbst wenn Gefühle gezeigt werden, bleibt es für die Forscher schwierig, sie mit anderen Kulturen zu vergleichen. US-Amerikaner etwa berichten den Psychologen, dass sie euphorisch und ruhelos sind, wenn sie lieben. Sie sagen, dass sie als Verliebte Tagträume, Konzentrationsmangel, Ruhelosigkeit und Schlafstörungen haben. Es ist aber kaum anzunehmen, dass ein vergleichbares Erleben auf einer Südseeinsel, am Polarkreis oder am Amazonas in diese Begriffe gebracht wird.

Man sollte also versuchen, Liebespaare konkret zu beobachten. Aber die haben universal die Neigung, sich zurückzuziehen. So wie es kaum irgendwo öffentlichen Geschlechtsverkehr gibt, blühen auch die meisten Romanzen eher im Geheimen. Liebende reden oft nicht viel. Sie machen stattdessen kleine, aber bedeutsame Gesten. Diese kleinen Signale der Körpersprache werden von den Ethnologen leicht übersehen und von den Mitgliedern der Kultur selbst oft nicht bewusst wahrgenommen. Sie sind aber ein wichtiger Ausgangspunkt.

Eine andere Methode setzt auf die Sprache. Ethnologen sammeln Ausdrücke über romantische Liebe. Sie finden verbreitet Redewendungen wie »Glut«, »Schmetterlinge im Bauch« oder »klopfendes Herz«. Sie suchen dazu auch Liebesgedichte, Liebeslieder und Liebesmetaphern. Auch hier ergeben sich aber Probleme. Wie kann man die Worte einer völlig fremden Sprache punktgenau in eine westliche Sprache übersetzen, noch dazu, wenn es um poetische oder metaphorische Wendungen geht? Entsprechungen 1:1 gibt es da nicht. Für viele Sprachen existieren keine Wörterbücher. Da hilft nur die Absicherung über den Kontext. Wenn wir Liebende verstehen wollen, ist es wichtig, sich mit ihren Liebesgeschichten zu befassen. Genau das tun Ethnologen heute. So sammelte Helen Harris bei den Mangaia nicht nur Wörter und Redensarten zur Liebe. Sie führte 90 Interviews und sammelte 60 intime Lebens- und Liebesgeschichten ihrer Gesprächspartner.

Die Wirklichkeit, die dabei zutage kommt, hat wenig mit dem Klischee vom sexbesessenen Wilden zu tun. Auch in anderen Pazifikkulturen gibt es nicht nur Fast Sex, sondern langfristige Liebesbeziehungen, romantische Gefühle und ausgefeilte Liebeslyrik. Auf den Trobriand-Inseln schreiben junge Männer ihrer Angehimmelten kleine Briefchen. Bei den Dobu-Insulanern spielt man der Liebsten mit einer Harfe Liebeslieder vor.

Die Eipo im Hochland von Neuguinea sind uns schon im Kapitel zu den »nackten Tatsachen« begegnet. Sie gehören zu den am besten erforschten Volksgruppen. In den 1970er und 1980er Jahren wurden sie von einem Team von 35 Wissenschaftlern unterschiedlichster Disziplinen untersucht. Die Eipo laufen fast nackt herum, aber beim Geschlechtsverkehr sind sie – trotz Peniskalebassen – nicht übertrieben auf die Geschlechtsteile fixiert, sondern beziehen den ganzen Körper mit ein. Ihre Heiraten werden kaum von den Eltern bestimmt, es sind Liebesheiraten. Die Sprache weist zwar auch drastische erotische Bilder auf, aber Frauen wie auch Männer umgarnen ihre Angebeteten am liebsten mit Liebesgedichten. Eine Liebesliedsammlung aus dem 19. Jahrhundert verzeichnet auch einen Text der Makassar aus Sulawesi. Darin heißt es: » Nur Träume, ja nur Träume sind meiner Liebe günstig! / In Träumen steh ich vor dir in Zwiegespräch mit dir! / Und daß es, wenn ich sterbe, nur ja nicht heißt: ich sei / Gestorben wie ein andrer, nein, nur aus Lieb zu dir!« Julia hätte das gefallen.

Alberne Verliebtheit

Kulturen müssen also nicht so komplex sein wie die mittelalterliche Adelsgesellschaft, um romantische Liebe hervorzubringen. Ebenso häufig kommt sie in »einfachen« Kulturen wie bei den Eipo vor. Jäger und Sammler leben in kleinen Gruppen, und jeder ist in etwa gleich reich oder arm. Bei ihnen ist die Partnerwahl oft frei. Von ihr hängt das Schicksal der Familie nicht so stark ab wie bei Kulturen, die in größeren Einheiten leben, geschichtet sind und weitreichende soziale Beziehungen unterhalten. Sind Großfamilien ein Liebeskiller? Das könnte erklären, warum romantische Liebe in Kulturen mittlerer Komplexität eine geringere Rolle spielt. In den beiden Gesellschaftstypen, wo sie stark ist, den ganz einfachen wie den sehr komplexen, sind Großfamilien selten.

Ethnologen kennen durchaus Kulturen, die romantische Liebe leugnen. Ein Beispiel sind Beduinen, die als Nomaden in Arabien leben. Ein anderes sind die Fulbe, Viehhirten in Kamerun in Westafrika. In beiden Gesellschaften werden die Emotionen ganz allgemein im Zaum gehalten. Selbstkontrolle ist angesagt. Entsprechend gibt es bei ihnen nur wenige Worte für starke Gefühle und keines für romantische Liebe. Wollte ein Angeklagter vor Gericht seine Emotionen als mildernden Umstand geltend machen, wäre er in diesen Kulturen schlecht beraten. Affekttäter werden hier härter bestraft!

Ethnologen spekulieren, ob die Meidung von Emotionen mit den Hierarchien zusammenhängt, die diesen Gesellschaften so wichtig sind. Starke Gefühle können das Herrschaftsgefüge aus dem Lot bringen, wenn die Leidenschaft für einen anderen Menschen mit dem geforderten Gehorsam in Konflikt gerät. Also werden starke Emotionen unterdrückt. In Großfamilien ist absolute Loyalität zum Oberhaupt genauso wichtig wie die Loyalität der Familie zum Stammesführer. Großfamilien sind ein Merkmal geschichteter Gesellschaften, die auf der Skala der Komplexität zwischen den Mangaia und uns stehen. Hier gibt es Stände oder Klassen, und der Status der Heiratspartner wird sehr wichtig genommen.

Auch bei den Beduinen finden wir Liebeslieder und Gedichte über die Tragik unglücklicher Liebe. Solche Gefühle sind durchaus gesellschaftlich akzeptiert, aber nur auf der persönlichen Ebene. Nicht geduldet wird, dass davon etwas an die Öffentlichkeit kommt. Auch bei den Beduinen und bei den Fulbe gibt es Liebespaare. Ethnologen sehen junge Leute, die verstohlene Blicke wechseln. Sie beobachten junge Menschen, die die

Nähe eines anderen suchen, auch wenn sie im Interview leugnen, verliebt zu sein. Es ist also offensichtlich, dass es romantische Liebe zwar gibt, öffentlich bekennt sich aber keiner dazu. Sie wird einfach geleugnet.

Nach islamischer Tradition ist leidenschaftliche Liebe, *ishq*, etwas anderes als Zuneigung und »normale« Liebe. Sie vernebelt einem den Kopf. Man handelt unweise. Wer sich offen zu dieser Leidenschaft bekennt, erweist sich als dumm. Er wird als krank angesehen, vielleicht gemieden, zumindest belächelt und bemitleidet. Für meine Gastfamilie in Ujung Pandang ist Verliebtheit mit allen ihren Risiken und Nebenwirkungen ein typisches Phänomen der Jugend. Sind ältere Paare betroffen, wird ihnen geraten, dringend einen Heiler aufzusuchen. Bei Erwachsenen erwartet man eher eine Form von gegenseitigem Wohlwollen und Respekt.

Solche Vorstellungen von Mäßigung, das Belächeln einer *Amour fou* und die Weisheit »Liebe macht blind« kennen wir auch aus unsrer Gesellschaft. Lassen wir uns also nicht von dem Eindruck täuschen, dass romantische Liebe in manchen Gesellschaften nicht so deutlich in Erscheinung tritt. Vorhanden ist sie überall. Aber wie die Sexualität ist sie eine starke Kraft, und in manchen Kulturen wird sie mit einigem Aufwand an die Kandare genommen.

Unromantische Liebeserklärungen

Lässt sich Verliebtheit und romantische Liebe erklären? Die meisten Wissenschaftler versuchen das Phänomen nicht auf eine einzige Ursache zurückzuführen, sie belassen es dabei, Bedingungen zu benennen. Für fast alle Forscher gehört zur romantischen Liebe die emotionale Erregung, die Erotik und dass der

Partner idealisiert wird. Andere meinen, die Liebe auf den ersten Blick und der Wunsch nach endloser Bindung dürften ebenfalls nicht fehlen. Manche halten die totale Konzentration auf die geliebte Person für zentral, andere Mitgefühl und Sorge. Ein abgerundetes Bild gibt die umfangreiche Liste von Fisher und Jankowiak.

Wenn es ans echte Erklären geht, streiten sich die Gelehrten. Unklar ist zum Beispiel, wie der »Himmel voller Geigen« sich vom schlichten Mögen und von kameradschaftlicher Zuneigung abgrenzen lässt. Wie unterschiedlich die Deutungen auch sind, eines haben sie gemeinsam: Sie sind alles andere als romantisch.

Traditionelle Erklärungen halten romantische Liebe für kulturell erlernt. Menschen hören in bestimmten Kulturen viel von Romantik, und sie beobachten als Kinder die Romanzen der Erwachsenen. Als Heranwachsende treten sie dann selbst in diese Fußstapfen. Sexuelle Impulse, die eher hormonell bestimmt sind, haben für diese Fraktion nichts mit der Romantik zu tun. Das sieht Helen Harris, die führende Liebesanalystin, ganz anders. Sie betont, dass es bei der romantischen Liebe vor allem um Chemie und Gene geht. Wie die anderen Emotionen beruhe auch die schwärmerische Liebe auf der Physiologie und Biochemie des Gehirns.

Gerade die neueren Erklärungen holen uns aus den Gefilden kultureller Ideale auf den harten Boden der biologischen Existenz zurück. Will man erste Verliebtheit erklären oder die Liebe eines Lebens? Ein Hormon, wie Oxytocin, das durch Streicheln der Geschlechtsorgane freigesetzt wird, ist – zusammen mit anderen Faktoren – für lange Liebesbindungen zuständig, nicht aber für Liebe auf den ersten Blick. Harris hat auch eine weiter greifende Erklärung parat. Sie sagt: Romantische Liebe fördert das Engagement der Eltern für ihre Kinder. Schon bei den Urmenschen erhöhte das die Zahl der Kinder, die bis in die nächste Generation überlebten. Für sie ist romantische Liebe also letztlich eine biologische Fortpflanzungsstrategie. Andererseits zeigen uns romantisch Liebende, dass enge Partnerbindung und Sex oft entkoppelt sind. Jankowiak weist auf eine grundlegende Ambivalenz hin: In Bezug auf Sex sind Menschen tendenziell polygam, in Hinsicht auf enge Bindungen aber eher monogam. Die Stärke unterscheidet sich bei Männern und Frauen, aber wir alle haben eine Begierde nach Sex mit vielen und gleichzeitig eine Sehnsucht nach Bindung mit einem Menschen. Mit diesem Widerspruch müssen sich alle Kulturen auseinandersetzen. Die hoffnungslos Verliebten zeigen uns, dass trotz aller kulturellen Vielfalt weltweite Grundmuster existieren. Denn auch die romantische Liebe ist ein Produkt des Zusammentreffens von Biologie, Person und Kultur.

Die Neurowissenschaften können uns heute die gefühlte Euphorie der romantischen Liebe auch objektiv in der Hirntätigkeit nachweisen. Wir Menschen scheinen durch unsere in der Evolution geformte Psyche dafür prädestiniert zu sein, uns zu verlieben. Vielleicht ist das tatsächlich ein Trick der Natur, der uns dazu bewegt, enge Bindungen zu schließen. Zwei Menschen können eine intensive emotionale Beziehung eingehen, die alle geltenden sozialen Grenzen überschreitet. Wenn er liebte, war selbst der Kaiser von China auf ein und derselben Stufe wie seine Geliebte. In keiner Kultur ist jedefrau und jedermann romantisch veranlagt; manche erleben niemals im Leben leidenschaftliche Liebe. Wir können aber eine beruhigende Botschaft festhalten: Jede Gesellschaft auf diesem Planeten kennt die Höhenflüge und Abstürze eines liebenden Herzens.

Bilder der Menschheit in unseren Köpfen
Entdeckungslust und Ethno-Pop

Dezember 1968. Während 380 000 Kilometer entfernt Weihnachten gefeiert wird, richtet Frank Borman, der Kommandant, das Apollo-Raumschiff kurz auf den Mondhorizont aus. Eigentlich beobachten sie aus dem Kommandomodul in der Mondumlaufbahn die Oberfläche des Erdsatelliten, um sie für die spätere Landung zu erkunden, aber sein Pilot James Lovell will die Position genau bestimmen. Als Frank auf den Horizont des Mondes blickt, bleibt ihm die Luft weg. Er stammelt ins Mikro: »Oh, mein Gott! Seht euch dieses Bild an! Hier geht die Erde auf.« Auch die Männer in Houston sind sprachlos. Sofort macht er ein Schwarz-Weiß-Foto. Bill Anders, der dritte Astronaut, legt schnell einen Farbfilm ein und schießt das berühmte Farbbild, das bei Fotosammlern unter dem Titel *Earthrise* firmiert. Distanz kann klare Sicht verschaffen, und ein veränderter Standpunkt vermittelt manchmal neue Einblicke.

Vier Jahre später ist Apollo 17 auf dem Weg zum Mond und gerade 45 000 Kilometer von der Erde entfernt. Am 11. Dezember 1972 machen Eugene Cernan und Harrison Schmitt mit einer Hasselblad das wichtigste Foto unserer Zeit. Es zeigt die blaue Erdkugel im dunklen All. Unser Heimatgestirn erscheint einsam im dunklen Weltraum, einzigartig und schützenswert. Vor allem ist der Blaue Planet von unglaublicher Strahlkraft und Schönheit.

Das beeindruckende Foto ist bis heute mit großem Abstand das weltweit am häufigsten abgedruckte Bild. Jeder von uns hat es schon tausendmal gesehen. Seine Wirkung war stärker als die vielen schlimmen Aufnahmen aus Vietnam, die damals um die Welt gingen. Ein Hoffnungsschimmer, denn es sind vor allem Bilder, die unser Denken über die Menschheit auf diesem Planeten prägen. Für mich ist das der eigentliche Erfolg der Apollo-Missionen. Das Besondere dieses Fotos war, dass man die Erde zum ersten Mal vollständig als Kugel sah. Mit seinem sofort einsichtigen *Overview*-Effekt inspirierte das Bild ein neues Denken über die Welt. Das Foto mit dem Sammlernamen *Blue Marble* hat die Wahrnehmung unserer Welt verändert. Wir begreifen sie seitdem erst wirklich als eine Welt.

Bildwelten machen Weltbilder

Die Wirklichkeit auf unserem Planeten sieht in den 1960er und 1970er Jahren ganz anders aus. Es herrscht Kalter Krieg, und die Welt ist noch eindeutig eingeteilt, nicht nur in »den freien Westen« und den »Ostblock«, sondern auch in Erste Welt, Zweite Welt, Dritte Welt. Das ökologische Denken beginnt sich erst gerade in alternativen Zirkeln zu formieren, Internet und Globalisierung sind noch Zukunftsmusik. Als Jugendlicher verfolge ich jede Apollo-Mission genauestens und fiebere der Mondlandung entgegen, die dann 1969 tatsächlich stattfindet. Sorgsam fülle ich Karteikarten mit genauesten Angaben zu jedem Raumflug an: Besatzung, Trägerrakete, Dauer des Fluges, Zahl der Umlaufbahnen, Bahnneigung und andere Details. Und

Bilder der Menschheit in unseren Köpfen

ich baue Nachbildungen von Raketen und Raumschiffen aus Pappe und Papier. Die vorgefertigten Modelle aus gestanzten Plastikteilen von Revelle interessieren mich nicht so sehr, denn ich will Maßstab und Details selbst bestimmen. Deshalb gebe ich mein gesamtes Taschengeld für Raumfahrtzeitschriften aus und besorge mir Zeichnungen aus Büchern. Informationen sind zu dieser Zeit noch Mangelware. Eine besondere Herausforderung ist die Nachbildung sowjetischer Raumschiffe wie *Wostok* und *Soyuz*. Also tippe ich auf einer alten Schreibmaschine Briefe an die Nachrichtenagenturen *Novosti* und *Tass*. Meinem Vater sage ich erst mal nichts davon. Er hat sechs Jahre in russischer Gefangenschaft gesessen und ist der größte Antikommunist unter der Sonne. Es dauert zwar Monate, aber dann bekomme ich tatsächlich Post aus Moskau, dicke Umschläge mit geheimnisvollen Briefmarken. Der Inhalt: Broschüren mit genauen Daten und Bildern der russischen Raumschiffe, dabei echte und gestochen scharfe Fotoabzüge und sogar Autogramme der Kosmonauten und als Zugabe noch einige Propagandaschriften über die »strahlende Zukunft des Sozialismus«.

Die Zeitschrift *Life* passte meinen Eltern besser in den Kram als die Post »vom Iwan«. Sie war proamerikanisch und zeigte den *American Dream* auf Hochglanzpapier. Das US-Blatt gab es nur am Hauptbahnhof, und meine Eltern kauften nur selten eine Nummer, denn die Hefte waren sündhaft teuer. Ab und an bekamen wir auch mal eine Ausgabe aus den Staaten geschickt – von entfernten Verwandten im kalifornischen Santa Rosa. Kaum war ein Heft da, habe ich mich darauf gestürzt.

Ich kann mich noch gut erinnern, wie ich bei strahlendem Wetter auf dem Balkon sitze und im *Life Magazine* blättere, dazu Cornflakes. Ein Traum. Ich bin ungefähr neun Jahre alt, und einen Fernseher haben wir noch nicht. Langsam lege ich die großen Seiten mit den riesigen Fotos um. Neben den Raumschiffen interessieren mich Autos, vor allem die amerikanischen Straßenkreuzer. In der *Life* begeistern mich deshalb schon die ganzseitigen Autoanzeigen. Da wird für den Kauf eines Lincoln Continental oder eines Cadillac Eldorado geworben. Auf den Werbefotos steht so ein großer Schlitten immer vor einem Bungalow. Kinder tummeln sich am riesigen Pool. Die Hausfrau und einige Freundinnen, allesamt superschlanke Blondinen à la Barbie, lehnen lässig an der Karosse. Der Vater der Familie kommt gerade in bester Stimmung von der Arbeit. Auffällig, wie gut gelaunt ausnahmslos alle sind!

Als die erste *Life* 1936 ausgeliefert wird, sind die USA von der Wirtschaftskrise schwer angeschlagen, und die Welt steht bereits am Rand des Kriegs. Der Clou der Zeitschrift ist ihre kompromisslos visuelle Ausrichtung. Sie besteht fast ganz aus großformatigen Fotos. Außer den Bildunterschriften gab es kaum Text. Entsprechend heißt es in der programmatischen Erklärung: »Das Leben sehen, die Welt sehen, Augenzeuge großer Ereignisse sein, die Gesichter der Armen und das Gehabe der Stolzen erblicken – Maschinen, Armeen, Menschenmassen; Dinge wahrnehmen, die Tausende von Kilometern entfernt sind, hinter Mauern, in Innenräumen, an die heranzukommen gefährlich ist; sehen und am Sehen Freude haben; sehen und staunen; sehen und belehrt werden.«

Neben der heilen Welt der Hochglanzwerbung zeigt die Zeitschrift mir auch, wie vielfältig und gespalten die Wirklichkeit ist. Direkt nach den schicken Anzeigen kommt eine Schwarz-Weiß-Bildstrecke über den Vietnamkrieg. Das ist weit weg, aber die Fotos bringen mir das Geschehen bedrohlich nahe. Warum solche Gräuel? Warum gibt es überall Kriege? Warum gibt es aber auch überall Liebe und Gastfreundschaft? Manchmal sind Kinderfragen Menschheitsfragen. Das Magazin entführt mich in andere Welten. *Life* vermittelt mir einen Blick hinter den engen deutschen Horizont. *Life* zeigt einen Planeten, auf dem die Kulturen miteinander vernetzt sind. Neben den aktuellen Reportagen lese ich immer wieder große Berichte über die Zivilisationen früherer Zeiten. Vor allem bietet fast jedes Heft Bilder und Berichte über fremde Kulturen der Gegenwart. Schon seit den 1950ern gab es zu dem Magazin auch Bücher. Das waren Bände im Megaformat, wie *Das Epos des Menschen* und *Die Welt, in der wir leben*, die im Verlag Time Life herauskommen. Ich entleihe mir diese Folianten in der kleinen Stadtbibliothek. Immer nur einen, denn mehr kann ich nicht nach Hause tragen. Dann ziehe ich mich zurück und blättere stundenlang in den Prachtbänden, randvoll mit Bildern der Kulturen der Welt. Als *Life* 1972 einen stillen Tod stirbt, bin ich betrübt. Die 60er Jahre sind endgültig zu Ende. Das Fernsehen ist stärker geworden, aber die Vision bleibt: Grundthemen der Menschheit längs durch die Geschichte und quer durch die Kulturen zu präsentieren.

The Family of Man

In den *Life*-Heften hatte ich immer wieder Arbeiten von weltberühmten Fotografen gesehen. Darunter waren bekannte Kriegsfotografen wie Robert Capa, der 1954 in Indochina bei der Arbeit umkam, und Henri Huet, der mit seinen Vietnambildern das Denken über Kriege veränderte. Besonders aufgefallen waren mir immer wieder eindrucksvolle Schwarz-Weiß-Porträts von Menschen aus aller Welt, unter denen wenig mehr stand als: »Photo E. Steichen«. Edward Steichen hatte als Fotoreporter die amerikanischen Truppen in beiden Weltkriegen begleitet. Er arbeitete für die führenden Fotoagenturen und die besten

Entdeckungslust und Ethno-Pop

Zeitschriften. Seit 1947 war er Direktor der legendären Fotoabteilung des Museum of Modern Art. In New York konnte er 1948 die Erklärung der Menschenrechte hautnah miterleben. Die UN-Charta formulierte die ersten universalen Rechte, die für alle Menschen unabhängig von Hautfarbe und Kultur gelten.

1951 ist Steichen deprimiert, wie wenig Antikriegsbilder bewirken. Er hat bereits Fotoausstellungen zu den Schrecken der Weltkriege gemacht. Nun ist gerade der Koreakrieg ausgebrochen. Die großen Blöcke stehen sich unversöhnlich im Kalten Krieg gegenüber, die Gefahr eines Atomangriffs rückt immer wieder bedrohlich nah. Da kommt Steichen eine geniale Idee. Statt der Gräuel will er die Einheit der Menschheit in einer großen Fotoausstellung dokumentieren. Als einer der Ersten hat er begriffen, dass die Fotografie als Sprache quer durch die Kulturen verstanden wird. Also konzipiert er für das MoMA eine Schau unter dem Titel »The Family of Man«. So global wie der Ansatz werden auch Planung und Durchführung. Steichen hat eine Vision und einen langen Atem. Allein das Sichten der Bilder dauert vier Jahre. Aus zwei Millionen eingesandter Fotos werden zunächst 10 000 ausgewählt.

Die Ausstellung öffnet ihre Tore im Januar 1955 und ist sofort eine Sensation. Zu sehen sind 503 Schwarz-Weiß-Aufnahmen von 273 Amateur- und Berufsfotografen aus 68 Ländern der Welt. Geordnet ist die Schau nach 37 universellen Themen der Menschheit, unter anderem Arbeit, Spiel, Familie, Geburt, Kinder, Alter und Tod, Lernen und Wissen, Krieg und Frieden. Steichens Ziel war, einen »Spiegel der grundlegenden Übereinstimmung der menschlichen Gattung« zu schaffen. Er wollte zeigen, wie sich die Menschen gleichen, trotz aller Unterschiede in Klasse, Geschlecht, Alter, Aussehen und Kultur. Und er wollte zeigen, dass alle Kulturen mit den gleichen Grundfragen konfrontiert sind. Gegen Gewalt, Zerstörung und Hass setzt er auf Zuneigung und Mitmenschlichkeit. Das Leitmotiv: Im Kern ist der Mensch gut. Steichen hatte die Exponate vor allem danach ausgesucht, ob sie seine humanistische Aussage plastisch rüberbrachten. Die Fotos wurden nicht gerahmt, sondern in einer sehr modernen und anregenden Weise gehängt. Sie schwebten an unsichtbaren Fäden im freien Raum oder waren auf Plexiglaswänden angebracht. Das erlaubte den Durchblick zu anderen Bildern, betonte die Vielfalt und provozierte Einsichten. Jede Abteilung war angereichert mit Sprichwörtern, Weisheiten großer Religionsstifter oder Stellen aus dem Alten Testament. Auf den Schrifttafeln prangten Zitate wie: »Die Erde ist eine Mutter, die niemals vergeht« oder »Iss Brot und Salz und sprich die Wahrheit«. Unter archetypisch wirkenden Bildern von Menschenpaaren fand sich der Satz: »Wir zwei bilden eine Vielfalt«.

Die Schau schlägt ein wie eine Bombe. Ihr Erfolg ist so global wie das Konzept. »The Family of Man« wird als Wanderausstellung zuerst in Tokio, Berlin, Paris und Amsterdam gezeigt, in Deutschland unter dem Titel »Wir alle«, in Frankreich als »La Grande Famille des Hommes«, also »Die große Familie *der* Menschen«. In Form von acht *travelling editions* tourt die Schau zwischen 1955 und 1961 durch die gesamten USA und weitere 37 Länder, später sogar nach Moskau, Jahre vor der Entspannungspolitik. Dem Kalten Krieg setzt die Ausstellung die Idee der Menschheit als Einheit entgegen. Die Brüche, Gräben und Teilungen der Menschheit erscheinen als Oberfläche, als Zufallsprodukt, unter dem eine identische Substanz zutage tritt. Diese Verquickung von Vielfalt der Menschen und Einheit ihres Handelns und ihrer Emotionen faszinierte ein Millionenpublikum. Bis 1964 hatten fast zehn Millionen Menschen die Ausstellung gesehen.

Entdeckungslust und Ethno-Pop

Steichen war Luxemburger und hatte sich gewünscht, dass seine Menschheitsschau ihre endgültige Heimat im Großherzogtum finden sollte. Nach dem Ende ihrer Weltreise schenkten die USA den Luxemburgern 1966 eine Version der Wanderschau. Sie wurde in Teilen in einem Schloss ausgestellt, aber die Fotos waren durch die vielen Transporte reichlich ramponiert. Der Glanz schien dahin. Zu dieser Zeit gab es ein ähnliches Ausstellungsprojekt in Deutschland. 1964 widmete sich die »Weltausstellung der Photographie« der Frage »Was ist der Mensch?«. Schon diese Schau war deutlich schwächer als Steichens visionäres Projekt. Pathos und Fortschrittsenthusiasmus der Nachkriegszeit waren verflogen. Der Zeitgeist schien an Bildern einer die Welt umspannenden Menschheit nicht mehr interessiert.

Erst 1990 wurde Steichens Ausstellung nach langem Dornröschenschlaf wiederentdeckt. Nach der notwendigen Restaurierung, die drei Jahre in Anspruch nahm, erlebte sie aber ein fulminantes Comeback. Als sie in erneuerter Form in Toulouse, Tokio und Hiroshima gezeigt wurde, kamen wieder Tausende. Der Mythos der Ausstellung hatte die Jahrzehnte überdauert. 1994 fand die Sammlung ihre endgültige Bleibe im Schloss Clervaux in Luxemburg. Die UNESCO nahm sie 2003 in das Register »Gedächtnis der Menschheit« auf.

Ich habe mir die Ausstellung 2005 angesehen, genau 50 Jahre nach der Eröffnung in New York. Clervaux liegt ab vom Schuss. Die Fahrt ist lang, Freunde nehmen mich mit, und ich habe viel Zeit, um einen frühen Verriss der Menschenschau zu lesen. Es ist ein Kapitel in einem legendären Suhrkamp-Klassiker, den *Mythen des Alltags* von Roland Barthes. Das Pariser Gastspiel der Schau veranlasste Barthes, Steichens Ausstellung genüsslich und wortgewandt zu zerlegen. Er hält die Schau für moralisierend, sentimental und pseudoreligiös. Die Verschiedenheit der Menschen werde über Hautfarben und exotische Gebräuche erst einmal gesteigert. Gezeigt werde ein pluralistisches Mosaik: Alt und Jung, Arm und Reich, Schwarz und Weiß. Aus dieser babylonischen Vielfalt zaubere Steichen dann die Menschheit als Einheit hervor, indem er einen Mythos erschafft: Das Ganze laufe darauf hinaus, eine unwandelbare Natur des Menschen zu postulieren, »und schon ist Gott bei unserer Ausstellung wieder eingeführt«. Besonders die Texte unterstrichen die spirituelle Absicht. Die großen Einsichten erscheinen so zeitlos gültig wie die Menschheitsthemen auf den Fotos. In einem solchen Weltbild haben Geschichte und Politik keinen Platz mehr. Alles ist Schicksal. Gesellschaftliches wird zur Naturtatsache. Das kaschiere Ungleichheit, um Macht zu stabilisieren.

Anlässlich der Wiedereröffnung 1994 erscheint ein Jubiläumsband. Wie zu erwarten, sind fast alle Beiträge darin eine Hommage an Steichen. Der große Sohn des kleinen Landes wird gewürdigt. Kritische Töne sind da Mangelware. Im Umfeld der Ausstellung entbrennen jedoch intensive Debatten. Bei einer Tagung von Kunstgeschichtlern und Medienwissenschaftlern zur »Revision« der legendären Ausstellung wird Barthes' zugespitzte Kritik als Steilvorlage dankbar aufgenommen. Die Schau inszeniere eine monumentale Verbrüderung, die soziale Unterschiede »diktatorisch verleugnet«. Sie betone unfreiwillig Körperunterschiede, im Klartext: sie sei rassistisch. Man attestiert ihr eine »dröhnende Didaktik«. Einige Kritiker setzten noch eins drauf: Steichens Ausstellung sei ein Instrument des amerikanischen Imperialismus im Kalten Krieg gewesen. Das verkappte Ideal der »Menschenfamilie« sei die amerikanische Familie.

Mit all diesen Vorbehalten im Kopf und meinen Kindheitserinnerungen an die Fotos im *Life Magazine* schlendere ich durch die Ausstellung. Die ist tatsächlich streckenweise senti-

Entdeckungslust und Ethno-Pop

mental. Immer wieder sehe ich strahlende Liebespaare, traute Familien und süße Kinder. Ich lese die Zitate von Buddha, Gandhi und vielen anderen und fühle mich in der Bibelstunde. Die unterschwellig religiöse Stimmung nervt. In vielem ist die Ausstellung tatsächlich ein Vorläufer des verbreiteten Gutmenschenklischees à la »Wir sitzen alle in einem Boot«. Von den Olympischen Spielen bis zu den globalen Wohltätigkeitsevents spielen viele auf dieser Geige. Ein paar farbige Exoten machen sich immer gut, ob bei »Brot für die Welt«, in der Werbebroschüre zum schamanistischen Weltkongress in München oder im Pfarrblättchen in Trier. Besonders gut kommt es, wenn Kinder aller Hautfarben einen Kreis bilden und sich anfassen. Mosaik und Regenbogen werden zu den Leitmetaphern einer gut gemeinten Globalisierung. Angesichts der trennenden Farben ist das Mosaik eigentlich kontraproduktiv, aber bunt ist so sympathisch und wirksam. Kein Wunder, dass gerade international agierende Konzerne wie Sony solche Metaphern und Bilder gezielt einsetzen. Die flotten *Diversity*-Broschüren der großen Unternehmen und die Websites der weltoffenen Unis sind voll davon.

Die Kritiker der Ausstellung haben in manchem recht; vieles ist aber auch überzogen. Vor allem unterschätzen sie die Kraft von Steichens Vision. Ich finde es viel aufschlussreicher, in Bildwelten wie dieser auf Entdeckungsreise zu gehen und mich inspirieren zu lassen. Welche Themen und Bilder sprechen alle Menschen an? Welche Einheit besteht tatsächlich in der unendlichen Vielfalt der Kulturen? Visuelle Medien gibt es heute weltweit. Aber welche Bilder machen Erfolg oder Scheitern globaler Werbefeldzüge aus? Zu diesen Fragen bietet die Ausstellung reichlich Stoff. Sie gibt weniger Antworten, als dass sie anregt, nachzudenken und Bilder zu schöpfen. Die visuelle Präsentation von Kulturen steht in einer Tradition, die in der Kunst mindestens bis zur Zeit der Entdeckungsreisen zurückreicht, was Massenmedien betrifft, bis ins 19. Jahrhundert. Heutige Projekte haben Vorläufer. Und Steichens Menschheitsprojekt ist ohne jeden Zweifel ein Meilenstein.

Die ganze Welt an einem Ort

Die Kombination von Bildung und Unterhaltung, wie sie das *Life Magazine* und Steichens Schau anstrebten, ist auch ein Dauerbrenner bei den legendären Weltausstellungen, die seit 1852 stattfinden. Auch sie wollen die Augen öffnen und gleichzeitig unterhalten. Bis zur Mitte des 20. Jahrhunderts waren sie in erster Linie Leistungsschauen technischer Produkte und Erfindungen. Zugleich dienten sie als Plattformen nationalistischer Präsentation und Konkurrenz. Diese Funktionen erfüllen sie teilweise noch heute. Die Weltausstellungen waren aber immer auch ein internationales Forum des gegenseitigen Lernens und ein Versuchsfeld für technische, organisatorische, erzieherische und darstellerische Innovationen.

Die Expo 2000 in Hannover beispielsweise zielte explizit darauf ab, dem Besucher gleichzeitig Erlebnisse und Erkenntnisse zu vermitteln, insbesondere durch interkulturelle Begegnungen nach dem Motto »Welten treffen aufeinander«. Die vierte Ausstellung dieser Art in Deutschland nach Berlin (1879, 1896) und München (1965) wollte unter der Überschrift »Mensch – Natur – Technik« zu globalem Lernen anregen und für nachhaltige Entwicklung werben. Dazu setzte man großzügig Unterhaltungsmedien wie Film, Bildprojektion und Musik, Folkloredarbietungen und Animationen ein. Sämtliche Register des avancierten Infotainments, wie wir sie aus Themen- und Erlebnisparks kennen, wurden gezogen.

Entdeckungslust und Ethno-Pop

Attraktionen spielten auf den Weltausstellungen von Anfang an eine wichtige Rolle. Die Größen der Musikwelt traten auf. Musikstücke und Operetten wurden eigens komponiert. Zu bestaunen waren Zigeunerkapellen, Akrobaten und Werke der bildenden Kunst. Hinzu kamen Gaststätten, Verkaufsbuden, Aquarien und Achterbahnen. Ergänzt wurden diese Publikumsmagneten durch technische Sensationen wie den Eiffelturm. Walter Benjamin, der große Theoretiker der Bildmedien, sah die Weltausstellungen als »Phantasmagorien, in die der Mensch eintritt, um sich zerstreuen zu lassen«.

Formen des *Edutainment* im engeren Sinn finden sich spätestens seit dem letzten Drittel des 19. Jahrhunderts, als im Rahmen der Weltausstellungen eigene Vergnügungsviertel konzipiert wurden, in denen kulturelle Zusammenhänge einem Massenpublikum in populärer Weise vermittelt werden sollten. Neben naturwissenschaftlichen Entdeckungen waren fremde Architekturen und exotische Kulturen die Hauptthemen. Eine Attraktion der Weltausstellung in Paris 1900 war das Bewegungspanorama »Reise mit der Transsibirischen Eisenbahn«, in dem man die Landschaft der gesamten Strecke zwischen Moskau und Peking vorgeführt bekam. Ein weiteres Highlight der Schau war der »Grand Globe Céleste«. In dieser Kugel von 60 Metern Durchmesser konnten die Besucher bei sphärischer Orgelmusik dem Lauf der Gestirne zuschauen. San Francisco bot dem Publikum 1915 eine Art Geisterbahn namens »Dante's Inferno« als Schnellkurs in Kulturgeschichte.

Erfolgreiche Präsentations- und Unterhaltungsformen fanden auf späteren Weltausstellungen fast zwangsläufig weiterentwickelte Nachfolger. Im Rahmen der französischen Kolonialausstellung 1889 gab es eine komplette Siedlung aus Neukaledonien in der Südsee zu besichtigen. Bis lange nach dem Zweiten Weltkrieg gehörten die »ethnischen Dörfer« zum Standardprogramm auch der großen Völkerschauen. Zusammen mit ergänzenden Darbietungen, darunter häufig Arbeitsvorgängen und Tänzen, wurden sie zum Prototyp der szenischen Präsentation fremder Kultur. Eine Kontinuität früherer Weltausstellungen zu heutigen Formen des *Edutainment* zeigt sich nicht nur in den Methoden der Präsentation. Auch bei den Themen und Zielen gibt es Dauerbrenner. Die Polarität zwischen der Vielfalt der Länder und den menschlichen Universalien hat nie an Faszination eingebüßt. Beispiel einer durchgängigen Kombination von Präsentationsweise und Inhalt ist die kontrastverstärkende Darstellung anderer Lebensweisen. Diese Formen unterhaltender Bildung haben auf die ehemaligen Kolonien zurückgewirkt, und didaktisch ähnliche Szenarien finden sich weltweit in Schulbüchern und Museen. Auch wenn Weltausstellungen heute solche Fremddarstellungen abmildern und versuchen, politisch korrekter daherzukommen, sind Exotisierung und Orientalisierung nach wie vor verbreitet. Mittlerweile zeigen nichtwestliche Kulturen ihr Selbstbewusstsein zunehmend, indem sie sich selbst exotisch darstellen. Beispiele für ein solches *Othering* fanden sich auf der Expo 2000 bei afrikanischen und pazifischen Ländern.

Disneyland am Äquator

Es ist 1989. Mit meiner Familie besuche ich den *Taman Mini*. Der Erholungspark südwestlich von Jakarta ist eine gute Adresse, wenn man dem Moloch entfliehen will. Genau das tun jedes Wochenende viele Bewohner der Hauptstadt und eine Handvoll Touristen. Wir haben Stunden gebraucht, um mit dem klapprigen Taxi aus der Stadt herauszukommen. Jetzt genießen wir die frische Luft, auch wenn es knallheiß ist. Wir gehen durch ein großes Tor und stehen vor einem gewaltigen Bau aus Beton, der im Stil der Paläste gebaut ist, die wir aus den Sultansstädten Javas kennen. Ein riesiges Pultdach schützt den Innenbereich vor der Sonne. Ein anderes Gebäude sieht aus wie eine überdimensionale Kaugummiblase. Es ist ein IMAX-Kino mit der größten Leinwand Südostasiens. In der Entfernung gleitet eine Schwebebahn vorbei. Am Horizont erblicken wir eine große Moschee und weitere Gebäude in einer verspielten Fantasiearchitektur.

Bei dem Traumwetter haben wir keine Lust auf Multivisionsschauen, wir wollen den Park erkunden. Auf einer Informationstafel lesen wir, dass er mit vollem Namen *Taman Mini Indonesia Indah* heißt, in etwa »Garten des schönen Indonesien in Miniatur«. Dieser Minipark ist aber so groß, dass wir ihn schon aus dem Flugzeug beim Anflug auf Jakarta gesehen haben. Für die 100 Hektar braucht man wirklich eine Orientierungskarte. Schon der erste Blick auf den schematischen Plan zeigt, dass der zentrale Bereich des Parks entsprechend der Landkarte Indonesiens gestaltet ist. Der Staat mit seinen kontinentalen Ausmaßen wird als Landschaft mit Inseln und Seen dargestellt. Die graswachsenen Inseln sind mit Brücken verbunden, und so können die Indonesier ihr riesiges Land an einem langen Nachmittag erwandern.

Um die Miniaturwiedergabe des Landes herum ist für jede Provinz ein eigener Bereich abgegrenzt. Jeden dominiert ein großes traditionelles Haus, das für eine Kultur steht und mit typischen Gegenständen ausgestattet ist. Zu festen Zeiten werden lokaltypische Musik und Tänze aufgeführt. Das Motto Indonesiens lautet »Einheit in der Vielfalt«. Dabei steht die Einheit für die Nation und die Vielfalt für die vielen Kulturen des Landes. Die Nation ist aber noch gar keine kulturelle Einheit, es geht um *Nation Building*.

Indonesien ist, wie gesagt, nicht einfach irgendein Vielvölkerstaat, das Land hat mehr ethnische Gruppen als das Jahr Tage. Es gibt Hunderte Sprachen, nicht etwa Dialekte, sondern eigenständige, echte Sprachen. Diese Vielfalt wird von der Regierung gefürchtet. Sind größere Gruppen unzufrieden, könnten sie auf die Idee kommen, einen eigenen Staat aufzumachen. Wie auf Sri Lanka. Das Land würde auseinanderfallen. Deshalb wird ethnische Eigenständigkeit in Indonesien heruntergespielt. Traditionelle Häuser, Tänze und Hochzeitsriten sind gebilligt. Folklore wird gern gesehen, nicht zuletzt wegen des Tourismus. Politischer Eigenwille der Gruppen gilt als »ethnischer Egoismus«.

Die Regierung hat pragmatische Lösungen entwickelt, um der kulturellen Vielfalt Herr zu werden. Die Zahl der Kulturen wird einfach auf eine pro Provinz festgelegt. So reduzieren sich mit einem Federstrich mehrere Hundert Ethnien auf 26. Die Schüler, die um uns herumtummeln und sich eher mit ihrem Eis oder Kassettenrekorder befassen, kennen das alles schon aus dem Unterricht. Schulbücher stellen unter dem Titel »Die Kulturen der indonesischen Inselwelt« die Vielfalt des Landes auf knapp 30 Seiten dar: eine Seite pro Kultur. Die Auswahl wird jeweils durch ein Haus, eine Volkstracht, eine traditionelle Waffe und einen Liedtext dargestellt. Basta. Den Ethnologen stehen die Haare zu Berge. Luxusvarianten genehmigen sich eine Doppelseite pro Insel. Da werden eventuell noch zwei weitere Kulturen erwähnt.

In »meiner Provinz«, Süd-Sulawesi, die nur einen Teil der Insel einnimmt, leben tatsächlich etwa 50 Ethnien, wenn man in einen ethnologischen Atlas schaut. Laut Schulbuch gibt es aber nur eine Kultur in Süd-Sulawesi, die Toraja. Nicht zufällig ist es die Gruppe, die von Touristen gerne besucht wird. Im Park gehen wir natürlich ohne Umwege direkt zu unserer Insel,

Entdeckungslust und Ethno-Pop

»nach Sulawesi« und wollen sehen, was dort zu sehen ist. Auf der Insel im Park steht einsam und trutzig ein Toraja-Haus. Ein Paradebeispiel für radikales Kulturmanagement! Wie ist die Regierung auf diese Ideen gekommen? Suharto, der zweite Präsident Indonesiens, öffnete ab Ende der 1960er Jahre sein Land nach Westen, nachdem sein Vorgänger Sukarno eine blockfreie und oft antiwestliche Politik verfolgt hatte. Als bekennender Antikommunist war Suharto in Washington hochwillkommen. Die Präsidentengattin, Siti Hartinah, spielte eine wichtige Rolle im Land und war so beliebt, dass der Volksmund sie liebevoll »Mutter Tien« nannte. Ihre politischen Verpflichtungen hielten sie nicht davon ab, in amerikanischen Zeitschriften zu blättern. Sie interessierte sich sehr für westliche Mode. Im *Life Magazine* hatte sie wiederholt etwas über *Disneyland* gelesen. Während sich ihr Mann bemühte, die Beziehungen zwischen den beiden Ländern aufzubauen, flog die First Lady nach Florida und besuchte das *Walt Disney World Resort* bei Orlando. Die Bauarbeiten für diesen großen Vergnügungspark waren gerade abgeschlossen, 1971 wurde er eröffnet.

»Mutter Tien« war restlos begeistert. Besonders das *Magic Kingdom* mit seinen sieben Themenländern hatte es ihr angetan: »Main Street, USA«, »Fantasyland«, »Adventureland«, »Frontierland«, »Tomorrowland«, »Mickey's Toontown Fair«, »Liberty Square« und das Aschenputtelschloss »Cinderella Castle«. Zurück in Jakarta, konnte sie ihren Mann überzeugen, und das Riesenprojekt *Taman Mini* wurde aus der Taufe gehoben. Schon im selben Jahr begann man mit dem Bau, 1975 wurde der Park eingeweiht. Nach und nach kamen ein Aquarium und ein Theater sowie ein gutes Dutzend Museen hinzu. Die Miniaturversion des großen Landes sollte die Menschen stolz machen auf ihre in jeder Hinsicht große Nation.

Die Welt als Themenpark

Inzwischen gibt es auch in anderen Landesteilen Indonesiens solche Anlagen. In Ujung Pandang hat vor einigen Jahren eine Art Gegenpark eröffnet: *Taman Minatur Sulawesi Selatan*. Die Vertreter der Hauptgruppen der Provinz, vor allem die Makassar und Bugis, waren alles andere als begeistert, dass nicht sie, sondern die Toraja im schönen Garten der Hauptstadt im Mittelpunkt stehen. Der neue Kulturpark präsentiert die wichtigsten Ethnien in Form ihrer Häuser. Hier sind die Toraja nur eine unter mehreren Kulturen. Gezeigt werden allerdings nicht gewöhnliche Behausungen, sondern palastartige Bauten, wie sie früher Adlige bewohnten. Egal, die Menschen in Süd-Sulawesi sind stolz. Ein Publikumsmagnet ist der Park jedoch nicht, die Leute gehen lieber am Strand spazieren. Ich statte ihm jedes Jahr einen Besuch ab – und bin immer fast allein mit ein paar zeltenden Pfadfindern, streunenden Hunden und scheuen Liebespärchen.

In anderen Ländern war das Disney-Modell des *Taman Mini* dagegen ein Exportschlager. Das Vorbild wurde abgewandelt und ausgeweitet und findet sich heute weltweit, vor allem in Asien. Wirklichkeit wird simuliert, und das ganz offen. Fast immer stehen sehr verschiedene Bauten als verblüffende Kontraste direkt nebeneinander. Typisch ist auch, dass exotische Elemente bewusst eingebaut werden, um den Effekt zu steigern. Theoretiker sprechen von einer »Disneyfizierung« der Kultur. Darüber kann man die Nase rümpfen, aber es trifft den Nerv der Zeit. Der flotte Ethno-Park steht gegen das muffige Völkerkundemuseum, der unterhaltsame Konsum von Exotik gegen pingelige Belehrung. Das trifft auch Ethnologiemuseen in Deutschland.

In Asien habe ich solche Parks in Thailand, Malaysia, Singa-

Entdeckungslust und Ethno-Pop

pur und Vietnam besucht. Sie finden bei Einheimischen wie Touristen gleichermaßen Anklang. Allein in Südchina gibt es über 30 Kulturparks. Selbst in Laos, einem Land, wo der Tourismus noch in den Kinderschuhen steckt, habe ich eine solche Anlage nahe der Hauptstadt Vientiane entdeckt, eigentümlicherweise als Kombination von Kultur- und Tierpark. Die Kombination erinnert mich daran, dass »Völkerschauen« früher oft in Zoos gezeigt wurden. Als ich mir dort die traditionellen Stelzenhäuser der laotischen Bergvölker in Holzbauweise genauer ansehe, stelle ich fest, dass sie aus Beton nachgebaut sind. Wenigstens die Tiere in den Käfigen drum herum sind echt.

Kulturpäpste tun solche Promenadenmischungen von Kultur von oben herab als flaches Zeug ab. Kulturtheoretiker wiederum ergehen sich in geistreichen Betrachtungen darüber, dass die Unterscheidung zwischen Original und Kopie ja ohnehin »überwunden« sei. Mich interessiert eher der konkrete Umgang mit diesen Gebilden. Für die Menschen vor Ort gehören die neuen Nachbildungen der Tradition mittlerweile ebenso zur Kultur wie ihre hergebrachte Lebensweise. Die weltweite Popkultur vermischt Globales und Fremdes mit Lokalem und Eigenem. Das ist überall tief in die soziale Wirklichkeit eingedrungen. In Ujung Pandang hängen selbst in den Häusern vieler anderer Ethnien die kleinen Hausmodelle und Figürchen der Toraja, die eigentlich als Andenken für Touristen produziert werden.

Der Orient schlägt zurück

Eine neue Generation von Themenparks ergänzt traditionelle Häuser einheimischer Kulturen durch Nachbildungen berühmter Bauwerke aus aller Welt. Nach dem Motto: Schloss Neuschwanstein neben der Holzhütte, der Eiffelturm unter Palmen, das Empire State Building am Äquator. Der Ethno-Park wird beherzt mit der Themenarchitektur von Las Vegas kombiniert, wo der Petersdom gleich neben der Cheopspyramide aufragt. Meinem persönlichen Geschmack und fachlichen Anspruch entspricht das ganz und gar nicht. Kultur wird in konsumierbare Häppchen zerlegt, ohne jeden Tiefgang und Zusammenhang. Als Teil der sozialen Wirklichkeit von Menschen in aller Welt sind diese Mischprodukte des Kulturkonsums aus ethnologischer Sicht aber hochinteressant.

Bei diesen neuen Typen von Themenparks marschiert Asien voran. Den Höhepunkt bilden die Kultur- und Themenparks in Südchina und Japan. Der Park *Huis ten Bosch* in Japan ist nach dem Sitz der holländischen Königin Beatrix, einem Lustschloss nordöstlich von Den Haag, benannt. Im Park ist ein Teil der Altstadt des holländischen Delft nachgebaut. Nicht etwa verkleinert, sondern im Maßstab 1:1! Ein anderer japanischer Park heißt *Glücks Königreich*. Hier können Japaner eine Führung durch die Nachbildung eines deutschen Schlosses machen, ebenfalls in Originalgröße. Preisbewusste und zeitlich pressierte Japaner sparen sich auf diese Weise den langen Flug und sehr viele Yen. In einem anderen japanischen Themenpark werden deutsche Bratwürste in einer deutschen Metzgerei angeboten, ganzjährig und zubereitet von echten deutschen Fleischern. Guten Appetit!

Der postmoderne Kulturmix ist endgültig im Fernen Osten angekommen. Über Jahrhunderte wurde der Orient auf böse Herrscher, betrügerische Händler und gefügige Frauen reduziert. Jetzt schlägt der Orient zurück. Ich bin mit einigen Studenten aus Trier für einige Wochen in Indien, wo wir ethnologische Methoden üben: kartieren, interviewen, mit Dolmetschern arbeiten und vor allem beobachten und zuhören. Wir sind in

Entdeckungslust und Ethno-Pop

Chennai, dem ehemaligen Madras in Südindien. Eine Stadt, die in Deutschland keiner kennt, die aber gut hundertmal so groß ist wie Trier. Bei unserem Besuch im städtischen Museum entdeckt eine Studentin eine kleine Abteilung für Kinder. Unter einer Plexiglaskuppel sehen wir eine bunte Ansammlung von Playmobil-Figuren, die die Nationen der Welt repräsentieren sollen. Für Deutschland steht ein Püppchen im bayrischen Lederwams.

Familientreffen

Gerade in den letzten Jahren häufen sich Projekte, die die weltweite Vielfalt menschlicher Lebensformen visuell dokumentieren. Es sind vor allem die gewichtigen Bände mit Fotos von Menschen aus aller Welt. Diese Bücher zeigen auf den ersten Blick die Vielfalt der Menschen und die Diversität in ihren Lebensweisen. Unterschwellig wird aber auf universale Themen und kulturübergreifende Probleme verwiesen. Andere Projekte wollen Universalien in pädagogischer Absicht nahebringen und finden sich seit einiger Zeit auch im Internet. Schon seit über zehn Jahren erlaubt ein von der UNESCO gefördertes »GeoSphere Project« auf einer CD-ROM Einblicke in Daten und Fragebogenantworten von 30 »zufällig ausgewählten« Familien aus der ganzen Welt.

Es gibt ganz unterschiedliche Möglichkeiten, Einheit und Vielfalt zu zeigen. Es gibt bessere und schlechtere Beispiele. Die Welt der Bilder eröffnet eine ungeheure Bandbreite, beim einzelnen Foto stößt man aber schnell auf Probleme. Das zeigt sich schon, wenn ich zusammen mit Verleger, Lektor und Grafiker ein Titelbild für dieses Buch suche. Wie können wir Einheit in der Vielfalt nicht nur behaupten, sondern konkret zeigen? Es bietet sich an, mit anschaulichen Kontrasten und etwas Verbindendem zu spielen, das jedem vertraut ist. Ein fast nackter Eipo mit Penisköcher im Supermarkt? Das ist mir zu exotisierend. Schwarze und chinesische Studenten gemeinsam auf einem US-amerikanischen Campus? Perfektes Multikulti, aber der Betrachter setzt dann schnell Kulturunterschiede mit Hautfarben gleich. Wir wollen nicht in die Falle gängiger Stereotype tappen. Kritiker urteilen die visuellen Weltprojekte allzu voreilig ab. Ein Beispiel ist Benetton. Sieht man sich die Arbeiten des Starfotografen Oliviero Toscani an, wird deutlich, dass er immer mit Farben spielt, Farben von Kleidern wie Menschen. Die verschiedenen Werbekampagnen der global orientierten Firma zeigen über die Jahre hinweg menschliche Vielfalt und Einheit mit ganz unterschiedlichen Konzepten und in immer wieder anderen Formen. Da wir heute in Bildern ertrinken, ist es wichtig, hier genauer hinzuschauen. Wie können kulturelle Unterschiede optisch rübergebracht werden, ohne Rassismus zu betreiben? Wie kann man Bildstereotype einsetzen, um sie kritisch zu unterlaufen? Wo werden Farben eingesetzt, um die Menschheit zu unterteilen, wo, um sie zu verbinden? Wir müssen genauer hinsehen, um überzeugende Lösungen zu finden. Denn wir sind visuelle Wesen und erliegen optischen Botschaften viel schneller als dem, was wir hören und lesen.

Der in Paris lebende Modefotograf Uwe Ommer nimmt im Alter von 52 Jahren eine Auszeit von kommerziellen Projekten und widmet sich vier Jahre lang seinem Lebensprojekt: einem Familienalbum des Planeten Erde. Mit Ausrüstung und Assistent bereist er 130 Länder und legt dabei 250 000 Kilometer zurück. Er interviewt fast 1300 Familien von Bogotá bis Brookhaven, von Togo bis Tarbuko. Sein Bildband *1000 Families*, der 2002 erscheint, zeigt schließlich eine Bildauswahl aus 65 Ländern. Ommer hat die Familien alle an ihrem Wohnort besucht

Entdeckungslust und Ethno-Pop

und für das Bild vor eine weiße Leinwand gebeten. Er gab keine Anweisungen, was sie sich anziehen sollten. Jeder konnte die Gegenstände mitnehmen, die ihm lieb waren.

So erleben wir die ganze Vielfalt der Lebensweisen und Familienformen, eine unwahrscheinliche Vielfalt, die Generationen und Kulturen überspannt. Gleichzeitig sehen wir Gleichheiten in den Details und die Kombination immer wieder ähnlicher Strukturen. Der neutrale Rahmen erschließt universale Muster, etwa in den Generationsunterschieden, Lebensproblemen und bei Vorlieben im Konsum. Die Bilder sind so fesselnd, das man leicht den Text vergisst, der interessante Interviewausschnitte bietet und den Optimismus der Bilder unterstreicht. Ein faszinierendes Projekt.

Nicht nur konkrete Familien sind faszinierend, wenn man sie einmal wirklich breit vergleicht. Auch die Metapher der Menschheit als Familie hat Potenzial. Das wird bei aller berechtigten Kritik an Steichens Ausstellung leicht vergessen. Die Familie des Menschen muss ja nicht christlich, jüdisch, patriarchal oder als verkapptes amerikanisches Bürgeridyll verstanden werden. Sie muss auch keineswegs tröstend oder sentimental daherkommen. Der Begriff kann auch historisch beziehungsweise stammesgeschichtlich aufgefasst werden. Unter dem Label »Familie« gehört jede Person zur Menschheit: genealogisch und genetisch. Jede und jeder Einzelne, unabhängig von irgendwelchen Eigenschaften! Das kann auch die Diskussionen um Menschenrechte und Medizinethik weiterbringen. Die Vorstellung der Verwandtschaft macht Verbundenheit und Einheit stark. Philosophisch gesehen mag das zirkulär klingen, aber es ist so einfach wie überzeugend: »Man ist Mensch, weil man von Menschen abstammt.«

Bei allem Kulturkampf und Kulturkrampf fragen sich heute viele, was die Menschheit ausmacht. Einer Antwort kommt man näher, wenn man die Einheit über Zusammenhänge bestimmt statt über einzelne Merkmale. Ein solches Konzept kann Vielfalt zulassen, ohne das Einigende aus dem Blick zu verlieren. Wer auf einzelne Eigenschaften starrt, landet entweder bei einer oberflächlichen Einheitlichkeit, bei einer unüberbrückbaren Fragmentierung oder beim Ethno-Kitsch. Die Familienmetapher öffnet uns die Augen für die Einheit in der Vielfalt. Das Bild der Familie zeigt uns, dass die Einheit nicht irgendwo »hinter« der Vielfalt liegt, sondern gerade in ihr.

Anhang

Abenteuer am Schreibtisch

Das Schreiben dieses Buchs war für mich ein Abenteuer. Ich musste lernen, mich kurz zu fassen, und den Text so formulieren, dass er für Nichtfachleute zugänglich und möglichst interessant ist. Eine echte Herausforderung für einen Wissenschaftler, der im akademischen Betrieb in Deutschland zu Hause ist.

Ich danke vor allem meinem Lektor Christian Weller. Er hat mich im besten Sinne professionell begleitet und viel Mühe und Kreativität in meine manchmal mäandrierenden Entwürfe gesteckt. Durch seine Ideen und Nachfragen habe ich jede Menge gelernt. Die gemeinsame Arbeit am Buch hat mir viel Freude bereitet. Mein zweiter Dank geht an den Publizisten Peter Felixberger, Chefredakteur des Online-Magazins *ChangeX*. Er hatte die Idee zu einem populärwissenschaftlichen Buch, in dem kulturelle Vielfalt und Universalien zusammengebracht und anhand von Beispielen konkret gemacht werden.

Ein sicheres Abenteuer gibt es nicht. Das wäre ein Widerspruch in sich. Abenteuer ohne Risiko gibt es nur im Fernreiseprospekt, nicht im wirklichen Leben. Das Abenteuer dieses Buchs besteht vor allem darin, dass es kontinentweit von der üblichen Wissenschaftsprosa entfernt ist. In wissenschaftlichen Büchern ist nicht nur jeder Satz dreimal so lang wie in diesem Text, sondern auch der Gesamtumfang. Ein weiteres Merkmal ist das Fachchinesisch. Dabei ist das Besondere von wissenschaftlichen Texten gar nicht so sehr das Vorkommen von Fachtermini. Die gibt es in jeder Expertengruppe, auch bei Schachspielern, in der Gothic-Szene oder im *Angler-Journal*. Viel auffallender sind die endlosen Formulierungen der Vorsicht. Jede halbwegs konkrete Aussage wird im nächsten Satz relativiert. Beispiele sind Mangelware oder werden ebenfalls schnell relativiert. Für mich als Wissenschaftler war es eine echte Herausforderung, nicht zu jeder wichtigen Aussage, die aus der Literatur übernommen ist, eine Quellenangabe zu liefern. Mein letztes ethnologisches Buch hat ein Literaturverzeichnis von über 50 Seiten!

Einfachheit und Kürze können aber sehr befreiend sein, nicht nur beim Schreiben, sondern auch für die Wissenschaft selbst. Wissenschaftler sehen immer das Risiko, komplexe Sachverhalte allzu stark zu vereinfachen. Diese Furcht ist ein Grund, warum es populäre Wissenschaft in Deutschland bei den Kollegen so schwer hat, ganz besonders in den Geistes-, Kultur- und Sozialwissenschaften. Einfachheit ist aber auch ein Merkmal guter Forschung. Eine Darstellung, deren Komplexität der des Gegenstands 1:1 entspricht, bringt uns nicht weiter. Das wird heutzutage gerade in den Geistes- und Kulturwissenschaften gern vergessen. Auf wissenschaftlichen Kongressen und im Feuilleton scheint es alle Gegenstände nur noch im Plural zu geben: »Geschichten«, »Identitäten«, »Kulturen«. Ich habe bei ethnologischen Tagungen noch nie erlebt, dass ein Kollege widersprochen hätte, wenn ein Redner sagt: »In Wirklichkeit ist das alles sehr komplex.« Mehr als ein bequemer wissenschaftlicher Joker steckt meist nicht dahinter. Komplexitätsreduktion ist ein wichtiges Ziel jeder Wissenschaft, auch der Humanwissenschaft.

Analysen müssen reduzieren, sonst sind es keine Analysen, Erklärungen sollten sparsam sein, sonst erklären sie wenig.

Sicher, es gibt es mindestens 100 Faktoren, die etwa das Zusammenleben im multikulturellen Deutschland bestimmen. Wissenschaftlich wichtig und auch praktisch relevant sind aber vermutlich drei bis fünf entscheidende Größen. Zu vielen Grundfragen der Menschheit kennen wir diese entscheidenden Faktoren noch nicht, zu manchen aber eben doch.

Ich hoffe, dass das Buch für Sie ein kleines Leseabenteuer war. Vielleicht kann ich Sie ja verführen, sich in etwas längere Abenteuer zu begeben. Es gibt viele Wege, um sich die Muster im Meer der menschlichen Vielfalt zu erschließen. Abenteuer in der Heimat Mensch gibt es am Bildschirm, mit Büchern oder beim Reisen, ganz egal, wo auf der Welt, ob in Bolivien, Bali oder Bottrop.

Über Ihre Meinung zum Buch insgesamt und über Ihre Ideen zu einzelnen Themen würde ich mich freuen:

christoph.antweiler@uni-bonn.de.

Weiterlesen und Surfen

Sie sind neugierig geworden? Sie wollen weiterlesen oder sich im Netz Informationen und Anregungen holen? Dafür gebe ich Ihnen hier ausgewählte Hinweise, die ich kurz kommentiere. Darunter sind auch die wichtigsten Quellen, die ich verwendet habe. Die Titel habe ich nach Kapiteln geordnet, auch wenn manche für mehrere Themen nützlich sind.

Vorab empfehle ich Ihnen zwei Produkte aus der eigenen Werkstatt. Wenn Sie an weiteren Darstellungen ethnologischer Themen für ein breiteres Publikum interessiert sind: In meinem Buch *Ethnologie. Ein Führer zu populären Medien* (Berlin, 2005) finden Sie Kommentare nicht nur zu Büchern, sondern auch zu Zeitschriften und Filmen bis hin zu Spielen für Kinder. Wer dem Universalienthema auf den Grund gehen möchte, detaillierte Quellennachweise sucht und sich fachliche und theoriehaltige Lektüre zutraut, den informiert *Was ist den Menschen gemeinsam? Über Kultur und Kulturen* (Darmstadt, 2007, zweite Auflage 2009) über den derzeitigen Stand der Forschung.

──── TOTE EINDRINGLINGE UND LEBENDIGER AUSTAUSCH ────
Jede Kultur ist einzigartig – und wie alle anderen

Edgerton, Robert B.: Trügerische Paradiese
Der Mythos von den glücklichen Naturvölkern. Hamburg, 1994
Ein kritisches Buch zur Angepasstheit lokaler Kulturen an ihre Umwelt, durchaus auch zu ökologischen Fehlanpassungen; Kritik an der Auffassung von Indigenen als »Ökoheiligen«.

Weiterlesen und Surfen

Forster, Georg: Reise um die Welt
Hg. v. Gerhard Steiner. Frankfurt am Main, 1983

Eine detaillierte Reisebeschreibung des wissenschaftlichen Begleiters bei Cooks zweiter Weltreise; Forster mischt genaue Beobachtungen der Einheimischen und ihrer Lebensweise mit philosophischen Betrachtungen zum Menschen und zur Menschheit; das macht zusammen über 1000 faszinierende Seiten; erstmals erschienen 1777.

Haarmann, Harald: Kleines Lexikon der Völker
Von Aborigines bis Zapoteken. München, 2004

Ein kompaktes Taschenbuch aus der Feder eines vergleichenden Sprachwissenschaftlers; mit Einträgen zu etwa 200 ethnischen Gruppen, zu denen jeweils in einheitlicher Gliederung Verbreitung, Sprache, Geschichte, grundlegende Kulturzüge und politischer Status in Bezug auf Nationen angegeben werden, ergänzt um jeweilige Literaturangaben; ein nützliches Buch, auch wenn den allgemeinen Kulturmerkmalen, wie Normen, Werten und Sozialstrukturen, vergleichsweise wenig Raum eingeräumt wird.

National Geographic Society (Hg.): Atlas der Völker
Kulturen, Traditionen, Alltag. Hamburg, 2003, zweite Auflage

Kein Atlas im engen Sinn, sondern eine populäre Enzyklopädie, in der knapp 200 ethnische Gruppen, angeordnet in Kapiteln zu den großen Kulturregionen, kurz vorgestellt werden; maßgeblich mitgewirkt haben Wissenschaftler, die weltbekannt und mit Popularisierung vertraut sind: die Ethnologen David Maybury-Lewis und Wade Davis sowie der Archäologe Brian Fagan; der Band enthält über 200 Farbbilder, etliche Übersichtskarten und eine Liste mit über 5000 Namen ethnischer Gruppen.

Sahlins, Marshall David: Der Tod des Kapitän Cook
Geschichte als Metapher und Mythos als Wirklichkeit in der Frühgeschichte des Königreichs Hawaii. Berlin, 1986

Die Rekonstruktion der Ereignisse um Cooks Tod und dessen Vorgeschichte; ein gut erzähltes Buch mit faszinierenden Details, auch wenn Sahlins' Deutung, dass die Hawaiianer Cook für ihren Gott Lono hielten, bis heute umstritten ist.

Anhang

Schönhuth, Michael: Das Kulturglossar
Ein Vademecum durch den Kulturdschungel für Interkulturalisten.
Internetadresse: www.kulturglossar.de
Ein brandaktuelles Wörterbuch mit 400 Begriffen zur Kultur in jeglicher Hinsicht, insbesondere zur Verwendung von Kultur-Vorstellungen in den Medien, der Politik und der Wirtschaft; sehr nützlich: Das Wörterbuch wird immer wieder aktualisiert.

Stegner, Willi (Hg.): Taschenatlas Völker und Sprachen
Gotha und Stuttgart, 2006
Eine Kombination aus Ethnien-Lexikon und Atlas, mit Übersichtskarten, thematischen Detailkarten und Informationen über die wichtigsten Völker, Volksgruppen und Ethnien, wobei die Grundeinheiten Länderkapitel sind, die nach Erdteilen und darin nach Kulturregionen gegliedert sind; je Land werden außer statistischen Angaben die Sprachen, Religionen, ethnischen Gruppen, deren Geschichte und gegenwärtige Situation umrissen sowie ausgewählte Ethnien beschrieben; insgesamt bietet das preiswerte Buch ein handliches und informatives Nachschlagewerk.

Winston, Robert: Der Mensch
Die große Bild-Enzyklopädie. Frankfurt am Main, 2005
Ein schwergewichtiger Bildband über den »ganzen Menschen«, von der Anatomie und Physiologie über die Genetik und Demografie bis hin zu wirtschaftlichen, soziologischen und ethnologischen Themen; mit über 2000 Grafiken und Fotos; recht gestylt, aber inhaltlich qualitätvoll; mit einer Kurzvorstellung von über 300 Ethnien.

OBEN UND UNTEN
Macht, Sitzordnung und Körpersprache

Bitterli, Urs: Die »Wilden« und die »Zivilisierten«
Grundzüge einer Geistes- und Kulturgeschichte der europäisch-überseeischen Begegnung. München, 2004, dritte Auflage
Ein enorm materialreiches und faszinierendes Buch, in dem sehr viele Begegnungen zwischen Angehörigen verschiedener Kulturen von der Zeit der Entdeckungen bis heute erzählt werden.

Brown, Donald E.: Human Universals
New York u. a., 1991

Außer meinem oben genannten Buch die einzige neuere Monografie zu Phänomenen, die es in vielen oder allen Kulturen gibt; eine theoriegeleitete Zusammenfassung von Resultaten der Universalienforschung und einiger wichtiger Kontroversen; Brown zeigt, das es viele und theoretisch bedeutsame Universalien gibt; ein wichtiges Buch für ein empirisch abgesichertes und anthropologisch fundiertes Bild der »Natur des Menschen« und damit gegen die verbreiteten, oft rein spekulativen oder normativen Menschenbilder.

Eibl-Eibesfeldt, Irenäus:
Die Biologie des menschlichen Verhaltens
Grundriß der Humanethologie. München, 2004, fünfte Auflage

Ein umfassender Überblick zum menschlichen Verhalten vom führenden Vertreter der deutschsprachigen Verhaltensforschung; wichtige Passagen zur Körpersprache.

Hall, Edward Twitchell: Die Sprache des Raumes
Berlin, 1994

Über die soziale Nutzung von Raum, die kulturelle Symbolik und kulturspezifische Verhaltensunterschiede, zum Beispiel den weltweit sehr unterschiedlichen Abstand beim Grüßen; aus der Feder des international in Industrie und Management einflussreichen Ethnologen, der etliche populäre Bücher geschrieben und Konzepte für interkulturelle Trainings entwickelt hat.

Schiefenhövel, Wulf, Johanna Uher & Renate Krell:
Im Spiegel der Anderen
Aus dem Lebenswerk des Verhaltensforschers Irenäus Eibl-Eibesfeldt.
München, 1993

Erkenntnisse und Thesen des umstrittenen Verhaltensforschers, zum Großteil zur Körpersprache, lebendig aufbereitet und mit 550 Abbildungen versehen.

Anhang

NACKTE TATSACHEN
Sex und Moral

Bertels, Ursula, Sabine Eylert & Christiana Lütkes (Hg.): Mutterbruder und Kreuzcousine
Einblicke in das Familienleben fremder Kulturen. Münster, 1997

Kurze und verständlich geschriebene Texte zur Ethnologie von Familie und Verwandtschaft, die, wie der Titel andeutet, Konzepte, Regeln und Verhaltensweisen erläutern, die zunächst Befremden hervorrufen; fünf Kapitel zu Heirat, Ehe, Kinder, Familie und Alter; die Autorinnen wenden sich an Laien, Lehrer und in der interkulturellen Pädagogik Tätige; ein seltener Fall von verständlicher Wissenschaft.

Hornbostel, Wilhelm & Nils Jockel (Hg.): Nackt
Die Ästhetik der Blöße. München, 2002

Ein reichhaltiger und schön gemachter Text- und Bildband mit vielen Beispielen aus Kunst und Werbung.

Mead, Margaret: Mann und Weib
Das Verhältnis der Geschlechter in einer sich wandelnden Welt. Reinbek bei Hamburg, 1958

Populär aufbereitete Ergebnisse der Forschungen der berühmten Ethnologin auf Samoa, in Neuguinea, in Bali und weiteren vier pazifischen Kulturen im Vergleich zu den Vereinigten Staaten von Amerika, wobei Mead für letztere konkrete Hilfestellungen geben will; ein Nachwort der Soziologin Imogen Seger verortet den Text aus heutiger Sicht und nimmt Stellung zu Derek Freemans Demontage Meads (siehe Seite 255), die selbst relativiert wird.

Mohr, Robert: Sex-mal um den ganzen Globus
Über das Liebesleben der Völker — ein Ethno-Bericht. Stuttgart, 1995

Der Autor, Geograf und Ethnologie, schildert, nach Themen gegliedert, in 20 kurzen Kapiteln Ideale, Konzepte und sexuelle Praktiken, wobei er vor allem darauf abhebt, dass Praktiken, die in einer Kultur extrem verboten sind, in anderen als »normal« gelten; ein humorvolles und dabei informatives Büchlein hart an der Grenze zwischen Populärwissenschaft, Frivolität und Voyeurismus, aber sehr unterhaltsam.

Weiterlesen und Surfen

Wagner, Wolf: Familienkultur
Hamburg, 2003

Ein kleines Buch zur Vielfalt der Heiratsformen und Familienformen quer durch die Kulturen; einzelne Kapitel behandeln zum Beispiel Familien in islamischen Gruppen, in Indien, in Japan und bei den Toraja auf Sulawesi; aus der Feder des Rostocker Soziologen, der durch *Kulturschock Deutschland* bekannt wurde; populäre Ethnologie im besten Sinne: interessant, nicht exotisierend und mit Bezügen zu Erfahrungen der Leser.

WIR HIER UND DIE DORT
Heimat, Gruppe und Scheuklappen

Greverus, Ina-Maria: Auf der Suche nach Heimat
München, 1988

Essays einer bekannten Volkskundlerin, die das Phänomen Heimat nicht deutschnational oder volkstümelnd behandelt, sondern in modernen Zusammenhängen studiert, zum Beispiel bei Umweltinitiativen, Alternativgruppen, Minderheiten, Musikgruppen und Protestgemeinschaften innerhalb der modernen Industriegesellschaft.

Henscheid, Eckhard: Alle 756 Kulturen
Eine Bilanz. Frankfurt am Main, 2001

Der bekannte Sprachkritiker nimmt den inflationären Gebrauch des Worts »Kultur« auseinander, insbesondere die Epidemie der Komposita in der Politik (»Kultur des Sich-Vermittelns«, »Entfeindungskultur«, »Hinschaukultur«, »deutsche Leitkultur«), in Sport (»Laufkultur«), Industrie (»Fahrkultur«), Wirtschaft (»Zapfkultur«), Werbung (»Rauchkultur«), Militär (»Befehlskultur«) und Bestattungsgewerbe (»Aufbahrkultur«); die amüsant zu lesenden, aber realsatirischen Texte entstanden für die Kolumne »Das Jahrhundert der Kultur« in der Zeitschrift *Titanic*.

Marsh, Peter & Desmond Morris: Die Horde Mensch
Individuum und Gruppenverhalten. München, 1989

Ein faktenreiches populärwissenschaftliches Bildsachbuch über alles, was mit Gruppenverhalten beim Menschen zu tun hat; aus der Feder des bekannten englischen Verhaltensbiologen, der sich hier mit einem

Sozialpsychologen zusammengetan hat; ein sehr informatives und anregendes Buch, auch wenn manche Deutung des Verhaltens arg spekulativ ist; ausgestattet mit streckenweise hervorragenden Aufnahmen aus allen Teilen der Welt.

Meyer, Thomas: Identitäts-Wahn
Die Politisierung des kulturellen Unterschieds.
Berlin, 1998, zweite Auflage

Ein kurzes und sehr pointiertes Buch zur aktuellen Funktionalisierung kultureller Grenzen in Politik und Minderheitendiskussion.

Müller, Klaus E.: Das magische Universum der Identität
Elementarformen sozialen Verhaltens. Ein ethnologischer Grundriß.
Frankfurt am Main, 1987

Der Autor versucht, soziales Verhalten aus den Mechanismen der kollektiven Identitätsbildung zu erklären, und verwendet dabei sehr viele Daten aus verschiedensten Kulturen.

Damani-Kreide, Ingrid (Text) & Josef Snobl (Fotos):
101 Nationen einer Stadt
Ostfildern, 1999

Die kulturelle Vielfalt und die vielen Lebenswelten heutiger Städte am Beispiel Kölns, verdeutlicht durch 101 Personen, die jeweils zweimal fotografiert sind, einmal mit offenen, einmal mit geschlossenen Augen, dazu kurze Aussagen über ihre Erfahrungen und ihre negativen wie auch positiven Erlebnisse in der Domstadt; ein absolut faszinierendes Buch, das leider nur noch antiquarisch zu haben ist.

Orywal, Erwin: Kölner Stammbaum
Zeitreise durch 2000 Jahre Migrationsgeschichte. Köln, 2007

Die vielfältigen kulturellen Quellen der Kölner Lebensweise werden hier anhand der Stadtgeschichte mit Humor dargelegt; wir erfahren viel über Kölschen Klüngel und Kölner Kirchen, neben der häufig beschworenen multikulturellen Toleranz zeigen sich auch ethnozentrische Ausgrenzung und Angst vor Überfremdung; der Autor ist Ethnologe, Konfliktforscher und ein echt »Kölscher Jung«, der ethnologisches Interesse am Detail mit Einfühlung und Selbstkritik verbindet: Auto-Ethnografie!

DA GUCKST DU!
Überall verständliche Emotionen

Bates, Brian & John Cleese: Gesichter
Das Geheimnis unserer Identität. Köln, 2001
Aufschlussreiche, oft großformatige Bilder und Texte zu Mimik, Schönheitskonzepten, Eitelkeit, zur sozialen Bedeutung von Gesichtern sowie zur Frage, warum Gesichter jeden faszinieren; die Anmerkungen im Anhang dieses gut geschriebenen Bildsachbuchs erschließen auch die aktuelle wissenschaftliche Literatur zum Thema.

Böckelmann, Frank:
Die Gelben, die Schwarzen, die Weißen
Frankfurt am Main, 1988
Ein sehr plastischer Text zur Wahrnehmung von und zum Interesse an Fremdheit sowie zur historischen Bedeutung kultureller Grenzen; ein informatives und dazu meinungsfreudiges Buch mit einem politisch unkorrekten Lob der Fremdheit; mit vielen Beispielen und Bildern.

Connolly, Bob & Robin Anderson:
First Contact: New Guinea's Highlanders Encounter the Outside World
New York, 1987
Das Buch der Regisseure zu ihrem Dokumentarfilmklassiker aus dem Jahr 1983 über die erste Begegnung von traditionell lebenden Bauern in Neuguinea mit westlicher Kultur.

Darwin, Charles: Der Ausdruck der Gemütsbewegungen
bei den Menschen und den Tieren
Kritische Edition, hg. von Paul Ekman. Frankfurt, 2000
Der Klassiker in kommentierter Form und mit einem ausführlichen Vorwort von Paul Ekman; leider nur noch in Antiquariaten und Bibliotheken zu haben.

Ekman, Paul: Gefühle lesen
Heidelberg, 2007
Ein Sachbuch zu den universalen emotionalen Gesichtsausdrücken aus der Feder des führenden kulturvergleichend arbeitenden Psychologen.

Anhang

mit vielen Abbildungen und einem Anhang zum eigenen Experimentieren mit der Erkennung von Emotionen nach Fotos.

Ekman, Paul & Wallace V. Friesen: Unmasking the Face
A Guide to Recognizing Emotions from Facial Expressions.
New York, 2003
Eine bezahlbare Version des berühmten Gesichtsatlas der beiden Emotionsforscher von 1993.

Landau, Terry: Von Angesicht zu Angesicht
Was Gesichter verraten und was sie verbergen.
Reinbek bei Hamburg, 1995
Ein faszinierendes Sachbuch zum Thema Gesicht in jeder Hinsicht; mit sehr vielen aufschlussreichen Schwarz-Weiß-Bildern.

Website von Paul Ekman:
www.paulekman.com
Die Website des führenden kulturvergleichenden Emotionsforschers, auf der besonders auf den praktischen Nutzen, wie das Erkennen von Mikroemotionen und Lügen, eingegangen wird.

Website mit einem Test zur Fähigkeit,
Gesichtsausdrücke zu lesen:
www.cio.com/article/facial-expressions-test

———— **KATHEDRALEN, SCHWEINE, TOTEMPFÄHLE** ————
Kunst quer durch die Kulturen

Eibl-Eibesfeldt, Irenäus & Christa Sütterlin: Weltsprache Kunst
Zur Natur- und Kunstgeschichte bildlicher Kommunikation.
Wien, 2007
Für dieses opulente Werk hat sich der bekannte Verhaltensforscher mit einer Kunsthistorikerin zusammengetan; das Ergebnis ist ein ungewöhnlicher Blick auf die ganze Bandbreite der Kunst aller Zeiten und Räume; ausgestattet mit Hunderten von faszinierenden Abbildungen.

Weiterlesen und Surfen

Damani-Kreide, Ingrid: Kunst-Ethnologie
Zum Verständnis fremder Kunst. Köln, 1992
Ein Sachbuch, das einen kurzen und einfachen Überblick zur Geschichte des Umgangs mit fremder Kunst bietet und einige wichtige Themen der Kunstethnologie erläutert.

Mäckler, Andreas: 1460 Antworten auf die Frage: Was ist Kunst?
Köln, 2007, vierte Auflage
Eine Konfrontation unterschiedlichster Definitionen und Umschreibungen aller Zeiten; thematisch geordnet nach Stimmen von Künstlern, Malern, Musikern, Schriftstellern, Philosophen, Kunstkritikern, Sammlern.

Rubin, William Stanley (Hg.):
Primitivismus in der Kunst des 20. Jahrhunderts
München, 1996, zweite Auflage
Der Bildband zur legendären Ausstellung des Museum of Modern Art, die den Einfluss nichtwestlicher Kunst auf die moderne Kunst ab etwa 1900 dokumentierte; der opulente Band beleuchtet viele Facetten des Themas aus modernistischer Perspektive und besticht mit über 1000 Abbildungen sowie Verzeichnissen regionaler Kunststile.

Rault, Lucie: Vom Klang der Welt
Vom Echo der Vorfahren zu den Musikinstrumenten der Neuzeit.
München, 2000
Ein Bildband mit hervorragenden, teils großformatigen Farbaufnahmen und historischen Fotografien; dazu Texte nicht nur zu Instrumenten und zur Musik selbst, sondern auch zu religiösen und sozialen Funktionen von Musik und Tanz, mit kurzem Glossar und Bibliografie; geschrieben und konzipiert von einer erfahrenen Museumsethnologin und Sinologin.

Websites von Denis Dutton:
www.aldaily.com; www.theartinstinct.com
Die beiden Websites des neuseeländischen Kunstphilosophen; »Arts & Letters Daily« bringt Hinweise und Rezensionen zu allen Genres und Regionen der Kunst; »The Art Instinct« widmet sich den gemeinsamen Mustern von Kunst quer durch die Kulturen und erklärt sie evolutionär; die Thesen sind zum Teil spekulativ, aber immer anregend.

Anhang

KRIEG UND FRIEDEN
Gewaltverherrlichung und Konfliktvermeidung

Freeman, Derek: Liebe ohne Aggression
Margaret Meads Legende über die Friedfertigkeit der Naturvölker.
München, 1983
Versuch der Widerlegung der kulturrelativistischen Studien Margaret Meads auf Samoa; das Buch löste die sogenannte Samoa-Kontroverse aus, eine der wenigen Fachdebatten, die auch in der Öffentlichkeit erhebliche Aufmerksamkeit erregten; ein faktendichtes und meinungsfreudiges Buch.

Uhl, Matthias & Keval J. Kumar: Indischer Film
Eine Einführung. Bielefeld, 2004
Eine systematische Einführung aus der Feder zweier Medienwissenschaftler; außer den Grundlagen werden markante Beispiele vorgestellt, Unterschiede zu westlichen Filmgenres sowie Ähnlichkeiten gezeigt.

Verbeek, Bernhard: Die Wurzeln der Kriege
Zur Evolution ethnischer und religiöser Konflikte.
Stuttgart und Leipzig, 2004
Über die komplexen Hintergründe von Kriegen, darunter Motive und evolutionäre Funktionen; der Autor ist Ökologe und vermeidet platten Biologismus ebenso wie überzogenen Kulturalismus.

Volkan, Vamik D.: Blutsgrenzen
Die historischen Wurzeln und psychologischen Mechanismen ethnischer Konflikte und ihre Bedeutung bei Friedensverhandlungen. Bern, 1999
Das im Untertitel angegebene Thema ethnischer beziehungsweise vermeintlich ethnischer Konflikte wird in diesem materialreichen, aber verständlich geschriebenen Sachbuch anhand von Fallstudien vorwiegend aus psychologischer Sicht beleuchtet.

Website über friedfertige Kulturen:
www.peacefulsocieties.org
Website mit vielen Beschreibungen gewaltmeidender Gruppen, dazu anregende Thesen und Hinweise auf Literatur sowie viele informative Links.

Weiterlesen und Surfen

WAS GILT JETZT?
Spiel und Sport als eigene Welten

Grunveld, Frederic V.: Spiele der Welt
Geschichte, Spielen, Selbermachen. Zürich, 1979
Erläuterungen zu über 100 Brettspielen, Spielen auf Straßen und Plätzen, in Wald und Feld sowie Geduldsspielen, Tricks und Kunststücken aus aller Welt; es werden jeweils die Regeln erläutert, kulturelle Hintergründe angerissen und Bastelanleitungen für Spielmaterialien gegeben; mit hervorragenden Farbillustrationen.

Schädler, Ulrich (Hg.): Spiele der Menschheit
5000 Jahre Kulturgeschichte der Gesellschaftsspiele.
Darmstadt, 2007
Beiträge zu Spielen aus vielen Zeiten und Räumen, illustriert mit guten Fotos aus dem Schweizerischen Spielemuseum.

Sommer, Volker: Feste, Mythen, Rituale
Warum die Völker feiern. Hamburg, 1992
Ein opulenter *Geo*-Band; in der Mehrzahl brillante Fotos quer durch die Regionen der Welt; informativ und unterhaltsam beleuchtet der Autor das Thema aus der Sicht des vergleichenden Verhaltensforschers.

Turkle, Sherry: Leben im Netz
Identitäten im Zeitalter des Internet.
Reinbek bei Hamburg, 1999
Eine ethnologisch beschlagene Psychoanalytikerin und Wissenschaftssoziologin untersucht mit humanwissenschaftlichen Methoden (Beobachtung, Teilnahme, Interviews) die Nutzung des Internets, wie schon in ihrem Buch *Die Wunschmaschine* aus dem Jahr 1984; die Autorin betont die Vielfalt der Möglichkeiten der Selbsterfahrung im Internet; ein qualitativ dichtes und nach wie vor faszinierendes Sachbuch.

Anhang

DIE SCHARIA-BARBIE
Globalisierung macht gleich und ungleich – zugleich

Breidenbach, Joana & Ina Zukrigl: Tanz der Kulturen
Kulturelle Identität in einer globalisierten Welt.
Reinbek bei Hamburg, 2000
Eine Darstellung von Lokalisierungsprozessen innerhalb der Globalisierung: Begegnung und Austausch von Kulturen und neue authentische Kulturen statt der viel beschworenen »Kulturschmelze«; sehr lesenswert, auch wenn man weniger optimistisch ist als die Autorinnen; das Buch bietet popularisierte Ethnologie, wie man sie hierzulande nur selten findet: von Fachkennern, aber lebendig geschrieben und mit vielen Fallbeispielen, vereinfachend, aber trotzdem nicht undifferenziert und zudem noch gut durch Literatur dokumentiert.

Cowen, Tyler: Weltmarkt der Kulturen
Gewinn und Verlust durch Globalisierung. Hamburg, 2004
Ein Buch über kulturelle Globalisierung, das ähnlich wie das Buch von Breidenbach und Zukrigl Globalisierung teilweise optimistisch sieht; diesmal aus der Feder eines Wirtschaftswissenschaftlers und deshalb auf Nationalkulturen statt auf Ethnien bezogen; anhand von Beispielen wie karibischer Musik, Hollywoodfilm und Konsumkultur.

Menzel, Peter: So lebt der Mensch
Hamburg, 2004, sechste Auflage
Auf 357 Fotos zeigt der *Geo*-Band Menschen aus 30 Ländern mit ihrer gesamten Habe, die vor ihren Behausungen ausgebreitet ist; ein aufschlussreicher Band zur derzeitigen materiellen Kultur, insbesondere zu Globalisierung und Lokalisierung im Konsum.

Metzger, Wolfram (Hg.): 40 Jahre Barbie World
Vom deutschen Fräuleinwunder zum Kultobjekt in aller Welt.
München, 1998
Ein informatives Buch über die Geschichte und die vielen Formen der Puppe, erschienen zu einer Ausstellung des Badischen Landesmuseums im Schloss Bruchsal; wegen des Erscheinungsdatums fehlen hier die islamischen Varianten und Gegen-Barbies; ausgestattet mit vielen farbigen Abbildungen.

ANDERE LÄNDER — ANDERE ZEITEN?
Sonne und Mond, Kreis und Pfeil

Binder, Wolfgang, Hartmut Fähndrich & Michael Hase (Hg.):
Andere Länder — andere Zeiten
Zeit-Geschichten aus aller Welt. München, 2001
Ein Lesebuch zum interkulturellen Vergleich von Zeitnutzung und Vorstellungen zu Zeit; eine bildende und unterhaltsame Zusammenstellung von kurzen Sachtexten, Gedichten und Auszügen aus Romanen.

Coulmas, Florian: Japanische Zeiten
Eine Ethnographie der Vergänglichkeit.
Reinbek bei Hamburg, 2000
Einblicke in Zeitkonzepte und den praktischen Umgang mit Zeit (und damit auch Raum) in Japan, anregend dargestellt von einem ethnologisch beschlagenen Sprachwissenschaftler, der lange in Japan lebte.

Eriksen, Thomas Hylland:
Immer schneller — immer mehr?
Balance finden zwischen Beschleunigung und Ruhe.
Freiburg im Breisgau, 2005
Der bekannte norwegische Ethnologe vergleicht anhand von Beispielen Zeitkonzepte und unterschiedliche Zeitroutinen sowie die Auswirkungen dieser auf soziales Handeln und Sozialstruktur; im Anhang gibt der Autor einen nützlichen bibliografischen Führer.

Janzing, Gereon: Kannibalen und Schamanen
Verbreitete Irrtümer über fremde Völker und Kulturen.
Löhrbach, 2006
Ein schmaler Band mit kurzen Kapiteln zu einer Vielzahl weit verbreiteter Fehlinformationen, Übertreibungen beziehungsweise Erfindungen über andere Kulturen, darunter die Vorstellung von den »edlen Wilden«, konkrete Falschmeldungen und Verwechslungen, wie die zwischen Bergführerberuf und Ethnienname bei den »Sherpa« in Nepal, bis hin zu bewussten Fälschungen, wie im Fall der Tasaday auf den Philippinen; das Glossar und ein ausführliches Register machen die Informationen gut erschließbar.

Anhang

Levine, Robert: Eine Landkarte der Zeit
Wie Kulturen mit Zeit umgehen. Stuttgart, 2003
Ein lebendiges Sachbuch eines Psychologen über das Lebenstempo, den Umgang mit Zeit, Zeitkonzepte und Zeitideale, die vom Autor in über 31 Ländern verglichen werden.

Whorf, Benjamin Lee: Sprache, Denken, Wirklichkeit
Beiträge zur Metalinguistik und Sprachphilosophie.
Reinbek bei Hamburg, 1963
Der kulturrelativistische Klassiker, der den direkten Zusammenhang von Sprache und Denken behauptet.

Website des »Vereins zur Verzögerung der Zeit«:
www.zeitverein.com
Website einer in Klagenfurt ansässigen Organisation, die sich für eine »Entschleunigung« unserer modernen Gesellschaft einsetzt.

_____ **RISKANTE RITUALE** _____
Initiationsriten bei uns und überall

Bär, Siegfried: Forschen auf Deutsch
Der Machiavelli für Forscher – und solche, die es noch werden wollen.
Stuttgart, 2002, vierte Auflage
Eine bitterböse Reise in die Untiefen deutscher Wissenschaft und den schweren Stand ambitionierter Jungforscher im Revier der Platzhirsche; sarkastisch und teilweise überzogen, aber in vielem trifft der Autor den Nagel leider auf den Kopf.

Barley, Nigel: Tanz ums Grab
München, 2000
Anders als in seinen Reiseerzählungen vergleicht der britische Ethnologe hier viele verschiedene Kulturen hinsichtlich ihres Umgangs mit dem Tod, wobei er sich thematisch auf Rituale und in den regionalen Fallbeispielen auf Afrika und Asien konzentriert.

Weiterlesen und Surfen

Cipoletti, Maria Susanna: Langsamer Abschied
Tod und Jenseits im Kulturvergleich. Frankfurt am Main, 1990
Beispiele zum rituellen Umgang mit Tod aus vielen und räumlich breit gestreuten Kulturen (mit einem Schwerpunkt auf Indonesien); gegliedert nach großen Regionen; mit Literaturangaben pro Region; sehr sorgfältig gemacht und verständlich geschrieben sowie ausgestattet mit über 150 großteils hervorragenden Abbildungen.

Leggewie, Claus & Elke Mühlleitner: Die akademische Hintertreppe
Kleines Lexikon des wissenschaftlichen Kommunizierens.
Frankfurt am Main, 2007
Ein amüsanter und dabei sehr informativer Blick hinter die Kulissen insbesondere der Geistes- und Kulturwissenschaften in 150 kurzen Essays.

Quack, Anton: Heiler, Hexer und Schamanen
Die Religionen der Stammeskulturen. Darmstadt, 2004
Unter einem Titel, der drei Themen der Religionsethnologie anspricht, die unter Laien besonders populär sind, bietet dieses lebendig geschriebene Sachbuch einen Einblick in die kleinen Religionen außerhalb Europas; die religiöse Bandbreite wird anhand von Fallbeispielen aus Afrika, Asien, Ozeanien und den beiden Amerikas gezeigt; ein populärethnologisches Buch in bestem Sinn mit ausführlichem und klarem Glossar.

Renner, Erich: Andere Völker – andere Erziehung
Eine pädagogische Weltreise.
Frankfurt am Main, 2001
Ein Sachbuch und Nachschlagewerk über Erziehungsideale und Sozialisationspraktiken in der ganzen Welt; einfach geschrieben und gegliedert in Stichwörtern von A–Z; jeweils mit einer Einführung, Beispielen, Äußerungen aus den jeweiligen Gesellschaften, erläuterndem und einordnendem Kommentar sowie Literaturhinweisen.

Vec, Milos, Bettina Beer, Eva-Maria Engelen, Julia Fischer, Alexandra M. Freund, Rainer & Maria Kiesow (Hg.): Der Campus-Knigge
Von Abschreiben bis Zweitgutachten. München, 2008
Ein ebenso amüsanter wie informativer Führer durch den Elfenbeinturm und seine vielfältigen Rituale, wobei einige Beiträge von Ethnologen

stammen, viele gute Beobachtungen und jede Menge Ironie, auch wenn Bär und Leggewie & Mühlleitner in der Analyse manchmal treffender sind.

BRÜCKEN IN BABYLON
Anders sprechen und doch gleich denken

Berger, Ruth: Warum der Mensch spricht
Eine Naturgeschichte der Sprache.
Frankfurt am Main, 2008

Ein Überblick über die neueren Befunde und Deutungen zur Sprachfähigkeit des Menschen und ihrer Entwicklung beim Einzelnen und im Rahmen der Evolution; die Autorin nutzt Erkenntnisse aus Paläoanthropologie, Archäologie, Evolutionsbiologie, Gehirnforschung und Linguistik. Fazit: Die von Chomsky und Pinker angenommenen angeborenen Sprachregeln sind nur sehr unspezifische Satzbauregeln.

Digitaler Sprachatlas:
commons.wikimedia.org/wiki/Atlas of Languages
Eine Übersicht der Sprachen der Welt in Form vieler Karten.

Dunbar, Robin: Klatsch und Tratsch
Wie der Mensch zur Sprache fand. München, 1996

Ein ebenso informatives wie unterhaltsam geschriebenes Buch zum Hauptinhalt der meisten Gespräche in allen Kulturen auf dieser Welt: sozialen Beziehungen; wer tut was mit wem?

Haarmann, Harald: Babylonische Welt
Geschichte und Zukunft der Sprachen. Frankfurt am Main und New York, 2001

Das umfangreiche, gut ausgestattete Sachbuch gibt eine breite Orientierung über Merkmale, Vielfalt und Grundmuster der Sprachen der Welt; sehr informativ und versehen mit gehaltreichen Tabellen und Karten.

Weiterlesen und Surfen

Haspelmath, Martin, Matthew S. Dryer, David Gil & Bernhard Comrie (Hg.): The World Atlas of Language Structures
Oxford, 2005
Ein neuer, sehr detaillierter Weltatlas der Lautstrukturen und Satzbaumuster, in dem 2560 Sprachen kartografisch erfasst sind; mit CD-ROM; siehe auch http://wals.info.

Mengham, Rod: Im Universum der Worte
Über Ursprung, Funktion und Vielfalt menschlicher Sprache.

Stuttgart, 1995
Ein einfaches Buch mit vielen instruktiven Beispielen aus aller Zeiten mit Schwerpunkt auf den europäischen Sprachen.

Pinker, Steven: Der Sprachinstinkt
Wie der Geist die Sprache bildet. München, 1998
Der Kognitionswissenschaftler und Verbreiter der Ideen von Chomsky bietet einen breiten Überblick über die aktuelle Sprachwissenschaft mit einem Schwerpunkt auf unserer angeborenen Sprachfähigkeit; ein faktenreiches und blendend formuliertes Buch mit pointierten Ansichten.

Pullum, Geoffrey K.: The Great Eskimo Vocabulary Hoax and Other Irreverent Essays on the Study of Language
Chicago, 1991
Ein leider nie übersetztes Buch über Irrtümer und Falschmeldungen der Sprachwissenschaft, gewürzt mit viel Biss und Humor.

Störig, Hans Joachim: Abenteuer Sprache
Ein Streifzug durch die Sprachen der Erde. München, 2002
Gut verständlich und mit vielen Illustrationen werden wichtige Charakteristika von Sprache, bedeutende Sprachfamilien und einzelne Sprachen der Welt erläutert.

Trabant, Jürgen: Mithridates im Paradies
Kleine Geschichte des Sprachdenkens. München, 2003
Ein Sachbuch zu den Theorien über Sprache entlang des Leitmotivs relativistischer versus universalistischer Ansätze, die wichtigsten Traditionen werden gegliedert nach Forschungsorten in informativer und meinungsfreudiger Weise dargestellt.

Anhang

Zimmer, Dieter E.: So kommt der Mensch zur Sprache
Über Spracherwerb, Sprachentstehung und Sprache & Denken.
Zürich, 1988
Kulturwissenschaftlich relevante Ergebnisse der Sprachwissenschaft werden von einem Wissenschaftsjournalisten verständlich dargestellt und diskutiert; interessant besonders das Kapitel »Wiedersehen mit Whorf – Sprache & Denken«.

Website des Summer Institute of Linguistics (SIL):
www.ethnologue.com
Listen und 208 Karten informieren über die Sprachen dieser Welt auf dieser Website des weltweit aktiven amerikanischen Instituts für Sprachforschung und christliche Mission.

ROMEO IN DER SÜDSEE
Romanzen weltweit

Brain, Robert: Freunde und Liebende
Zwischenmenschliche Beziehungen im Kulturvergleich.
Frankfurt am Main, 1978
Über das universale Bedürfnis nach Freundschaft und Liebe sowie die Probleme, die überall auf der Welt durch Einsamkeit und soziale Entfremdung entstehen; anders als in den meisten anderen Büchern werden hier nicht nur geschlechtliche Beziehungen, sondern alle Freundschaftsformen in den Blick genommen und mit Beobachtungen aus sehr vielen Kulturen erläutert; ein gut geschriebenes Buch mit ausführlichem Register.

Fisher, Helen:
Warum wir lieben ... und wie wir besser lieben können
Frankfurt am Main, 2007
Eine Übersicht zu allen Aspekten der Liebe von der führenden amerikanischen biologisch orientierten Liebes-Forscherin; anders als der Titel erwarten lässt, ein seriöses und informatives Buch.

Jankowiak, William R. (Hg.): Intimacies
Love and Sex Across Cultures. New York, 2008
Leider nur in Englisch: neueste Forschungsergebnisse zur Frage, ob romantische Liebe universal ist, und zur Frage, ob wir Menschen vielleicht in der Grundtendenz monogam sind, was Bindung betrifft, und polygam, wenn es um Sex geht – und zwar bei beiden Geschlechtern!

Kast, Bas: Die Liebe und wie sich Leidenschaft erklärt
Frankfurt am Main, 2006
Ein aktueller und gut lesbarer Überblick aus der Feder eines jungen deutschen Wissenschaftsjournalisten.

Tennov, Dorothy: Über die romantische Liebe
Düsseldorf, 1990
Ein sehr gut lesbares und dennoch wissenschaftliches Sachbuch einer Psychologin, vor allem zu den intensiven Erfahrungen beim Verliebtsein; inklusive einer vergleichenden Theorie zur Liebe.

───── BILDER DER MENSCHHEIT IN UNSEREN KÖPFEN ─────
Entdeckungslust und Ethno-Pop

Augenblicke der Menschlichkeit. Liebe, Freundschaft, Familie
München, 2004
Ein opulenter Band mit über 300 Farb- und Schwarz-Weiß-Aufnahmen, ausgewählt aus den 40 000 eingesandten Fotos des internationalen Projekts unter dem Namen »Moments of Intimacy; Laughter and Kinship« (MILK); der Band versteht sich in der Tradition der berühmten Fotoausstellung »Family of Man«.

Komatsu, Yukio & Eiko Komatsu: Humankind
An Emotional Journey. Salt Lake City und Layton, 2006
Ein Bildband, der versucht, die Frage nach der Einheit der Menschheit in Bildern zu beantworten, die nach Grundthemen angeordnet sind: Berühren, Fühlen, Lieben, Hoffen, Lachen, Verletzen, Fürchten, Glauben, Versuchen, Spielen, Ausruhen und Brauchen; interessant vor allem als Buch eines einzelnen Fotografen im Vergleich zu den gängigen Sammelbänden.

Anhang

Lonely Planet (Hg.): One People. Many Journeys
Footscray, Victoria, Australien, 2005

Alle Menschen atmen, spielen, leben, lieben, denken, arbeiten, feiern und sterben; zu diesen acht universalen Lebens- und Kulturthemen zeigt der Band zumeist brillante Photos, die durch acht Essays von Autoren der weltbekannten Lonely-Planet-Führer für Traveller ergänzt werden; eine opulente, teilweise anrührende, manchmal auch sentimentale Feier des Menschlichen.

Ommer, Uwe: 1000 Families
Das Familienalbum des Planeten Erde. Köln, 2000

Ein Band, der über das Thema Familie hinaus zu vielen vergleichenden Fragestellungen anregt: mit 1000 Fotos von Familien aus allen Kontinenten; die Aufnahmen zeigen die Familien vor ihrem Wohnplatz in der Weise, wie sie sich präsentieren wollten, meist vor einer weißen Leinwand, die der Autor vor Ort aufbaute; anregend und gut zur Illustration der Unterschiede, aber auch der universalen Muster und Probleme innerhalb der Menschheit.

Steichen, Edward: The Family of Man
The Greatest Photographic Exhibition of All Time.
503 Pictures From 68 Countries. New York, 1955 (als Reprint 1990)

Das Katalogbuch zur legendären Wanderausstellung, die ab 1955 weltweit gezeigt wurde und seit 1994 in restaurierter Form im Schloss Clervaux (Klerf) in Luxemburg ständig zu sehen ist.

Wörner, Martin: Die Welt an einem Ort
Illustrierte Geschichte der Weltausstellungen. Berlin, 2000

Ein faktenreicher Überblick der Ausstellungen von 1851 in London bis 2000 in Hannover; in chronologischer Reihenfolge werden Themen und Varianten der Ausstellungen mit vielen Details und Illustrationen dargestellt.

Über den Autor

**Christoph Antweiler** ist Ethnologe und Professor für Südostasienwissenschaft an der Universität Bonn. Zahlreiche Forschungsreisen haben ihn in die ganze Welt geführt, speziell in Indonesien verbrachte er mehrere Jahre. Antweiler gilt als einer der wichtigsten Universalienforscher. Sein viel beachtetes Hauptwerk *Was ist den Menschen gemeinsam?* erschien 2007.

Robert Aldrich (Hg.)
Gleich und anders
Eine globale Geschichte der Homosexualität
384 Seiten, zahlreiche Abbildungen,
ISBN 978-3-938017-81-4

Dieses Buch ist die erste umfassende Geschichte gleichgeschlechtlicher Beziehungen in globaler Perspektive. Ob der rituelle Sex der australischen Aborigines, die Männerbünde des Wilden Westens, die Garçonnes der zwanziger Jahre oder die Ledermänner auf den Christopher Street Days, das Buch ist für jeden interessant, der mehr über menschliche Sexualität erfahren möchte. In spannenden Texten und reicher Bebilderung bietet es einen umfassenden Einblick in ein verborgenes Kapitel der Geschichte des privaten Lebens.

»Bravo! Endlich ein Werk, das auch für Heteros die Geschichte, die Bildwelt, die Differenz, die Öffentlichkeit und den Humor der Schwulen beschreibt als das, was sie sind: eine Kultur. Ein wunderbares, ergiebiges Buch mit vielen Gesichtern, und vor allem eines, das den Schwulen kein Reservat errichtet!«
Roger Willemsen

»Der opulente Sammelband präsentiert einen einführenden Einblick in die so unergründlichen wie faszinierenden Wege homoerotischen Begehrens.«
Spiegel Online

MURMANN